Walter Töpner

PILGERLAND EIFEL

Wege und Wallfahrtsorte

Walter Töpner
Pilgerland Eifel. Wege und Wallfahrtsorte
Copyright © 2013 by Regionalia Verlag GmbH, Rheinbach
Alle Rechte vorbehalten.

Layout und Satz: Andreas Paqué, Ebergötzen, www.paque.de

Einbandgestaltung: Derek Gotzen für agilmedien, Niederkassel
Coverbilder: Großes Bild: Eifellandschaft bei Hain, Kleines Bild: Stele des hl. Jodokus in Sinzig

Printed in Italy 2013

ISBN 978-3-95540-109-2

www.regionalia-verlag.de

INHALT

↑ Wegkapelle am Frankfurt-Aachener-Krönungsweg

Danksagung

Für die Unterstützung mit Informationen und/oder Bildmaterial danke ich Liesel Bast (Auw), Phillip Bleffert (Bad Bodendorf), Franz-Josef Geuer (Bornheim), Frau Haag (Michelsberg), Sandra Hoffmann, Paul-Josef Jansen (Hellenthal-Kreuzberg), Maria Kittel (Hain), Andrea Kett (Aachen), Thomas Ley (Dernau), Robert Lürtzener (Prüm), Benno Manderfeld (Berk), Ernst Meyer (Prüm), Pfarrer Monshausen (Schankweiler Klause), Matthias Moos (Weidingen), Phillip Münch (Bornheim), Joseph Matthias Ohlert (Bad Münstereifel), Andreas Pohl (Martental), Christof Purrio (Rheindahlen), Edith Reuter (Niederzissen), Monika Schneider (Westum), Gerd Schöcke (Düren), Alice Toporowsky (Heimbach), Heinz Trippen (Driesch), Stephanie und Alfred Urhan (Hellenthal), Dr. Norbert Wichard (Aachen), Herrn Zieves (Schankweiler Klause) sowie zahlreichen Mitarbeiterinnen und Mitarbeitern in Pfarrämtern der Wallfahrtsorte in der Eifel.

VORWORT

Die Eifel ist eine bedeutende Wallfahrtsregion. Pilgerziele gab und gibt es dort immer noch in großer Zahl. Die Pilger kommen oft von weit her, auch aus Gebieten, die außerhalb der Eifel liegen. So wird die Matthias-Wallfahrt nach Trier noch heute vom Niederrhein und Unteren Mittelrhein aus als Fußwallfahrt durchgeführt und Trier und Aachen sind berühmte Ziele von Wallfahrten, die auch auf der Route von Fernpilgerwegen wie dem Jakobsweg liegen. Heute durchwandern wieder die Jakobspilger die Eifel auf ihrem langen Weg nach Frankreich und Spanien und berühren alte Klosterorte wie Bad Münstereifel, Prüm oder Echternach, die selbst bedeutende Wallfahrtsziele waren. Die beiden letztgenannten Benediktinerklöster und das Kloster Kornelimünster stehen am Anfang der Christianisierung der Eifel und haben ihre Wurzeln noch in der Merowinger- und Karolingerzeit, während Maria Laach den Abschluss der großen Klostergründungen in der Eifel bildet.

Neben den Fernwallfahrten haben auch lokale Pilgertraditionen wie die Heimbacher Wallfahrt zur Abtei Mariawald, nach Düren, Barweiler oder zum Michelsberg bei Bad Münstereifel die Zeiten überdauert. Seit dem Mittelalter beherbergt die Abtei Steinfeld die Reliquien des hl. Hermann Josef und des hl. Potentius, Bad Münstereifel kann das Märtyrergrab von Chrysanthus und Daria vorweisen und Prüm die Reliquien der Heiligen Ärzte „Marius, Marthe, Audifax und Abakuk" sowie die Sandalen und die Dornenkrone Christi. In Echternach ziehen die Pilger zum Grabe des hl. Willibrord und halten bis heute an der berühmten Springprozession fest. Diese und andere Wallfahrten wurden wesentlich von der bäuerlichen Bevölkerung der Eifel geprägt, die in den weiträumigen Grundherrschaften der Klöster lebte und oftmals verpflichtet war, am Wallfahrtstag die Abgabe des Zehnten zu entrichten.

Alte Pilgerorte, wie Klausen unweit von Wittlich, sind in unserer Zeit mit neuen Sinnstiftungen verknüpft worden, wie die dortige Motorrad-Wallfahrt zeigt. Schließlich sind neue Pilgerorte und -konzepte entstanden wie die Sternwallfahrt im Naturpark Eifel oder die Bruder-Klaus-Kapelle in Mechernich-Wachendorf zur Verehrung des Nikolaus von der Flüe. Angebote für neue Formen des seelischen Unterwegsseins finden Menschen, die auf der Suche nach Spiritualität sind, in Klöstern wie Himmerod, Kornelimünster, Steinfeld und Maria Laach. Jeder Pilger, zu welchem Ziel er auch immer unterwegs ist, glaubt in seinem Innersten daran, dass er an einem heiligen Ort Gottes Gnadenwirken besonders nahe ist. Am Ziel seiner Pilgerreise, dem Heiligtum, das schon zum Schauplatz vieler Gebetserhörungen wurde, hofft er, Hilfe zu erlangen.

Mit der Landschaft der Eifel, durch die zahllose Pilgerwege führen, verbinden sich sehr unterschiedliche Eindrücke, die sie zu einem Land der Pilger prägten. Herbheit, Schönheit, Weitblick von den Höhen und Aufblick aus den bewaldeten Tälern, all dies und noch viel mehr ist die Eifel zugleich. In so manchem Ort, der verträumt und vergessen an einem Pilgerweg liegt, scheint die Zeit stehen geblieben und das Mittelalter noch lebendig zu sein. Pilger brauchen diese Weltabgeschiedenheit, die all das in ihnen zum Schweigen bringt, was engstirnig, unruhevoll und unausgeglichen ist. Und noch etwas gibt es in der Eifel, wonach sich Pilger sehnen: den Wind und die Einsamkeit. Denn oft weht der Wind, in Sommertagen angenehm kühlend, im Herbst und Winter pfeift er einem zuweilen wild um die Ohren. Aber zu welchen Jahreszeiten man auch immer die Eifel durchwandert, die Weite und die Unberührtheit der Landschaft werden immer als kostbar erlebt.

Und schließlich gibt es da noch die Geschichte von einem Mann, der auszog, um die Eifel zu suchen, sie aber nicht fand, weil die Leute sie nicht mochten und niemand dort wohnen wollte. Sie hat erst wiederentdeckt werden müssen, die schöne und zugleich herbe Eifel. Wanderland ist sie in unserer Zeit längst geworden, Land der Pilger war sie schon immer.

Wachtberg, im September 2013
Dr. Walter Töpner

1 MARIA LAACH

Man muss Maria Laach wohl als das bekannteste und schönste Eifelkloster bezeichnen, nicht nur wegen seiner herausragenden romanischen Architektur, sondern auch wegen seiner einzigartigen landschaftlichen Lage am Ufer des Laacher Sees. In einer der jüngsten Vulkanlandschaften Europas liegt die Abtei Maria Laach hineingebettet wie in Abrahams Schoß. Dabei war diese Gegend, die man als Vulkaneifel bezeichnet, um 13.000 v. Chr. alles andere als ruhig und idyllisch, denn hier formte der Vulkanismus den Laacher See und die ihn umschließende Hügelkette.

In diesem geologisch interessanten Gebiet an dem größten See der Eifel, umgeben von grünen Wäldern, Wiesen und Feldern, wurde im 11. Jh. eine Benediktinerabtei gegründet, die man „Abtei der heiligen Maria am See" (Abbatia S. Mariae ad Lacum) nannte. Heute zieht Maria Laach rund zwei Millionen Besucher jährlich an. Wer möchte, kann an der dreimal am Tag stattfindenden Vesper in der Basilika teilnehmen und dem Gesang der Mönche lauschen. Dann kommt es einem so vor, als wäre die Welt des Mittelalters noch lebendig.

⬇ Die Abteikirche von Maria Laach wirkt wie eine Gottesburg.

Die Geschichte des Klosters Maria Laach

Es war *Pfalzgraf Heinrich II. von Laach* (Laach = See), der mit seiner Gemahlin *Adelheid von Meißen-Orlamünd* auf die Idee kam, hier 1093 ein Kloster zu stiften. Der Ort seiner Gründung lag nur 2 km von seiner Stammburg entfernt. Von ihr ist nur noch der Geländename „Laacher Burg" geblieben. Unter dem ersten *Abt Gilbert* (1127–1156) wurde die Abtei dann mit Mönchen aus Affligem in Brabant besiedelt. Die Weihe der heutigen Abteikirche geschah 1156 unter dem zweiten *Abt Fulbert* (1152–1177), der auch den Seespiegel durch den Bau eines unterirdischen Abflussstollens absenken ließ, um das Sumpfgelände südlich des Sees urbar zu machen. Früher reichte der See fast bis zum Kloster.

Das Kloster entwickelte sich im Verlauf seiner Geschichte zu einem kulturellen und geistigen Zentrum der Eifel. Davon künden die noch erhaltenen Handschriften. Klosterzucht und die Pflege der Wissenschaften blieben aufrechterhalten, bis die Abtei unter französischer Verwaltung 1802 aufgehoben wurde.

Ab 1815 gingen Gebäude und Besitz der Abtei in das Eigentum des preußischen Staates über, 1820 erwarb die Familie Delius das Kloster, die es als Gutshof nutzte. 1855 wurden die Abteigebäude durch Brand weitgehend zerstört. Danach wurde das Kloster von der deutschen Jesuitenpro-vinz erworben, die dort ihr Collegium maximum einrichtete. Im Kulturkampf wurden die Jesuiten 1872 aus Maria Laach vertrieben.

Die Wiederbesiedlung des Klosters erfolgte 1892 durch Benediktinermönche aus der Erzabtei Beuron. Durch *Abt Ildefons Herwegen* (Abt 1913–1946) wird Maria Laach zum *Zentrum der liturgischen Erneuerung und der Liturgiewissenschaft*. Ferner nahm man sich der Seelsorge für Akademiker an. 1993 feierte die Abtei den 900. Jahrestag ihrer Gründung. Heute leben im Kloster Maria Laach etwa 60 Benediktinermönche nach der Regel des hl. Benedikt, die Gastfreundschaft, Gebet, Arbeit und Muße verbindet. Nach dem Gebet gehen alle Mönche ihrer Arbeit in verschiedensten Bereichen wie Landwirtschaft („Laacher Appel", Apfelsaft und -wein), Gärtnerei, Buchbinderei oder der Seelsorge nach, getreu der Regel des Ordensgründers St. Bendedikt „ora et labora" (bete und arbeite).

Die Abteikirche

Die romanische Klosterkirche wurde 1093 von einer lombardischen Bauhütte begonnen und 1156 durch *Erzbischof Hillin von Trier* geweiht; endgültig fertiggestellt war der Bau erst um 1230. Mit den turmreichen Ost- und Westbaugruppen gilt die Basilika als eine der vollkommensten Schöpfungen der Romanik. Die dreischiffige Kirche be-

⬆ Das „Paradies" ist eine Art Kreuzgang vor der Kirche.

➜ Der Ziboriumaltar ist ein seltenes Kunstwerk aus dem Mittelalter.

sitzt einen *West-* und einen *Ostchor,* zwei Querschiffe und zwei Zentraltürme. Die *Vorhalle* mit reich verziertem Bogentor, durch die man die Kirche betritt, umschließt nach altchristlicher Tradition einen fast quadratischen Kreuzgang (Atrium) mit dem Löwenbrunnen, der *Paradies* genannt wird. Die Steinmetzarbeiten im äußeren Bereich und der spätromanische sechseckige *Baldachin* (Ziborium) über dem Altar werden dem sog. *Samson-Meister* zugeschrieben, der an verschiedenen rheinischen Kirchen gewirkt hat.

Im Inneren des Westteils der Abteikirche steht das *Hochgrab des Stifters,* eine bemerkenswert bemalte romanische Holzplastik der Rhein-Maas-Kunst um 1260. Der Chorraum der Abteikirche ist mit einem großen *Christusmosaik* geschmückt, das eine Kopie

---

Wallfahrt: *Maria Laach ist heute eine Station am Jakobsweg (Eifel-Camino).*
Informationen: *56653 Maria Laach, Tel.: 02652-590*
Unterkunft: *Gastflügel der Abtei vor allem für Exerzitien, Zielgruppenseelsorge und Pilger; Seehotel für Feriengäste*
Gottesdienste: *Die Kirche ist ganztägig geöffnet. (Wo) 5.30 Uhr Morgenhore; 7.30 Uhr Konventamt; 11.45 Uhr Tageshore; (So) 7.15 Uhr Volksmesse; 9 Uhr Konventamt; 11 Uhr Volksmesse; 14.30 Uhr Tageshore; (So, Wo) 17.30 Uhr Vesper; 19.45 Uhr Komplet*

---

des Mosaiks in der Abteikirche von Monreale bei Palermo ist. Aus der Zeit um 1500 datieren die *Fresken an den Pfeilern,* die St. Benedikt, St. Nikolaus (Patron) und St. Christophorus zeigen. In der Mitte der Krypta befindet sich das *Grab des ersten Abtes Gilbert,* das die Mönche immer an seinem Todestag (8. August) aufsuchen.

Pilgertraditionen und Wege

Maria Laach ist selbst kein klassischer Wallfahrtsort, es gibt aber im Kloster, wie in allen Benediktinerklöstern des Mittelalters, eine Herberge für die Beherbergung von Pilgern und Reisenden. Das Kloster ist heute Station am *Jakobsweg von Andernach nach Trier* (S. 129) und somit Etappenpunkt auf dem Weg nach Santiago de Compostela.

Im September findet eine *Jugendnachtwallfahrt von Nickenich nach Maria Laach* statt, an der Jugendliche ab 14 Jahren teilnehmen können. Um 19 Uhr trifft sich eine Gruppe an der Pfarrkirche in Nickenich. Gegen Mitternacht erreicht die Gruppe das Kloster Maria Laach, wo in der Krypta ein Gottesdienst gefeiert wird. Am nächsten Tag erfolgt nach dem Frühstück die Rückkehr nach Nickenich.

Aus dem Pilgertagebuch von Bernd Koldewey: Nach meiner herzlichen Aufnahme im Kloster Maria Laach und nach einer geruhsamen Nacht bin ich in der Früh um 5

↑ Das Apsismosaik

↓ Im Kloster kommen auch Pilger an.

↑ Wege um Maria Laach

Uhr morgens von dem angenehmen Glockengeläut der Klosterkirche geweckt worden. Im ersten Licht des Tages machten sich die Mönche auf den Weg zur „Morgenhore", der ersten Messe zum gemeinsamen Gebet. Ich nahm mir die Zeit und lauschte den feinen Klängen der Glocken und schlummerte noch ein wenig vor mich hin. Eine Stunde später machte ich mich fertig, denn ich wollte auch am Gottesdienst „Konventamt" teilnehmen, die Messe beginnt um 7.30 Uhr. Leise verließ ich mein schönes, schlichtes Zimmer, bei jedem Schritt knarrte und

quietschte das alte Holz der Bodendielen. In den Fluren der Klosteranlage war es andächtig still, ich verließ das Gebäude und stand auf dem kleinen Kirchvorplatz. Kurze Zeit später, es war gerade 7.15 Uhr, kamen noch einige Besucher dazu. Durch das sogenannte Paradies betraten wir die romanische dreischiffige Basilika. Gemächlich zogen die Mönche in ihren schwarzen Gewändern in die Klosterkirche ein und gingen zu ihren vertrauten Plätzen. Eine besondere Atmosphäre zwischen Tradition und Moderne und dem Wunsch nach Spiritualität.

2 BAD MÜNSTEREIFEL

In einer vor den rauen Eifelwinden geschützten Talmulde liegt im oberen Erfttal das hübsche Eifelstädtchen Bad Münstereifel. Von grünen Bergflanken eingerahmt hatte der Ort am nördlichen Eifelrand im hohen und späten Mittelalter eine Schlüsselrolle als Tor zur Eifel, weil er an einer Straße lag, die aus der Ebene der Jülicher Börde kommend nach Trier führte. Abt Marquard von Prüm gründete hier um 830 ein Benediktinerkloster, das er „Neues Kloster" (novum monasterium) nannte und das zur Festigung und Kultivierung des christlichen Glaubens in diesem Teil der Eifel bestimmt war. Dazu stattete er es mit kostbaren Reliquien aus, die er aus Rom mitgebracht hatte. Der heutige Reisende betritt die Stadt wie im Mittelalter von Westen her durch das prächtige Werthertor aus dem 14. Jh. Die mit dem Tor verbundene alte Ringmauer hat sich hier in stattlicher Höhe erhalten und ist an vielen Stellen durch Türme verstärkt worden. Überall begegnen dem Besucher im Stadtbild von Bad Münstereifel Bilder aus einer längst vergangenen Zeit, als noch Pilger hier weilten, um in der Stiftskirche St. Chrysanthus und Daria zu verehren. Heute kommen Jakobspilger auf dem Pilgerweg durch die Eifel hier vorbei.

→ Die Stiftskirche von Bad Münstereifel mit dem Grab von Chrysanthus und Daria

Das Märtyrergrab
von Chrysanthus und Daria

Die Wallfahrt zum Grabe der Märtyrerheiligen *Chrysanthus und Daria* in der Stiftskirche in Bad Münstereifel war im Mittelalter berühmt. Die beiden jugendlichen Liebenden lebten in Rom und starben dort im 3. Jh. den Märtyrertod. Abt *Marquard von Prüm* hatte ihre Reliquien von einer Romreise im Jahre 840 mitgebracht und dem von ihm gegründeten Benediktinerkloster in Bad Münstereifel geschenkt. Das Kloster wurde daraufhin als Gnadenstätte berühmt und hat viele Pilger angezogen. Kloster und Stadt profitierten von den Einnahmen, auch das geistige Leben blühte auf.

Am Eingang zur Klosterkirche sind die Porträts der beiden Heiligen zu sehen, die in jungfräulicher Ehe gelebt und wegen der Verkündigung des christlichen Glaubens den Märtyrertod erlitten hatten. Daria soll zuerst eine heidnische Priesterin gewesen sein, nach der Heirat trat sie zum christlichen Glauben über. Während eines Aufstandes wurden beide verhaftet und angeklagt. Als sich viele weitere Wunder zum Schutze der beiden ereigneten, wurden sie zusammen lebendig begraben.

In der fünfschiffigen *frühromanischen Krypta* der Stiftskirche in Bad Münstereifel aus der Gründungszeit des Klosters ruhen die Gebeine von *Chrysanthus und Daria* in einer mit kunstvoller Schmiedeeisenarbeit verzierten Gruft. Der Sarkophag ist truhen-

förmig aus Holz und ähnelt einem kleinen Haus. Das bemalte Holz ist mit Eisenbeschlägen versehen. Das vergoldete Schreingehäuse wurde erst nach dem Verlust eines Silberschreins angefertigt, in dem die Reliquien bis 1505 in der Oberkirche ausgestellt waren. Im Chor der Stiftskirche stehen die lebensgroßen Schnitzfiguren der beiden Heiligen, die einst zu dem Hochaltar von 1720 gehörten.

Die Stiftskirche
St. Chrysanthus und Daria

Am Anfang des um 830 von Prüm aus gegründeten Benediktinerklosters stand hier nur eine kleine Klosterkapelle. Im 12. Jh. wurde das Benediktinerkloster in ein *Kollegiatsstift* umgewandelt, dem 30 Stiftsherren angehörten. Klerikerstifte besitzen, ebenso wie die Benediktinerklöster, eine alte Tradition. Die Aufgaben ihrer Gemeinschaften im ländlichen Raum bestanden vor allem in der Seelsorge, aber auch in der Bildung und Kultur leisteten sie viel. Einige der Wohnhäuser dieser Stiftsherren, die nicht in einer Klostergemeinschaft wohnten, stehen noch am Platz hinter der Kirche.

Stolz ragt über den Dächern der Altstadt das *dreitürmige romanische Westwerk* des ehemaligen Benediktinerklosters hervor, das sein Vorbild in der Kölner Kirche St. Pantaleon hat. Der heutige Kirchenbau entstand im 12./13. Jh. als dreischiffige Pfeiler-

Büsten der hll. Chrsyanthus (oben) und Daria (unten) in der Vorhalle

basilika ohne Querschiff; er gilt als einer der herausragenden Kirchenbauten an Rhein und Maas in jener Zeit.

Wenn man die Kirche betritt, steht man vor dem reich verzierten frühgotischen *Grabmal des Grafen Gottfried von Bergheim*. Das Säulenmaterial an der Eingangstür, im Innern sowie im Chor besteht aus dem *Kalksinter*, den man aus der römischen Wasserleitung (zum Beispiel bei Kreuzweingarten), die ehemals aus der Eifel nach Köln und Bonn führte, gewonnen hat. Aus diesem sog. Eifelmarmor, der aus einem Sammelbecken dieser Wasserleitungen stammt, ist auch die massive Altarplatte geschaffen.

Wallfahrt

Der Gedenktag von *Chrysanthus und Daria* war bis 1969 am 25. Oktober; im neuen römischen Kalender wird er nicht mehr aufgeführt. Die griechische und slawische Kirche begeht ihren Gedenktag am 19. März.

Die *erste Nachricht von Pilgern* in Münstereifel datiert in einer Hospitalrechnung aus dem Jahr 1474/75, als man im Hardtwald zwischen Stotzheim und Kirspenich überfallene Pilger im Hospital mit Brot und Bier beköstigte und verpflegte. Ob sie nach Santiago de Compostela oder nur nach Münstereifel gehen wollten, wissen wir nicht; dass sie das Märtyrergrab besuchen

← Das Westwerk der Stiftskirche

⇓ Die Stiftskirche prägt das Bild von Bad Münstereifel.

↑ Am Werthertor betraten die Pilger die Stadt.

wollten, ist anzunehmen. Heute kommen nur noch Einzelpilger zum Grab des Märtyrerehepaars. Am 25. Oktober werden zur ersten Oktav die Gebeine erhoben und zur Verehrung vor der Gruft ausgestellt.

Die Verehrung des hl. Donatus

Vor über 300 Jahren brachten die Jesuiten am 30. Juni 1652 die Gebeine des hl. *Märtyrers Donatus* nach einer langen Reise von Rom in einem feierlichen Geleit nach Müns-

tereifel. Der Dreißigjährige Krieg war gerade zu Ende gegangen und die junge Niederlassung des Ordens hatte 1659–1668 begonnen, ein Kolleg, eine Schule und eine Gymnasialkirche aufzubauen. Die erst wenige Jahre zuvor 1646 in Rom entdeckten *Donatusreliquien* sollten das wertvollste Ausstattungsstück in der neuen Jesuitenkirche werden.

Donatus lebte von 140 bis 180 n. Chr. und trat mit 17 Jahren in den Militärdienst ein. Um das Jahr 166 kämpfte er als römischer Heerführer an der Donau gegen die Markomannen. Als seine Soldaten einge-

↑ Die Jesuitenkirche in Bad Münstereifel ist eine weitere Wallfahrtskirche.

↓ Die Jesuitenkirche und ihre qualitätsvolle Barockausstattung

kesselt waren und zu verdursten drohten, beteten Donatus und andere christliche Soldaten um Regen. Daraufhin brachte ein schweres Gewitter viel Regen und Blitze zerstörten das Lager der Markomannen. Daraufhin soll Donatus vor Gott gelobt haben, ehelos zu bleiben. Weil er es später ablehnte, die Enkelin des Kaisers zu heiraten, soll er zum Tode verurteilt worden sein.

Eine Kostprobe seines mächtigen Wirkens gab der Heilige bei der Überführung der Gebeine bereits in *Euskirchen*, wo er die Reliquien in der St. Martinskirche ausgestellt hatte. Während man die Messe feierte, kam ein schweres Gewitter auf. Plötzlich schlug der Blitz ein und traf den Jesuitenpater Heerde beim Schlusssegen. Dieser trug zwar schwere Verletzungen davon, aber er überlebte.

Pilgertraditionen und Wege

Nach dem Donatus-Wunder von Euskirchen setzte bald eine große Verehrung des hl. Donatus ein und die Wallfahrten nach Münstereifel wurden mit einem Mal bei der Landbevölkerung sehr populär, vor allem in *Weilerswist*, *Euskirchen*, *Wichterich* und *Kreuzweingarten*. Die Jesuiten förderten diesen Wallfahrtskult nach Kräften. In der Jülicher Börde und der Voreifel findet man in den Feldfluren noch zahlreiche alte *Donatuskreuze* wie zum Beispiel in Weilerswist an der L 163 am Friedhof.

Früher gab es 17 Prozessionen aus verschiedenen Pfarreien, die nach Bad Münstereifel zum hl. Donatus wallfahrteten, heute kommen noch jährlich die Pilger aus *Hilberath* am Dienstag nach Pfingsten aufgrund eines Gelübdes im Jahre 1822 und aus *Mühlheim-Wichterich*. Vor 30 Jahren haben die Pilger aus *Aachen-Brandt* ihre alte Wallfahrtstradition nach Bad Münstereifel wieder aufgenommen. Die Pilger von *Kreuzweingarten* ziehen am zweiten Juli-Sonntag nach Münstereifel und bitten dort wie früher den Heiligen um seine Hilfe bei Blitz, Unwetter, Feuersbrunst und um den Schutz der Ernte. Auch andernorts finden zu Ehren des hl. Donatus Prozessionen statt, so einmal jährlich im Juni von *Biersdorf* nach *Altscheid*.

Wallfahrt: *1. Märtyrerehepaar Hll. Chrysanthus und Daria, 2. Heiliger Donatus, 3. Station am Matthiasweg, 4. Station am Jakobsweg*
Ort: *Bad Münstereifel, Stiftskirche St. Chrysanthus und Daria bzw. Jesuitenkirche St. Donatus*
Festtage: *25. Oktober (Stiftskirche, Oktav) bzw. Di nach Pfingsten (Donatus, Wichterich)*
Informationen: <u>*Bad Münstereifel:*</u> *St. Chrysanthus und Daria und Jesuitenkirche St. Donatus, Langenhecke 3, 53902 Bad Münstereifel, Tel.: 02253-180360, <u>Wichterich</u>: Pfarrei St. Johannes und Sebastianus Wichterich, Tel.: 02251-4219*

3 PRÜM

Wenn man auf der alten Straße von Prüm in Richtung Trier fährt und von der Höhe ins Tal nach Prüm herunterblickt, ahnt man noch etwas von der einstigen Größe der berühmten Eifelabtei. Hier unten im Tal des Flüsschens Prüm befand sich einmal eines der reichsten und bedeutendsten karolingischen Königsklöster. Wegen seines umfangreichen Reliquienschatzes war Prüm im Mittelalter auch ein wichtiges Ziel für Pilger, die von den Sandalen Christi und Teilen der Dornenkrone angezogen wurden. Der Zustrom der Pilger muss damals gewaltig gewesen sein, denn die Abtei Prüm war als berühmter Wallfahrts- und Pilgerort durch Römerstraßen mit Köln und Trier verbunden und besaß zwei Hospitäler, eines für Laien und eines, das der Geistlichkeit vorbehalten war. Seit mehreren Jahrhunderten führen diese Reliquien aber eher ein Schattendasein. Neuere Untersuchungen wollen jetzt in der Sohle „authentische Partikel aus Jerusalem" gefunden haben. Die Frage der Echtheit oder Unechtheit einer Reliquie wird aber von kirchlicher Seite grundsätzlich mit Zurückhaltung beurteilt.

⇓ Portal zur Klosterkirche der ehemaligen Reichsabtei mit den Klostergründern Pippin und Karl

Die Sandalen und die Dornenkrone Christi

Die ehemalige Klosterkirche trägt den Namen von Jesus, dem heiligen Retter (St. Salvator). Vor über 1250 Jahren haben *Pippin der Kleine* und seine Frau *Bertha*, die Eltern *Karls des Großen*, dem jungen Prümer Kloster bei der Neugründung eine wertvolle Reliquie vermacht, die zuvor Eigentum des *Papstes Zacharias* war: Es war ein verzierter Stoffschuh aus der Merowingerzeit aus dem 5.–8. Jh., der Partikel der Sandalen Christi enthalten sollte. Zahlreiche weitere Reliquien kamen später noch hinzu, die der altersmüde *Kaiser Lothar I.* dem Prümer Kloster schenkte, als er kurz vor seinem Tod als Mönch dort eintrat. Weitere Teile des Prümer Reliquienschatzes stammen von *Abt Marquard von Prüm*, der sie aus Rom mitbrachte. Zwischen Hochaltar und Chorgestühl befindet sich ein *Schrein mit Reliquien*, darunter der heutige Prachtschuh aus dem 10.–12. Jh., auf den Rankenmuster, Blattgebilde und Löwen aufgenäht sind.

Die Heiligen Drei Ärzte von Prüm

Die *Gebeine der Heiligen Drei Ärzte Marius, Audifax und Abakuk* galten als sehr wundertätig. Man nannte sie „Die Heylige Drey ärzt", weil an ihren Gräbern viele Menschen von ihren Krankheiten geheilt worden sind. Im Jahre 1891 stifteten die Prümer Ärzte und Apotheker ein neues Reliquiar, das sich unter dem Altartisch in der Drei-Ärzte-Kapelle befindet (am Eingang links). Als persische Pilger sollen sie um 268 nach Rom gekommen sein und dort ihr ganzes Vermögen für verfolgte Christen hingegeben haben, bis sie schließlich selbst unter Kaiser Claudius den Märtyrertod fanden. Es wird vermutet, dass *Karl der Große* die Reliquien dieser Heiligen dem Kloster Prüm wie in Seligenstadt am Main zum Geschenk gemacht hat.

Die Geschichte der Prümer Abtei

Das Prümer Kloster blickt auf eine lange und wechselhafte Geschichte zurück. Im Jahre 721 stifteten *Bertrada von Mürlenbach* an der Kyll, eine Schwester Karl Martells, und ihr Sohn *Charibert* in Prüm ein Kloster mit großem Landbesitz und schenkte es dem Kloster Echternach, dem damals *Willibrord* als Abt vorstand. Die ersten Mönche waren Iroschotten und kamen aus Echternach. Aus ungeklärten Gründen konnten sie sich aber nicht halten. Daher ließ *Pippin* im Jahr 752 das Kloster erneuern und eine Klosterkirche bauen. Diese Kirche muss sehr kostbar ausgestattet gewesen sein, da man sie „die Goldene" nannte.

Auch unter den Karolingern erhielt das Kloster Prüm ab 782 als königliches Eigen-

⬆ Die ehemalige Benediktinerklosterkirche von Prüm   ⬇ Der barocke Klostertrakt der Abtei

tum und Hauskloster eine großzügige Förderung. *Karl der Große* ließ einen Neubau errichten, den *Papst Leo III.* einweihte. Die Statuen der beiden großen Förderer des Klosters, Karl und Pippin, stehen überlebensgroß am Eingang zur Klosterkirche. Als Karls Sohn *Lothar I.* von seinen Brüdern besiegt wurde, die ihm die alleinige Erbfolge streitig machten, kam es 843 im Vertrag von Verdun zur Reichsteilung. Lothar I., der das Mittelstück bekam, zu dem Prüm gehörte, bedachte das Kloster mit großzügigen Schenkungen wie dem *Prümer Meßbuch* und erwählte es zu seiner Grabstätte. Altersmüde und krank trat er 855 von seinen Ämtern zurück und wurde in Prüm als Mönch aufgenommen, wo er wenige Tage später im Alter von 60 Jahren starb. In einem von *Kaiser Wilhelm I. von Preußen* 1874 gestifteten Marmorsarkophag sind später beim Neubau der Kirche 1721 seine gehobenen Gebeine im Chor der Klosterkirche bestattet worden.

Sein Sohn *Lothar II.* verleiht Prüm als weitere Privilegien das *Markt- und Münzrecht*, aber unter Abt *Regino* kommt es zum Konflikt mit dem Herrscher, weil dieser sich von seiner Gattin scheiden lassen und eine Mätresse ehelichen wollte. Bald darauf wurde das Kloster zweimal (882 und 892) von den aus dem Westreich eindringenden *Normannen* geplündert, die von seinem Reichtum angelockt wurden. Das Kloster überstand auch diese schweren Zeiten. Der fähige *Abt Regino* gab danach den Auftrag,

eine Übersicht über die Besitzverhältnisse des Klosters zu erstellen und alle Urkunden und Schenkungen im sog. *Goldenen Buch (Liber aureus)* zu dokumentieren.

1576 gelang es dem Trierer Erzbischof mit Unterstützung von Kaiser und Papst, die schon lange avisierte Vereinigung Prüms mit Trier durchzusetzen. 1801 wird die Fürstabtei zusammen mit dem Kurstaat Trier durch den Frieden von Luneville aufgelöst. Auf einer *Brunnenplastik auf dem Teichplatz* sind sechs Szenen der wichtigsten Ereignisse in der Geschichte Prüms abgebildet.

Bedeutung der Abtei

Die Benediktinerabtei Prüm errang im Mittelalter hohes Ansehen. Die Zahl ihrer Mönche war sehr groß. Die Abtei war seit den Karolingern sowohl ein bedeutender Ort der Gelehrsamkeit für das gesamte Gebiet der Eifel als auch ein Zentrum blühenden wirtschaftlichen Lebens. Der dichtende *Mönch Wandalbert* verfasste in Prüm eine Lebensgeschichte (vita) des hl. Goar sowie des bereits erwähnten römischen Märtyrerehepaars *Chrysanthus und Daria*, deren Reliquien bis heute im Prümer Tochterkloster in Münstereifel liegen. Große Denker waren *Abt Regino, Ado von Vienne* und *Berno von Reichenau*. Unter dem Abt *Geradus von Vianden* erreichte die Abtei in den Jahren 1185–1212 den Höhepunkt ihrer geistigen Blüte.

⬆ Auszug der Echternachpilger aus der Prümer Abteikirche mit Brudermeister Klaus Meyer ✝

⬇ Blick in die Vulkaneifel

Die wirtschaftliche Grundlage der Prümer Abtei waren zahlreiche landwirtschaftliche Güter und Fronhöfe, die das ganze Mittelalter hindurch sehr erfolgreich arbeiteten. Im „Prümer Urbar" war exakt verzeichnet, welche Abgaben und wie viel an Naturalien die Klostergüter an das Kloster zu leisten hatten. Zudem trugen zahlreiche Privilegien wie das Markt- und Münzrecht sowie Zollfreiheit im ganzen Reich zum Wohlstand des Klosters bei. *Friedrich II.* erhob die Abtei Prüm mit ihrem Umland zu einem selbstständigen Fürstentum, dem der Fürstabt vorstand. Wie bedeutend die politische Stellung der Prümer Fürstäbte war, sieht man auch daran, dass sie sogar Sitz und Stimme im Reichstag hatten und dem Reichsheer ein Kontingent stellten.

Klosterkirche St. Salvator

Die ehemalige zweitürmige *Klosterkirche St. Salvator* wurden von *Johann Georg Judas* in den Jahren 1721–1726 im Barockstil neu errichtet. Der heute als Pfarrkirche benutzte Bau hat ein dreischiffiges Langhaus mit vier Jochen. Von der barocken Ausstattung ist ein braunes, aus Eiche geschnitztes *Chorgestühl* von 1721 erhalten, das mit Reliefdarstellungen aus dem Leben des hl. Benedikt geschmückt ist. Ungewöhnlich sind auch die zwischen den hohen Rückenlehnen angebrachten allegorischen weiblichen Darstellungen. Ein weiteres schönes Ausstattungsstück ist die fein gearbeitete *Steinkanzel* vom Ende des 16. Jh. mit Szenen aus dem Leben Christi.

Durch Kriegszerstörungen im Zweiten Weltkrieg und durch Explosionen eines Munitionslagers auf dem Kalvarienberg 1949 wurden der Kirche schwere Schäden zugefügt, die dazu führten, dass sie teilweise einstürzte. Man baute sie zwar originalgetreu wieder auf, aber der Raumeindruck war durch den Verlust der Inneneinrichtung verändert. Der heutige Hauptaltar aus Eichenholz stammt aus der Karmeliterkirche in Bad Kreuznach, die Seitenaltäre kamen aus Trier und Mahlberg.

Für den Bau des *Klostertraktes* wurden die berühmten fränkischen Architekten *Johann Georg Seitz* und nach dessen Tod *Balthasar Neumann* verpflichtet. Der als Barockschloss mit zwei Lichthöfen geplante Bau konnte aber aus Geldmangel nicht fertiggestellt werden. Die unvollendeten Trakte wurden erst 1908–1912 fertig gebaut, als man ein Gebäude zur Unterbringung einer Schule und eines Amtsgerichtes benötigte.

Wallfahrten und Pilgerwege

Unterwegs oder am Ziel vieler Pilgerfahrten kamen Pilger oft mit Reliquien in Berührung, die im Mittelalter als Träger von übersinnlichen Wunderkräften galten. Jedes Kloster war verpflichtet, mindestens eine Reliquie vorzuweisen, um einem tief

↑ Schatten am Weg: ein kostbares Geschenk für jeden Pilger

verwurzelten Bedürfnis der Menschen zu entsprechen. Ihre Echtheit war in jener Zeit über jeden Zweifel erhaben. In früherer Zeit wurden die „Herrenreliquien" an bestimmten Tagen, vor allem während der Aachener Heiligtumsfahrt, öffentlich zur Verehrung ausgestellt.

Das *Fest der Heiligen Drei Ärzte* am 19. Januar ist in Prüm und Umgebung seit Jahrhunderten ein bedeutender Wallfahrtstag. Einige Reliquienteile werden an diesem Tag und anlässlich der Springprozession in Echternach zur Verehrung öffentlich ausgestellt. Zu den *Pilgerämtern* der Heiligen Drei Ärzte sowie der hl. Brigida (S. 249)

Wallfahrt: *Heilige Drei Ärzte, St. Brigida, Sandalen Christi, Station am Matthiasweg und am Jakobsweg*
Ort: *Prüm, St. Salvator*
Festtag: *19. Januar Pilgeramt Heilige Drei Ärzte, 1. Februar Pilgeramt hl. Brigida, 6. August (oder folgender Sonntag) Prümer Kirmes und Verehrung der Reliquie der Sandalen Christi (Gruppen nach Anmeldung)*
Informationen: *Prüm: Kath. Kirchengemeinde St. Salvator, Hahnplatz 17, 54595 Prüm, Tel.: 06551-2469, Fax: 06551-7224, E-Mail: kath.pfarramt@basilika-pruem.de*

kommen Gläubige aus der Umgebung nach Prüm. Feste Wegtraditionen sind hierzu nicht bekannt. Zu Wallfahrten von Prüm nach Echternach siehe S. 21 und 63.

Die Basilika St. Salvator ist heute eine Station auf dem Jakobsweg von Köln nach Trier (S. 122). In das seit einigen Jahren geführte Pilgerbuch haben sich jährlich zwischen 250 und 350 Pilger pro Jahr eingetragen.

Aus dem Pilgertagebuch von Dr. Walter Töpner: An der Stelle, wo der barocke Schlossbau der Prümer Äbte direkt an die Kirche angrenzt, steht eine Bank, auf der wir uns nach dem langen Weg durch die Schneeeifel ausruhen wollen. Wir waren früh auf den Beinen und hatten eine Nacht im Heuschober verbracht. Es ist Sonntagmorgen, ferner Orgelklang hallt aus der Kirche heraus. Gerade als ich eine Dose Fisch geöffnet habe und mein wohlverdientes zweites Frühstück zu mir nehmen will, ist der Gottesdienst zu Ende und aus der Kirche strömen die Menschen in Scharen nach draußen. Verdutzt blicken uns viele an. In unserem ungewaschenen und unrasierten Aufzug hält man uns wohl für Vagabunden der Landstraße. Müde und hungrig esse ich meinen Fisch mit Brot und frage mich, ob die Menschen anders denken würden, wenn sie wüssten, dass ich einem ordentlichen Beruf nachgehe und nur in meiner Freizeit als Pilger nach Santiago ziehe. Auf dem freien Platz direkt vor der Kirche stehen Weinstände, die Werbung für Pfälzer Wein machen sollen und

zum Verkosten des Rebsaftes einladen. Unvermittelt spielt eine Blaskapelle dazu zünftig auf und der Wein wird, wie ich sehen kann, nicht verschmäht. Mein Pilgerkamerad und ich gehen mit unseren Rucksäcken derweil in die Kirche, die sich inzwischen geleert hat und jetzt uns ganz allein gehört.

Reliquienort in der Nähe

Niederprüm: An der Stelle eines von *König Pippin* 762 dem Kloster Prüm geschenkten Hofgutes entstand unweit des Prümer Klosters im Prümtal 1190 ein Benediktinerinnenkloster. Bis zu seiner Aufhebung 1802 stand das Niederprümer Kloster nicht nur beim Adel des Eifel-Ardennen-Raums in hohem Ansehen. Heute ist im Kloster ein Progymnasium der Vinzentiner untergebracht. An der Südseite der Klosterkirche wurde eine barocke Vorhalle mit einem Pilasterportal angefügt. Aus der Erbauungszeit stammen Hochaltar, Kanzel, Nonnen- und Äbtissinnenempore sowie das Chorgestühl.

An der Wand bei der Kanzel hängt ein *Reliquienkasten* mit Märtyrergebeinen, die aus dem von *Abt Markwardt* aus Rom mitgebrachten Reliquienschatz stammen. Von der Prümer Abtei bekam das Kloster auch die *Reliquien der Heiligen Märtyrer Gordianus und Epimachus* geschenkt (Gedenktage 10. Mai bzw. 31. Oktober). Niederprüm ist Station am Jakobsweg (S. 72) sowie der Prümer Echternacher Prozession (S. 124).

Auf einer Kuppe in der Nähe der alten Römerstraße von Köln nach Trier liegt die ehemalige Prämonstratenserabtei Steinfeld beherrschend über dem Land. Einst war dieses Kloster eines der bedeutendsten dieses Ordens. Mit Himmerod war es sogar das größte Kloster in der Eifel. Es erreichte im 13. Jh. seine höchste Blüte und gründete von hier aus elf Tochterklöster in verschiedenen Ländern. Als die Abtei im Mittelalter die Gebeine der Moselmissionare St. Potentinus, Felicius, Simplicius aus Karden erhielt, wurde Steinfeld eine Wallfahrtsstätte. Die Basilika aus dem frühen 12. Jh. birgt außerdem in ihrer Mitte das Grab mit der Alabasterfigur des „Eifelheiligen" Hermann Josef, das ebenfalls Ziel einer berühmten Wallfahrt ist. Obwohl die Eifeler Bevölkerung den frommen Mönch sehr verehrte, ließ sich die Kirche mit seiner Heiligsprechung viel Zeit, denn obwohl bereits 1626 eingeleitet, wurde sie erst 1960 ausgesprochen. Der Grund für die lange Dauer war, dass zwar zahlreiche Wundertaten des Hermann Josef überliefert waren, aber 700 Jahre nach seinem Tode waren diese nicht mehr einwandfrei nachweisbar. Eine Doktorarbeit gab schließlich den Ausschlag. Die 1937 begonnene und erst nach dem Krieg 1947 wieder aufgenommene Arbeit des Aacheners Dr. Brosch konnte endlich die notwendigen Argumente für eine Heilignennung liefern. Der Legende nach soll Hermann Josef einmal dem Jesuskind der Muttergottes in der Kirche St. Maria im Kapitol zu Köln einen Apfel angeboten haben, den es angenommen habe. Daher liegen stets ein paar frische Äpfel auf seinem Grab neben der Alabasterfigur.

St. Potentinus, Felicius, Simplicius

Auf einer Wallfahrt zu verschiedenen heiligen Stätten kam im 4. Jh. der aus Aquitanien stammende Adelige *Potentinus* mit seinen Söhnen *Felicius und Simplicius* nach Trier, wo ihnen *Bischof Maximin* den Rat gab, zu *Kastor* zu gehen und diesen bei seiner Missionsarbeit an der Mosel und in der Eifel zu unterstützen. Der Vater und seine beiden Söhne folgten dem Rat, erhielten die Priesterweihe und wurden Gefährten des hl. Kastor. Dieser lebte als Einsiedler in einer Höhle bei *Karden* und missionierte weite Strecken des Mosellandes, wo die Bewohner noch stark dem Heidentum (römischer Götterkult) anhingen. Die drei Männer aus

Aquitanien unterstützten Kastor bei seiner Missionsaufgabe und lebten mit ihm in seiner Einsiedelei in einer mönchsähnlichen Gemeinschaft. Potentinus, der noch vor Kastor starb, wurde wie später seine beiden Söhne in Karden begraben. 920 wurden ihre Gebeine erhoben und in das neu gegründete Kloster Steinfeld überführt. Reliquien des Potentinus befinden sich auch in einem Reliquienkreuz in der Kastorkirche in *Karden*.

In der Steinfelder Klosterkirche gibt es einen eigenen *Potentinus-Altar* links vor der Vierung mit einem niederländischen Tafelgemälde vom Beginn des 16. Jh., wo das *Martyrium des hl. Potentinus und seiner*

Söhne gezeigt wird. Ob die drei Männer aus Aquitanien tatsächlich den Märtyrertod starben, ist allerdings nicht eindeutig bewiesen. Ihre Attribute sind Rüstung und Schwert mit zwei Pfeilen. An den Chorpfeilern sieht man Potentinus noch einmal auf einem großen Wandbild der Muttergottes mit knienden Mönchen.

Der hl. Hermann Josef

Seit dem 13. Jh. ist das Grab dieses Heiligen Ziel einer Wallfahrt, die im Mai ihren Höhepunkt hat. Der mitten in der Kirche stehende *Marmorsarkophag des hl. Her-*

← Die Klosterkirche von Steinfeld

↓ Das Martyrium des hl. Potentinus

mann Josef von 1701 wurde aus fleischfarbenem Urfter Marmor gefertigt. Die Liegefigur aus Alabaster kam 1732 hinzu. Die Gebeine des Heiligen sollen fast vollständig erhalten sein. Nur mit Genehmigung des Heiligen Stuhls darf der Schrein geöffnet werden.

Hermann Josef wurde um 1150 in Köln geboren und stammte aus einer verarmten Bürgerfamilie. Schon als Kind soll er mit der Muttergottes Zwiegespräche geführt haben. Er trat um 1162 in die Klosterschule Steinfeld als Mönch ein und verbrachte sein ganzes Leben im Steinfelder Kloster. Hermann Josef hinterließ umfangreiche Schriften, darunter *Lieder und Hymnen an die Muttergottes*, die ihm als Prämonstratensermönch in Visionen erschien, sowie an das Herz Jesu und die hl. Ursula. Seine *mystischen Dichtungen* waren die ersten dieser Art neben denen von Hildegard von Bingen und Mechthild von Magdeburg. Weil er eine mystische Vermählung mit der Gottesmutter Maria erlebte, erhielt er den Beinamen Josef. Seine ausgeprägte Marienliebe ließ so manche Legende entstehen. Während des Messopfers sah er in dem Kelch immer drei Rosen. Das Rosenkranzgebet geht auf ihn zurück. Hermann Josef war aber auch eine echte rheinische Frohnatur. Er war gern als Seelsorger tätig, vor allem in Frauenklöstern, wie im Zisterzienserinnenkloster Hoven bei Düren. Als er dort am Gründonnerstag am 7. April 1241 starb, wollten die Nonnen seinen Leichnam zunächst nicht

herausrücken. Hermann wurde dann doch nach einigem Hin und Her in Steinfeld bestattet.

Schon bald nach seinem Tod verehrte ihn die Bevölkerung in der Eifel als Heiligen. Als Pilger in ihren Nöten und Krankheiten an seinem Grab wunderbare Hilfe erhielten, wuchs die Wallfahrt in ungeahntem Maße. Viele Wundergeschichten sind überliefert, zum Beispiel wurden Blinde sehend, Gehörlose wieder hörend und ein gelähmtes Mädchen aus Steinfeld konnte wieder gehen.

Hermann Josef gilt seit dem 17. Jh. als *Patron der Kinder und Jugendlichen*. Werdende Mütter pilgerten zu seinem Grab, um für eine glückliche Geburt zu beten. Die Frauen legten früher Nadeln, Broschen und Spangen auf den Reliquienschrein. Diese „Berührungsreliquien" trugen sie im Haar oder an ihrer Kleidung in der Hoffnung auf ein gesundes Kind. Seine Reliquien fanden weite Verbreitung. Der Gedenktag ist seit der Neuordnung der Feste durch die Päpstliche Kongregation am 21. Mai.

Der schönste Blick auf die Abtei bietet sich vom *Rinnener Berg* aus. Auf dem Weg dorthin kommt man am *Hermann-Josef-Brunnen* im Kuttenbachtal vorbei. In der Vorhalle der Steinfelder Basilika wird gesegnetes Wasser aus diesem Brunnen für die Gläubigen bei Augenleiden angeboten. Das Wasser dieses Brunnens soll der Heilige selbst zur liturgischen Verwendung ins Kloster gebracht haben.

↑ Das Grab des hl. Hermann Josef in der Klosterkirche von Steinfeld

↓ Der hl. Hermann Josef und Maria

Die Geschichte des Klosters Steinfeld

Am Anfang der Gründung des Klosters Steinfeld steht eine kleine Kirche, die *Graf Sibodo* aus dem Ahrgau zwischen 920 und 950 erbauen ließ. In die vom Kölner *Erzbischof Wichfried* (924–953) geweihte Kirche brachte der Graf die *Gebeine des hl. Potentinus* und die seiner Söhne *Felicius und Simplicius* aus Karden an der Mosel. Zur gleichen Zeit gründete er einen Benediktinerinnenkonvent, dessen Nonnen aber 1097 von Steinfeld nach Hellenthal ubersiedelten. 1121 erwarb der Kölner *Erzbischof Friedrich I.* (1100–1131) das dortige verfallene „monasterium Steinveldense" und richtete 1121 eine Kongregation von Augustinerchorherren ein. Die aus Springiersbach herbeigeholten Kanoniker nahmen ein Jahr später die Prämonstratenserregel des hl. Norbert an. 1184 wurde Steinfeld dann zur Abtei erhoben, der bis zur Säkularisation insgesamt 44 Äbte vorstanden. Die Steinfelder Prämonstratensermönche übten die Seelsorge in zahlreichen Pfarreien der Eifel aus. Hierzu gründeten sie Propsteien in Niederehe, Reichenstein und Dünnwald, die dem Kloster unterstanden. Steinfeld war ein Ort der Bildung, der mittelalterlichen Kultur und der vorbildlichen Klosterzucht. Durch die Einführung und Durchsetzung von Reformen in anderen Klöstern erwarb sich Kloster Steinfeld große Verdienste.

Wie viele andere Klöster wurde Steinfeld in Säkularisation 1802 aufgehoben, die Abteikirche wurde zur Pfarrkirche. Als das Kloster 1844 in den Besitz des preußischen Staates überging, wurde in den Klostergebäuden eine Fürsorgeanstalt eingerichtet. Erst 1923 bekam der *Salvatorianerorden* die Gebäude überlassen, in denen er seitdem ein Gymnasium, ein Internat, ein Bildungshaus und das Kloster unterhält. Die Abtei der Salvatorianer hat sich heute wieder zu einem großen geistlichen Zentrum der Eifel entwickelt. 1960 erhielt die Basilika den Rang einer papstlichen „Basilica minor" verliehen. Heute leben etwa zehn Mönche des Salvatorianerordens im Kloster.

Ehemalige Abteikirche zu den hll. Potentinus, Felicius, Simplicius

Die Klosteranlage von Steinfeld wird zu den am besten erhaltenen klösterlichen Baudenkmälern des Rheinlandes gezählt. Die Grundsteinlegung erfolgte 1142 unter *Propst Evervin von Helfenstein*. In der frühromanischen Basilika vereinigen sich Kunstrichtungen von der Romanik, Gotik, Renaissance bis hin zum Barock. Die in den Jahren 1142–1160 im romanischen Stil errichtete Klosterkirche wurde als kreuzförmige Pfeilerbasilika im gebundenen System

→ Das Westwerk der Klosterkirche von Steinfeld

↑ Das Kloster Steinfeld besitzt eine reiche Reliquiensammlung.

mit vier Jochen errichtet. Die *frühstaufische Gewölbebasilika mit Westbau* war eine der frühesten Gewölbekirchen der Prämonstratenser und hat ihre ursprüngliche Gestalt behalten. Das Chorjoch schließt mit einer halbrunden Apsis, die Kapellen an beiden Querhausfronten (Stephanus- und Ursulakapelle) schließen in Anlehnung an die Bauweise der Zisterzienser jedoch gerade ab. Der achteckige *Vierungsturm* wurde nach einem Brand 1873 erneuert. Im Obergeschoss des Westbaus befindet sich eine *Michaelskapelle*, die 1480 gotisch ausgebaut wurde. Die Türme des Westbaus wurden

1884 nach dem Vorbild einer Ritzzeichnung des 16. Jh. durch den Kölner Architekten *Heinrich Wiethase* neu errichtet, der auch die Osttürme der Benediktinerabtei Brauweiler rekonstruiert hat.

Malereien aus dem 12. Jh. haben sich in der *Ursulakapelle* erhalten. Eine große Kostbarkeit ist die erhaltene spätgotische Gewölbeausmalung, die *Hubert von Aachen* 1509–1517 geschaffen hat. Die ebenso kunstvolle Barockausstattung (Hochaltar, Kommunionbank, Seitenaltäre, Kanzel und Beichtstühle) stammt von 1680 bis 1742. Am Chorgestühl sind die Sitzkonsolen noch

↑ Der Eingang zum Kloster Steinfeld ⇓ Die Klostergebäude aus der Barockzeit

von 1470 bis 1480, später sind in der Barockzeit Überarbeitung vorgenommen worden. Als Wangenfiguren sind Maria und St. Potentinus abgebildet. Die wertvolle Barockorgel wurde um 1600 gebaut und zählt zu den bedeutendsten ihrer Art im Rheinland. Von der gotischen Ausstattung sind vor allem die Holzstatuen des hl. Hermann Josef und eine *Muttergottes von Tilman van der Burch* sowie der *Marmorsarkophag des hl. Hermann Josef* (1732) zu erwähnen. Auf einem Stifterbild von 1693 ist die Verzückung des hl. Hermann Josef dargestellt. Die Orgel von 1727 ist eine der bedeutendsten Orgeln des rheinischen Barock.

Die *Klostergebäude* wurden vom 15. bis 18. Jh. erbaut. Der *Kreuzgang* aus der Zeit von 1495 bis 1587 besaß einst berühmte *Kreuzgangfenster*, die heute leider verschwunden sind. Sie wurden nach der Enteignung der kirchlichen Güter durch die französisch-napoleonischen Besatzungstruppen in alle Welt verkauft. Im Hof steht ein Becken aus dem 13. Jh., das aus dem Kreuzgang stammt.

Pilgertraditionen und Wege

Am Pfingstsonntag, dem *Hermann-Josef-Fest*, wird der Holzschrein aus dem Steinsarkophag erhoben und in einer Prozession durch die Kirche getragen und ausgestellt; am Pfingstmontag wird er wieder eingesetzt. Der Wallfahrtsort mit dem Grab des

hl. Hermann Josef wird auch besonders an den neun *Hermann-Josef-Dienstagen* vor dem *Hermann-Josef-Fest* vom 11. bis 12. Mai 2013 von vielen Pilgern besucht. Am ersten Dienstag kommen Gläubige aus *Zingsheim, Frohngau, Tondorf*, am zweiten aus *Krekel*, am vierten aus *Sistig, Ülpenich, Reifferscheid*, am fünften aus *Marmagen* und *Nettersheim*, am sechsten aus *Buderath* und *Blankenheim*, am siebten aus *Dahlem* und *Schmidtheim*, am achten aus *Kallmuth*, am neunten aus *Kall* und *Kendenich*.

→ Glasfenster aus dem spätgotischen Kreuzgang mit dem hl. Simeon

---

Wallfahrt: *hl. Hermann Josef*
Ort: *Kall-Steinfeld*
Festtag: *hl. Hermann Josef 21. Mai, hll. Potentinus, Felicius, Simplicius 18. Juni, Hermann-Josef-Fest vom 11. bis 12 Mai 2013*
Informationen: *Steinfeld:* *Hermann-Josef-Str., 53925 Kall-Steinfeld, Tel.: 02441-889-0, Internet: www.kloster-steinfeld.de. Kath. Kirchengemeinde St. Potentinus, Felicius, Simplicius, Steinfeld, Postfach 220, 53922 Kall, Tel.: 02441-889137. Speik: Informationen: Tel: 02161-834582, Internet: www.wallfahrt-mg-suedwest.de*
Unterkunft: *Gastflügel der benachbarten Benediktinerinnenabtei Maria Heimsuchung*

Die Pilgerprozession von Kalterherberg beginnt am Samstag vor Pfingsten um 11 Uhr und erreicht um 18 Uhr abends Steinfeld. Von Gläubigen der Kirchengemeinde St. Matthias in *Reifferscheid* ist die Wallfahrt im Jubiläumsjahr 2005 an einem der Hermann-Josef-Dienstage erstmals wieder aufgenommen worden.

St.-Hermann-Josef-Wallfahrt in Speick

Seit 1988 zieht eine Prozession der Pilgergruppe des Bürgerschützenvereins St. Hermann-Josef in *Mönchengladbach-Speick* am zweiten Wochenende nach Ostern von der Kirche St. Hermann-Josef nach Steinfeld zum Grab des hl. Hermann Josef in der Eifelbasilika. Der Pilgerweg dauert zwei Tage, man kann sich aber am Sonntag der kürzeren Prozession von Berg nach Steinfeld anschließen.

Streckentelegramm: 1. Tag: 4.15 Uhr Abgang von der Kirche St. Hermann-Josef – Wanlo, Schwalmerhaus (Morgengebet) – Holzweiler (Frühstück) – Titz (Matthias-Bildstock, Meditation) – Ameln – Grillhütte Sophienhöhe (Meditation) – 14 Uhr Hambach (Mittagessen) – Sägewerk Oberzier (Meditation) – 18 Uhr Düren-Birkesdorf (Hotel). 2. Tag: 3.45 Uhr Autofahrt nach Drove – 5 Uhr Drove (Abgang) – Berg (Treffen mit 1-Tages-Pilgern) – Hergarten

(Frühstück) – Wielspütz (Meditation am Pilgerkreuz) – 12 Uhr Kall (Mittagessen) – 14.40 Uhr Ankunft am Kloster Steinfeld – 15 Uhr hl. Messe in der Eifelbasilika – 18 Uhr Abfahrt zum gemeinsamen Abendgebet am Kreuz in Wielspütz – 20 Uhr Ankunft in Speick.

Wallfahrten in der Nähe

Schmerzhafte Mutter von Kallmuth: Südlich von Mechernich liegt der kleine Ort *Kallmuth.* Im rechten Seitenschiff der Pfarrkirche wird eine hölzerne, im 15. Jh. geschnitzte Pietà als „Maria – Schmerzhafte Mutter" verehrt, die Wallfahrer besonders in der Fastenzeit anzieht. Hauptwallfahrtstag ist der vierte Freitag in der Fastenzeit.

Tanzbergprozession in Keldenich: Im Bereich des Keldenicher Tanzberges gab es bereits in der keltischen und römischen Zeit Bergbau; der Bleierzbergbau wurde hier bis 1865 betrieben. An Christi Himmelfahrt findet in Keldenich die traditionelle Tanzbergprozession durch den Ort statt, die an ein Unglück erinnert, das hier in der Zeit zwischen 1547 und 1574 stattgefunden hat, als durch einen Bergsturz viele Menschen zu Tode kamen. Das Unglück wurde als Strafe Gottes gedeutet, weil damals viele Menschen im Bergwerk getanzt und gefeiert und so den Sonntagsgottesdienst vernachlässigt hatten. Die Prozession beginnt

↑ Station am Pilgerweg: die Landschaft bei Berg ⬇ Station am Pilgerweg: die Kirche von Vlatten

am Vorabend von Christi Himmelfahrt um 17.30 Uhr. Am Gedenkstein „Frankenstraße" wird der verunglückten Bergleute und aller Menschen gedacht, die plötzlich aus dem Leben gerissen wurden.

St.-Brigida-Verehrung in Keldenich:
siehe S. 249

⬇ Weg bei Keldenich

Den Ort für eine Klostergründung im Salmtal nahe Wittlich hatte Bernhard von Clairvaux persönlich bei einer Besichtigung ausgewählt. Damals war hier noch ein ödes, abgeschiedenes Tal, das von Höhenzügen eingeschlossen war. Dieses weiträumige Gelände schien ihm jedoch wie geschaffen, um ein Leben in Kontemplation und Arbeit zu führen, so wie es die Ordensregel der Zisterzienser vorsah. Mit ihrer Hände Arbeit rodeten die Mönche den Urwald, legten versumpfte Talwiesen der Salm trocken und machten den Boden urbar. Landwirtschaft und Handwerk nutzten die Wasserkraft der Salm. Unter den zahlreichen Klöstern und Abteien in der Eifel nahm die Zisterzienserabtei aber auch deshalb eine besondere Rolle ein, weil viele ihrer Mönche im Ruf besonderer Heiligkeit standen. Von den im Verzeichnis des Ordens genannten Heiligen lebten allein 74 als Mönche im Kloster Himmerod. Im 12. Jh. wurde es deshalb das „Kloster der Heiligen" genannt. Im Gründungskonvent war zum Beispiel der hl. David von Florenz, der heute noch verehrt wird. Am 26. Juli 1802 sangen die Zisterziensermönche in ihrer gerade mal 50 Jahre alten Barockkirche das letzte Salve Regina. Ohne Ordenskleid mussten sie von dannen gehen und ihr Kloster schutzlos zurücklassen, das dann ein unwürdiges Ende erlebte. Was fleißige und fähige Mönche in jahrhundertelanger Arbeit geschaffen hatten, wurde in der Säkularisation verschleudert oder verkam zum Steinbruch. Der 1937 begonnene Wiederaufbau der dem Verfall preisgegebenen Kirche zog sich wegen der hohen Kosten noch bis 1962 hin. Himmerod nimmt heute wieder die Rolle als das geistige und kulturelle Zentrum der Moseleifel ein, die es über die Jahrhunderte innehatte.

Am Anfang stand der hl. Bernhard

Das Zisterzienserkloster Himmerod ist das 14. Tochterkloster des Klosters Clairvaux in Frankreich und die älteste Gründung des von *Bernhard von Clairvaux* gegründeten Ordens auf deutschem Boden. *Erzbischof Albero von Trier* (1080–1152) rief die ersten Mönche aus Clairvaux hierher. Es war gerade 20 Jahre her, dass der Reformorden der Zisterzienser aus dem benediktinischen Mönchtum in Burgund hervorgegangen war. Albero, der im Reich hoch angesehen war und mit Norbert von Xanten und Bernhard von Clairvaux Freundschaften pflegte,

↑ Himmerod atmet den Geist der Strenge der Zisterzienser.

förderte auch Gründungen anderer Reformorden wie der Prämonstratenser und Augustiner-Chorherren.

Es war im Frühjahr des Jahres 1134, als der *hl. Bernhard von Clairvaux* den *hl. Abt Randulf* mit einer Gruppe von Mönchen in das Erzbistum Trier entsandte. Zuerst errichtete man in Himmerod eine einfache Klosteranlage aus Holz, welche die Mönche im Jahr 1136 bezogen, zwei Jahre später wurde die Kirche geweiht. Wenig später schickte Bernhard seinen Ordensbruder *Achard* (dt. Eckhard) als Baumeister nach Himmerod, der eine Klosteranlage im Steinbau planen sollte. Dieser romanische Kirchbau wurde am 1. Juni 1178 von *Erzbischof Arnold von Trier* eingeweiht.

Das neu gegründete Kloster im Salmtal zog die Menschen magnetisch an. Viele junge Ritter und Adelige nahmen das Mönchsgewand und schenkten dem Kloster bei ihrem Eintritt Landbesitz und Höfe. Auf diese Weise wuchs der Konvent schnell an und kam zu beträchtlichem Grundbesitz. Weitere Zuwendungen flossen auch von den Adelsgeschlechtern der Eifel an das Kloster, die es zu ihrer *Begräbnisstätte* erwählten. Unter ihnen befanden sich zwei

↑ Himmerods Äbte und Mönche sind wegen ihrer Gelehrsamkeit und Heiligkeit berühmt.

Erzbischöfe von Trier und berühmte Adelsgeschlechter wie die *Grafen von Sponheim, Manderscheid, die Herren von Salm, Daun, Pralandt, Bourscheid, Malberg, Ulmen* und viele andere.

Als die Zahl der Mönche aber zu groß wurde, entschloss man sich im Jahr 1188, eine Gruppe von Mönchen in die Erzdiözese Köln zu schicken; diese gründete ein Jahr später im Siebengebirge das Tochterkloster Heisterbach. Von Heisterbach wurde 1212 das neue Tochterkloster Marienstatt im Westerwald gegründet, dem dann rund 700 Jahre später im Jahr 1922 die Rolle zufiel,

das Mutterkloster Himmerod wieder neu zu gründen und aufzubauen.

Im 12. und 13. Jh. entwickelte sich das Kloster zu einem bedeutenden geistig-kulturellen Zentrum im Eifel-Mosel-Raum. In der Klosterbibliothek waren im Jahre 1453 ca. 2000 Bücher gezählt worden. Auch im Zeitalter der Renaissance blühte im Kloster die Pflege der Wissenschaften. Zu diesem Zweck wurde 1506 ein eigener Bibliotheksbau errichtet. Die jungen Himmeroder Mönche durften von nun an zu Studienaufenthalten nach Paris, Köln oder Heidelberg das Kloster verlassen; viele Mönche schlossen ihre philosophischen und theologischen Studien an der Universität Trier ab. Himmerod erhielt unter *Abt Robert Bootz* als Generalvikar für Niederdeutschland die Aufsicht über 18 Männer- und 57 Frauenklöster. Das Kloster war auch ein bedeutender Wirtschaftsstandort, da ihm zahlreiche, zum Teil weitverstreute land- und forstwirtschaftliche Betriebe gehörten, die Viehzucht, Fischzucht, Jagd, Mühlen und Weinbau betrieben.

Das Kloster und seine Bauten

Aus der Zeit der Klostergründung haben sich Säulenreste des ersten romanischen Klosterbaus erhalten, den der *Mönchsarchitekt Achard* hier errichtete. Die strengen Bauvorschriften für die Klosterbauten der Zisterzienser waren einheitlich und von großer spiritueller Ausdruckskraft. Ein Modell des 1178 eingeweihten romanischen Kirchbaus aus Stein kann man in der Alten Mühle besichtigen.

Abt Robert Bootz ließ den 1640 begonnenen Konventneubau 1688 fertigstellen, ein neues Krankenhaus bauen und die St. Michaelskapelle wiederherstellen. *Abt Leopold Camp* (1699–1750) beauftragte den im Trierer Raum tätigen sächsischen Baumeister *Christian Kretschmar* mit dem Neubau der Klosterkirche. Dabei legte er Wert auf eine maßvolle, vom zisterziensischen Geist geprägte Ausstattung im Innern und Rücksichtnahme auf die romanischen und goti-

schen Wurzeln des Vorgängerbaus. Es entstand eine Hallenkirche ohne Glockentürme. Nur die mächtige, geschwungene Westfassade war reich dekoriert. Die Kirche wurde am 10. Oktober 1751 geweiht und war die bedeutendste Barockkirche des Rheinlands.

Mit dem rund 50 Jahre später am 9. Juni 1802 von der französischen Regierung beschlossenen Säkularisationsgesetz wurde der größte Teil der Zisterzienserklöster enteignet und die gesamte Struktur und Organisation ihres Ordens zerschlagen. 1805 versteigerte die französische Regierung Kirche und Kloster auf Abbruch. Das Himmeroder Kloster verfiel immer mehr und wurde zum Steinbruch.

Neugründung des Klosters

Zuerst kamen 1919 sieben deutsche Zisterziensermönche aus Mariastern/Bosnien, die nach dem Krieg nicht mehr in ihr altes Kloster in Jugoslawien zurückkehren durften und eine neue Bleibe suchten. Zwar hätte die Gemeinschaft andere, wesentlich besser erhaltene Klosterbauten erwerben können, aber die Mönche hatten es sich in den Kopf gesetzt, die traditionsreiche Klosterstätte Himmerod wiedererstehen zu lassen. Nachdem die *Abtei Marienstatt im Westerwald* die Mutterabtei von Himmerod wurde, erfolgte am 15. Oktober 1922 die kanonische Wiedergründung des Zisterzienserklosters Himmerod.

→ Das Chorge-
stühl der Mönche

→ Der Eingang
von Himmerod

Nur die den Klosterhof umgebenden *Wirtschaftsgebäude* des 18. Jh., der *Torbau*, eine *Mühle* sowie eine *Remise*, waren den Zerstörungen nach der Aufhebung des Klosters entgangen. In mühevoller Eigenarbeit stellten die Mönche bis 1927 die zerstörten Klostergebäude wieder her, dann wurde der Kreuzgang im nachgotischen Stil des 17. Jh. hergerichtet. Am Ende des Zweiten Weltkrieges hatte das Kloster durch Bombenangriffe im Januar 1945 erneut weitere schwere Zerstörungen erlitten.

Der Wiederaufbau der barocken Klosterkirche konnte erst nach dem Krieg fortgesetzt werden, weil die Nationalsozialisten 1934 das Vermögen des Himmeroder Bauvereins beschlagnahmt hatten. Die Rekonstruktion dieser größten rheinischen Barockkirche war eine große bauliche Herausforderung. Am 15. Oktober 1960 wurde die neue Kirche von dem Trierer Bischof Matthias Wehr geweiht. Im Kloster leben heute noch 13 Mönche. Zum Kloster gehören ein Museum, eine Buch- und Kunsthandlung, ein Gästehaus sowie eine Gaststätte.

Museum: Das Museum der Abtei Himmerod ist in dem ältesten noch erhaltenen Gebäude der Abtei, der *Alten Mühle*, untergebracht. Im Ober- und Dachgeschoss wird die Geschichte der Zisterzienser und der Abtei Himmerod gezeigt. Im Dachgeschoss sieht man eine eindrucksvolle Holzkonstruktion. Im historischen *Backofen* wird noch Eifeler Brot gebacken.

Geistige Pilgerschaft: eine andere Form des Pilgerns

Zur Abtei gehört ein *Gäste- und Exerzitienhaus*, das der Aufnahme von Gästen dient, die hierherkommen, um Zuflucht zu suchen, innere Einkehr zu halten oder neue Lebensentscheidungen zu prüfen. Das Kloster will nicht nur ein spiritueller und kultureller Ort sein, sondern auch ein Ort der Geborgenheit, des Gesprächs und der seelischen Unterstützung. Für Gespräche stehen die Mönche gerne zur Verfügung, auch

Wallfahrt: Station am Matthiasweg, Verehrung des hl. David von Florenz
Ort: Abtei Himmerod OCist e.V., Himmerod 3, 54534 Großlittgen
Informationen: Tel.: 06575-95130, Fax: 06575-9513-20, E-Mail: abtei@himmerod.net, Internet: www.kloster-himmerod.de, geöffnet: tgl. 9–18 Uhr; Besichtigung des Kreuzgangs von 9–11.30 und 14.30–17.30 Uhr
Unterkunft: Gästehaus der Abtei mit einfachen, aber schön eingerichteten Zimmern, 35 Euro pro Person inklusive Frühstück. Auch Vollpension
Gottesdienste: (Wo) 5.30 Uhr Morgenhore; 7.30 Uhr Konventamt; 11.45 Uhr Tageshore; (So) 7.15 Uhr Volksmesse; 9 Uhr Konventamt; 11 Uhr Volksmesse; 14.30 Uhr Tageshore; (So, Wo) 17.30 Uhr Vesper; 19.45 Uhr Komplet

Einzelexerzitien und Meditationswochenenden werden angeboten. Gäste dürfen am Leben des Konvents teilnehmen.

Pilgertraditionen und Wege

Das Grab des *hl. David von Florenz* in der rechten Seitenkapelle wird noch heute von Menschen in Not aufgesucht. Zahlreiche Dankestafeln bezeugen dies. Der Patron der Mütter und der Schwangeren lebte von 1100 bis 1179 und starb als Mönch in Himmerod. David kam bereits mit den ersten Mönchen nach Himmerod, die der hl. Bernhard von Clairvaux 1134 zur Gründung der Abtei ausgewählt hatte. Obwohl der mystisch veranlagte Mönch eine schwache Gesundheit hatte, lebte er noch 46 Jahre in strengster Aske-se in dem neu gegründeten Kloster. Nach seinem Tod wurde er bald verehrt. Vor allem Frauen baten um seine Fürbitte, um schwanger zu werden, und um eine gute Geburt. Seine Lebensgeschichte wurde zeitnah 1204 von dem Mönch Petrus aus dem Kloster St. Eucharius (heute St. Matthias) in Trier aufgezeichnet. Seine früher in einem Marmoraltar aufbewahrten sterblichen Überreste kamen 1802 nach der Auflösung des Klosters in der Säkularisation nach Trier, später dann nach Belgien. Seit 1930 befinden sich die Reliquien zusammen mit seinem Gürtel wieder in Himmerod.

Himmerod liegt an verschiedenen *Routen der Matthiaspilger*. Im Kloster übernachten viele Wanderer, die auf dem *Eifelsteig* zwischen Gerolstein und Trier unterwegs sind.

↓ Himmerod ist heute ein Ort der inneren Einkehr.

Wallfahrten in der Nähe

Die Frohnertkapelle bei Oberkail: Erbauer dieser auf dem Hügel über Oberkail gelegenen Kapelle war *Graf Philipp Dietrich von Manderscheid-Kail* (1613–1653). Der Anlass für diesen 1647 begonnenen Bau dürfte mit dem Pestjahr 1636 in Oberkail zusammenhängen. Die Kapelle war eine Nachbildung der ältesten Gnadenkapelle in Luxemburg („Trösterin der Betrübten") und wurde »der „hl. Maria, dem hl. Rochus und anderen Heiligen" geweiht. Diese anderen Heiligen, „Sebastian, Luzia, Adrian und Natalia", sind wie der hl. Rochus alle Schutzpatrone gegen die Pest und andere Seuchen.

Die oktogonale Anlage hat einen rechteckigen kreuzrippengewölbten Vorraum und im Westen sechs Spitzbogenfenster. Die unter französischer Herrschaft versteigerte Inneneinrichtung wurde später durch neue Figuren ersetzt, die aber alle gestohlen wurden; daher malte man Darstellungen der Vierzehn Nothelfer, die von alters her bei den verschiedensten Anliegen angerufen werden, auf den Wandputz (siehe S. 276).

Der 8. September (Adrians Fest) wurde zum Hauptwallfahrtstag gewählt und auch der Berg wurde nach diesem Heiligen „Adriansberg" genannt. Die Kapelle ist ein seit Jahrhunderten von *Oberkail* und den Nachbarorten besuchtes Wallfahrtsziel. Lichterprozessionen finden hierher am ersten Maisonntag und am Sonntag nach dem 8. September statt. Im Sommer werden Messen montags um 20 Uhr zu Ehren der schmerzhaften Gottesmutter und der Heiligen Vierzehn Nothelfer gelesen. Die Frohnertkapelle wird auch von Einzelpilgern und kleineren Gruppen aufgesucht. Die Kapelle ist eine Wegstation der Wege der Heilig-Rock-Pilger von Prüm nach Trier bzw. der Matthiaspilger von Blankenheim nach Trier.

← Rast am Wege und eine schöne Aussicht

6 MARIAWALD

Von Anfang an war das Kloster Mariawald für viele Menschen des umgebenden Eifellandes ein magischer Anziehungspunkt. Fünf Jahrhunderte hindurch kamen sie als Pilger in ihrer Not hierher zum Gnadenbild der „Schmerzhaften Mutter". Der um 1475 in 420 m Höhe auf dem Kermeter entstandene Wallfahrtsort mit einer Kapelle wurde von den Zisterziensern übernommen und als Kloster ausgebaut, um die Wallfahrt zu betreuen. Die Lage des Klosters an der Straße von Düren ins Innere der Eifel nach Schleiden war günstig. Bis 1804 kamen die Pilger zum Gnadenbild nach Mariawald. Nach der Aufhebung des Klosters wurde das Bild dann nach Heimbach überführt, wo es heute noch in der Pfarrkirche steht und verehrt wird. Jährlich kommen immer noch ca. 60.000 Pilger, meist zu Fuß in den Monaten Mai bis September, besonders zahlreich in der Wallfahrtsoktav Anfang Juli. Das ganze Jahr über besuchen auch viele Wanderer oder Touristen das Kloster Mariawald, um sich in der an Naturschönheiten so reichen Gegend zu erholen und sich in der Klostergaststätte zu stärken. Das Kloster selbst ist nicht zu besichtigen, aber man kann vom hinteren Kirchenschiff dem Gebet oder Chor der Mönche, die das Schweigegelübde abgelegt haben, beiwohnen. Wer hier einen Gottesdienst miterlebt hat, wird die Spiritualität der Schweigemönche nie vergessen. Ebenso wenig wie den von den Mönchen selbst hergestellten Klosterlikör und die berühmte Erbsensuppe in der Klostergaststätte.

Die Entstehung der Wallfahrt

Aus schriftlichen Aufzeichnungen des herzoglichen Landvogts aus dem Jahre 1521 wissen wir, wie hier oben alles begann. Ein armer Strohdachdecker aus Heimbach hatte um 1470 in Köln eine Pietà gesehen, er konnte sie aber aus Geldmangel nicht kaufen. Da fand er in seinem Heimatort einen Mann, der ihm das Geld dafür gab. Der Dachdecker kaufte das Muttergottesbild und stellte es in einem hohlen Baum auf dem Kermeter auf, dort, wo heute ein Bildstock steht. Weil ihm der Platz aber zu abgelegen schien, stellte er die Statue an einer nahen Wegkreuzung in einem kleinen Heiligenhäuschen auf. Jetzt kamen immer mehr Pilger hierher und der Mann baute sich eine Zelle und betreute das Marienbild bis zu seinem Tode. Andere Männer setzten nach ihm sein Werk fort. Zunehmende Pilgerzahlen veranlassten schließlich den Pfar-

↑ Das Trappistenkloster Mariawald bei Heimbach

rer von Heimbach, eine hölzerne Kapelle zu errichten und den Zisterzienserorden um die Betreuung der Wallfahrt zu bitten.

Kloster Mariawald

1486 kamen schließlich die ersten aus Bottenbroich herbeigerufenen Zisterziensermönche, die 1494 damit begannen, ein steinernes Kloster zu erbauen. Ihre Neugründung nannten die Mönche *Nemus Mariae* (= Wald Mariens). Die Bauarbeiten an der spätgotischen Klosterkirche zogen sich aber hin, sodass sie erst 1539 geweiht werden konnte. Das Kloster hatte sehr unter der Pest, den durchziehenden Truppen der Spa-

nier und den Zerstörungen und Brandschatzungen der Hessen zu leiden. Erst Anfang des 18. Jh. wurde die wirtschaftliche Situation besser und man konnte darangehen, die entstandenen Schäden auszubessern. In der Französischen Revolution wurde das Kloster 1795 aufgehoben und zum Teil mutwillig zerstört. Die Franzosen verschleuderten das Inventar und verkauften die *wertvollen Glasfenster* aus dem Kreuzgang und dem Kapitelsaal nach England, wo sie heute im Albert-Viktoria-Museum in London sowie in der Stephanskirche in Norwich zu sehen sind. Die *Kanzel* befindet sich heute in der Kirche von Heimbach-Vlatten. Das *Gnadenbild* und der *Marienaltar*, eine prachtvolle Schnitzarbeit aus der

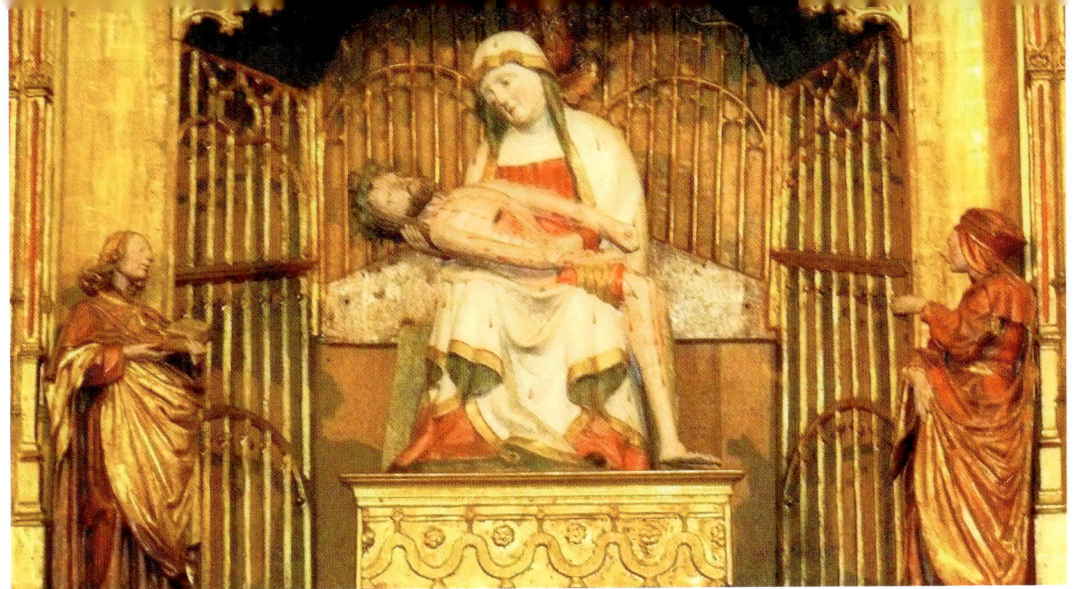

↑ Das Gnadenbild befindet sich heute in der Pfarrkirche von Heimbach.

Antwerpener Schule aus dem 15. Jh., konnten gerettet werden, weil man sie 1804 in die Pfarrkirche von Heimbach überführte. Die Klosterkirche aber verfiel nach und nach zur Ruine und sollte schließlich sogar ganz abgebrochen werden. Als aber einstürzende Gewölbe einen Arbeiter erschlugen, ließ man davon wieder ab. Im Klosterbereich angesiedelte Landwirtschaftsbetriebe konnten sich wegen der abgelegenen Lage nicht lange halten; sie zogen wieder ab und veräußerten die noch verbliebenen Einrichtungsgegenstände des Klosters.

Erst ab 1861 kehrte in Marienwald wieder Klosterleben ein, als *Trappistenmönche* aus Ölenberg damit begannen, das zerstörte Kloster wieder aufzubauen. Bald darauf

wurde von hier aus die Trappistenabtei Mariastern in bei Banjaluka in Bosnien gegründet und besiedelt. In der Zeit des Kulturkampfes unter preußischer Herrschaft wurden die Mönche in den Jahren 1875–1887 aus Mariawald vertrieben. Seit 1909 hat Marienwald wieder den Rang einer Abtei. Im Zweiten Weltkrieg wurde das Kloster im Winter 1944/45 mit Artillerie schwer beschossen, da hier deutsche Truppen stationiert waren. Nach dem Kriegsende kamen die Mönche zurück und gingen an den Wiederaufbau. Mariawald ist bis heute das einzige männliche Trappistenkloster in Deutschland.

Klosterkirche: Die in klaren, einfachen Formen nach den Regeln der Zisterzienser erbaute einschiffige Kirche, ohne Turm und mit nur einem Dachreiter versehen, hat die gleichen räumlichen Ausmaße wie ihre Vorgängerbauten. Die Westfassade wird dominiert von einem großen *Spitzbogenmaßwerkfenster*, das mit dem Portal durch die gemeinsame Laibung verbunden ist. Zwischen Fenster und Portal sind die vier *Zisterzienseräbte Robert von Molesme, Alberich von Citeaux, Stephan Harding und Bernhard von Clairvaux* abgebildet. Auch der Innenraum zeugt von einer beeindruckenden Schlichtheit.

Ein gestifteter neugotischer *Holzaltar* mit sechs Leuchtern in bescheidener Schönheit des Nazarenerstils stammt wohl aus dem französischen Sprachgebiet und ist über 150 Jahre alt. Auf einer Konsole neben dem Altar steht eine Nachbildung des Mariawalder Gnadenbildes (Original heute im Heimbach). Der Kreuzgang und der noch erhaltene Kapitelsaal sind nicht zu besichtigen.

Heimbach Pfarrkirche St. Salvator und St. Clemens

Das Mariawalder Gnadenbild aus dem 15. Jh. und der Antwerpener Altarretabel aus dem 16. Jh. befinden sich heute in der neu erbauten Heimbacher *Salvatorkirche*. Die danebenstehende alte *St.-Clemens-Kirche* ist ein Bau aus dem 11. Jh., der ein Kreuzgewölbe und eine reiche Barockausstattung besitzt. Der Hochaltar ist reich mit Blumen-

und Rankenschmuck verziert, sein Altarbild malte *Pieter Soutmann* aus Haarlem (1580–1657), der ein Schüler von Pieter Paul Rubens war und die Kreuzabnahme seines Meisters in der Kathedrale zu Antwerpen kopierte. Daneben stehen die Statuen der hl. Scholastika und des hl. Benedikt. An den Wandpfeilern sieht man die Statuen des hl. Clemens mit der Papstkrone, des hl. Matthias mit dem Beil, des hl. Josef sowie des hl. Antonius von Padua. Die Seitenaltäre dienen zur Aufstellung von Reliquiaren (*Reliquienbüsten* der hll. Agnes und Thekla aus dem 15. Jh. und der hll. Chrysanthus und Daria um 1500). Aus Mariawald stammt eine *Heilig Grab Gruppe*, eine niederrheinische Arbeit aus der Zeit um 1500.

Pilgerwege nach Mariawald und Heimbach
Siehe Karte auf Seite 281.

Von Heimbach aus führt ein *Kreuzweg* mit 14 Kapellchen durch das *Ruppental* hinauf zur Abtei Mariawald. Die ersten sieben Kapellen stehen frei am Wege, die übrigen sind in die Klostermauer eingelassen. Porzellanartige Flachreliefs im Nazarenerstil schildern Stationen der Passion Christi.

Im Jahre 2002 hat der „Arbeitskreis Pilgerwege des Ökumenischen Netzwerks Kirche im Nationalpark Eifel" (AK) die Pilger aus verschiedenen Ausgangsorten zu ihren Wegen nach Mariawald und Heimbach be-

↑ Das Kloster Mariawald von Westen

↓ Westportal des Klosters Mariawald mit berühmten Zisterzienseräbten

fragt. Von Interesse dabei war, herauszufinden, ob früher Wege durch den heutigen Nationalpark führten, die aufgegeben wurden oder in Vergessenheit zu geraten drohen. Dabei hat sich gezeigt, dass die Wallfahrer immer noch zahlreich sternförmig aus allen Himmelsrichtungen zu dem Gnadenbild in Heimbach herbeigeströmt kommen und dabei auch das Kloster Mariawald aufsuchen, wo es früher stand. Die meisten Pilger benutzen heute die vom Eifelverein ausgeschilderten Wanderwege und berühren Schlüsselorte wie *Vlatten, Wolfgarten* und *Schmidt* im *Nationalpark Eifel*. Im Folgenden werden einige Beispiele von Pilgerwegen nach Heimbach gegeben.

Pilger aus der Gemeinde von St. Margarethen in **Zülpich-Hoven** gehen seit 1804 jedes Jahr am 2. Juli nach Mariawald aufgrund eines Gelöbnisses, das sie nach einem schweren unheimlichen Unwetter ablegten, das fast ihre ganze Ernte zerstörte und schweren Schaden anrichtete. Der Weg führt von *Zülpich-Hoven* über *Vlatten* (Kreuz = „Vlattener Krusch" als Gebets-, Rast- und Sammlungspunkt) nach Mariawald. Auf dem Rückweg geht ihr Weg über *Eppenich* (Gebete am Kreuz, Verehrung der hl. fünf Wunden). Pilger aus **Sinzenich** oder **Elsig** nehmen auch den Weg über *Vlatten,* wobei die Stecke von Elsig 25 km lang ist. Man bricht dort deshalb schon morgens um 3 Uhr auf. Kriegsheimkehrer haben an dieser Wallfahrt teilgenommen und ein im Krieg gegebenes Versprechen eingelöst.

Aus dem westlich gelegenen Ort **Stolberg-Vicht** gehen die Pilger von der Vichter Kirche zuerst zum *Pilgerkreuz auf dem Burgberg* und zum Kartoffelbaum am *Pilgerkreuz der Stollberger Wallfahrer,* dann geht es über *Zweifall, Rote Wehe* und *Weiße Wehe* durch den Germeter zum gleichnamigen Ort *Germeter* nach *Vossenack,* danach durch das steile Kalltal nach *Schmidt,* von hier über *Hasenfeld* nach *Heimbach.* Auch von **Eschweiler-Röhe, Gressenich** und **Schevenhütte** (Winterwallfahrt) ziehen jährlich noch große Pilgergruppen von bis zu 50 Personen im Sommer auf dem Rennweg über den Hürtgenwald nach Heimbach und berühren unterwegs die Orte *Großhau, Kleinhau* (beim Forsthaus Waldplatz mit zwei Schutzhütten), *Brandenberg, Schmidt* und *Hasenfeld.* Diesen Weg benutzen auch die Pilger aus **Inden**, die über *Luchem* und *Langerwehe* nach *Schevenhütte* stoßen. Die Pilger aus **Schlich-d'Horn** gehen ab *Kleinhau* eine Variante über *Hürtgen, das steile Kalltal („Lus und Feu")* nach *Schmidt.*

Die Pilger von **Wildenburg** treffen sich im Ort am Dorfkreuz und gehen seit 2008 gemeinsam mit den Pilgern von *Reifferscheid* nach Heimbach. Nach einer kurzen Andacht in der Kirche von Heimbach wird um 16.30 Uhr mit dem Kreuzweg begonnen, der zum Kloster Mariawald hinaufführt, das gegen 17.15 Uhr erreicht wird.

Streckentelegramm: Wildenburg (Dorfkreuz) – Felser (Kapelle) – Broich (Dorf-

↑ Die Pfarrkirche in Heimbach ist heute eine Wallfahrtskirche.   ↓ Im Hürtgenwald bei Vossenack

kreuz) – Gemünd (Kirche) – Wolfgarten – Mariawald – Heimbach. Nach dem Besuch der Kirche wird eine Pause eingelegt. Rückweg am Kreuzweg nach Mariawald.

Seit 1702 wird in **Höfen** die Wallfahrt zur Gottesmutter nach Heimbach durchgeführt gemeinsam mit Gläubigen aus *Kalterherberg*. Seit 1963 verläuft der neue Pilgerweg wegen des starken Straßenverkehrs von *Rothe Kreuz* am Püngelbach vorbei nach *Erkensruhr* und *Einruhr*. 1977 haben die Pilger am Püngelbach bei *Hirschrott* gemeinsam ein Kreuz errichtet. Von **Lich-Steinstraß** geht alljährlich eine Bruderschaft immer Anfang Juli in einem langen Tagesmarsch zur Marie-

noktav in Heimbach. Die Bruderschaft ist ein Zusammenschluss von Frauen und Männern, die gemeinsam pilgern.

Streckentelegramm: 1. Tag: Freitag: 4.45 Uhr Messe in der St.-Andreas- und Matthias-Kirche Lich-Steinstraß – 5.30 Uhr Abmarsch am Matthiasplatz – 9.30 Uhr Frühstückspause in Arnoldsweiler (Landgasthof Hintzen) – 12.30 Uhr Mittagspause in Drove – 16 Uhr Kaffeepause in Berg – 18 Uhr Einzug in die Kapelle mit dem Gnadenbild Marias in Heimbach. 2. Tag: Samstag: 11.15 Uhr Kreuzweg zur Abtei Mariawald – 17.45 Uhr Abendmesse. 3. Tag: Sonntag: 7 Uhr Abmarsch aus Heimbach.

↓ Pilgerweg bei Vlatten

→ Pilgerweg bei Mariawald

Die Pfarrgemeinde St. Andreas in **Stock-heim** unternimmt ihre traditionelle Fuß-wallfahrt nach Heimbach Anfang Juli und beginnt den Weg um 6 Uhr morgens ab der Pfarrkirche. Die Pilgermesse in Heimbach beginnt um 11 Uhr. Von St. Martin im benachbarten **Drove** machen sich die Pilger der Pfarrgemeinde um den 8. Juli um 6.45 Uhr auf den Weg nach Heimbach. Die Pfarrgemeinde St. Heribert in **Kreuzau** geht um Mitte Juli nach Heimbach. Abgang ist hier frühmorgens um 3.45 Uhr nach einem kurzen Pilgergebet an der Kirche.

In **Untermaubach** brechen die Pilger Anfang Juli in der Frühe um 4.30 Uhr auf und gehen zu Fuß nach Heimbach, wo um 9.15 Uhr die hl. Messe mit den Fußpilgern stattfindet. Eine **Nachtwallfahrt von Düren** *nach Heimbach* geht zurück auf Pfarrer *Fritz Keller*, der Kaplan an der Stadtpfarrkirche St. Anna in Düren und Präses des dortigen Kolpingvereins war. 1933 geriet er mit der NSDAP in Konflikt und wurde mehrfach verhaftet und kam in das KZ Dachau. Er starb am 15. Mai 1943 im Aachener Gefängnis. Als der katholische Gesellenverein verboten wurde, organisierte Keller die Nachtwallfahrt der Männer von Düren zum Gnadenbild nach Heimbach. Diese Wallfahrt besteht bis heute.

Neue Sternwallfahrt im Nationalpark

Um den Zugang zum Pilgern auch Menschen zu erleichtern, die nach anderen Formen der Spiritualität als den traditionellen Wallfahrten suchen, organisiert der Arbeitskreis Pilgerwege im Nationalpark Eifel jedes Jahr im Juni eine Sternwallfahrt mit neuen Formen des ökumenischen Unterwegsseins als Pilger. Die Idee ist, dass Einzelpilger oder Gruppen an verschiedenen Stellen aufbrechen und auf alten und neuen Pilgerwegen verschiedener Länge aufeinander zugehen oder zuradeln. Unterwegs wird an verschiedenen Stationen innegehalten. Am Ende der Sternwallfahrt steht ein *ökumenischer Abschlussgottesdienst auf der Urftsee-Staumauer.*

Die Verpflegung für den Tag muss selbst organisiert werden. Auf der Staumauer gibt es ein Lokal, das Speisen und Getränke anbietet. Ein Bus-Rücktransfer zu den Ausgangsorten ist (kostenpflichtig) organisiert. Eine Anmeldung ist nicht erforderlich. 2012 wurden neun Wegvarianten, jeweils mit Wegbegleitern, angeboten.

Streckentelegramm: Weg 1 (ca. 8 km) Pilgerweg ab Einruhr; **Weg 2** (ca. 8 km) Pilgerweg für Frauen; **Weg 3** (ca. 11 km) Pilgerweg für Familien; **Weg 4** (ca. 8 km) Pilgerweg ab Dreiborn; **Weg 5** (ca. 5 km) Pilgerweg für Senioren, Start Rurberg, Parkplatz Staumauer Obersee; **Weg 6** (ca. 4

↑ Pilgerweg bei Mariawald　　　　　↓ Pilger der Sternwallfahrt an der Urft-See Staumauer

km) Pilgerweg für Menschen mit und ohne Behinderung, Start Parkplatz Kermeter (ehemals Paulushof) an der L 15; **Weg 7** (ca. 5 km) Kolpingweg, Parkplatz „Alte Buchen" (L 15) zwischen Schwammenauel und Gemünd; **Weg 8** (ca. 12 km) Fahrradpilgerweg für Familien, Start Gemünd am Nationalparktor; **Weg 9** (ca. 5 km) Fahrradpilgerweg, Start Rurberg.

Eine Pilgergeschichte von Clara Viebig: In der Novelle „Das Kind und das Venn" schildert die Eifelschriftstellerin Clara Viebig die Geschichte eines Jungen, der unter der Einsamkeit und Öde der Landschaft des Venn schwermütig wird und schließlich verstummt. Nach verschiedenen ergebnislosen Bittgängen zum Muttergottesbild in der Felsspalte der Richelsley, einem geheimnisvollen Riesenstein im Venn, pilgert die Mutter schließlich in der Hoffnung auf Hilfe mit dem Sohn nach Mariawald. Doch auch dort findet er keine Heilung, denn er erkennt in den Gesichtszügen des Mönchs, mit dem er sprach, seine eigene einsame Situation wieder.

Bezeichnung der Wallfahrt: Wallfahrt zur „Schmerzhaften Muttergottes in Heimbach", Sternwallfahrt zur Staumauer Urftsee-Staumauer
Ort: Kloster Mariawald und Heimbach, Sternwallfahrt zur Urftsee-Staumauer
Festtag: Mariawald/Heimbach Anfang Juli (Oktav), 11. November (Kreuzweg), Sternwallfahrt im Juni
Informationen: Heimbach: Pfarr- und Wallfahrtsamt St. Clemens, Am Eichelberg 18, 52396 Heimbach, Tel.: 02446-493, E-Mail: Heimbachpilger@aol.com. Sternwallfahrt: Paul-Josef Jansen, Tel.: 02447-917870, oder Anke Schorn, Bischöfliches Generalvikariat Aachen, Tel.: 0241-452-857, Internet: www.kirche-im-nationalpark.de
Unterkunft: Das Gästehaus des Klosters Mariawald mit einigen kleinen, einfach eingerichteten Zimmern steht Gästen zur Verfügung, die einige Tage der Stille und des Gebets im Kloster verbringen möchten. Das Gastangebot gilt nicht für Touristen und Durchreisende und nur für männliche Gäste. Weibliche Gäste können in der Trappistinnenabtei Maria Frieden unterkommen.
Gottesdienste: Gäste sind eingeladen, an den Gottesdiensten im hinteren Kirchenschiff in Stille teilzunehmen.

7 ECHTERNACH

Direkt an der Landesgrenze zwischen Luxemburg und Deutschland liegt von der Sauer umflossen eine der ältesten Stätten der Christianisierung und der geistigen Grundlagen Europas. Der hl. Willibrord aus Northumberland gründete hier 698 eine Benediktinerabtei, nachdem er von Irmina, der Äbtissin des Klosters Oeren bei Trier, und ihrer Tochter Plektrudis, der Gattin Pippins II., deren Familienbesitz in Echternach geschenkt bekommen hatte. Schon zuvor befand sich auf dem Pfarrhügel neben der Abteikirche ein Klösterchen für Wandermönche (Schottenmönche) mit einem Hospital für die Armenpflege, das als eine der ältesten karitativen Einrichtungen Europas gilt. Aus ihm ging dann später das Echternacher Klosterhospiz hervor. Die luxemburgische Stadt Echternach zählt zu den Wallfahrtsorten, die durch ihr eigenartiges Brauchtum bekannt geworden sind. Am Pfingstdienstag findet alljährlich zu Ehren des Schutzpatrons und Missionars die bekannte Echternacher Springprozession statt, zu der aus allen Himmelsrichtungen die Fußpilger herbeigezogen kommen.

⇩ Das Grab des hl. Willibrord in der ehem. Klosterkirche von Echternach

Der hl. Willibrord

Willibrord (658–739) stammt aus Nordumbrien in England und gilt als einer der bedeutsamsten Missionare in Westeuropa. 690 setzte er mit zwölf Gefährten von der Insel auf das Festland über, um die Friesen zu bekehren. Seine dauerhaften Erfolge in der Missionsarbeit beruhten vor allem darauf, dass er systematischer vorging als die iroschottischen Wandermönche vor ihm. Er suchte die Zusammenarbeit mit den weltlichen Machthabern und den direkten Kontakt mit dcm Papst in Rom. Vor allem seine engen Beziehungen zu den fränkischen Hausmeiern und zum friesischen Adel waren für sein Missionswerk bedeutsam. Bei seiner ersten Romreise 691 erhielt er vom Papst die Missionsvollmacht, bei seiner zweiten Romreise wurde er 695 von *Papst Sergius I.* zum *Missionserzbischof der Friesen* geweiht. Willibrord baute in *Utrecht* seine Bischofskirche, seine Lieblingsgründung aber blieb die *Abtei Echternach*, der er einen großen Teil der ihm persönlich gemachten Schenkungen vermachte. Echternach entwickelte er zur Stätte für die Ausbildung des geistlichen Nachwuchses. Hier entstand jene berühmte *Missionsschule*, die zum Eckpfeiler für die weitere Missionierung Germaniens wurde, denn von Echternach entsandte er den Apostel der Deutschen, den *hl. Bonifatius*, nach Osten. Die von Willibrord gegründete Benediktinerabtei in Echternach sollte aber auch ein wichtiger Stützpunkt für die Missionierung der dortigen Bevölkerung in der Eifel sein, die noch stark dem Heidentum anhing.

Willibrord ist viel umhergereist, hatte große Missionserfolge und war schon zu Lebzeiten hoch angesehen. Der hl. Willibrod wird im Bischofsornat mit Stab, Buch und Kirchenmodell dargestellt. Er ist der Patron der Beneluxländer und wird bei Zuckungen, Epilepsie, Pest und Veitstanz (eine Nervenkrankheit) angerufen.

Das Kloster Echternach

Der fränkischc Hausmcicr *Pippin* schcnktc um 751 dem Kloster Echternach das *Privileg der Immunität*, das damit reichsfreie und königliche Abtei wurde. Die inneren Angelegenheiten verwaltete das Kloster selbst, es verfügte über eine eigene Gerichtsbarkeit

⬆ Siegel der Abtei von Echternach

➡ Die Klosterkirche von Echternach

und es konnte öffentliche Abgaben erheben. Auch unter *Karl dem Großen* wurde das Kloster großzügig gefördert. Später ließ die Klosterzucht nach, weil Laienäbte eingesetzt wurden. Unter den Ottonen wurde dann die lothringische *Klosterreform von Gorze* eingeführt, wodurch das Kloster zu neuer Blüte gelangte. Ein zweites Mal wurde Echternach 1496 durch das Kloster St. Maximin in Trier reformiert.

Die *Schreib- und Malschule (Skriptorium)* des Klosters war so berühmt, dass ihr der kaiserliche Hof um das Jahr 1000 zahlreiche Aufträge zur Abfassung von Prunkhandschriften erteilte. Ein besonders kostbares Beispiel dieser mittelalterlichen Buch- und Illustrationskunst ist das *„Goldene Evangelienbuch von Echternach"*, das sich heute im Nürnberger Germanischen Nationalmuseum befindet. Im 9./10. Jh. nahm die *Echternacher Klosterschule*, in der alle Wissenschaften gelehrt wurden, ebenfalls eine führende Rolle ein.

Klosterkirche: Die um 800 erbaute Kirche wurde durch eine 1031 geweihte, flach gedeckte Basilika im ottinisch-salischen Stil ersetzt. Die Basilika zeigt innen einen interessanten Stützenwechsel, der sich rhythmisierend auf das Raumbild auswirkt. Die durch Säulen unterbrochenen Pfeiler sind durch übergreifende Blendbögen miteinander verbunden (sog. Echternacher System). Zwei Pfeilern und einer Säule wurde je ein Fensterpaar zugeordnet. Die Seitenschiffe haben gotische Kreuzrippengewölbe, der

rechteckige Chor schließt flach mit drei Fenstern. Mit dem Aufblühen der Wallfahrtsstätte wurden Abtei und Kirche schon in der zweiten Hälfte des 8. Jh. erweitert. Über der Krypta erbaute man in der Zeit von 1016 bis 1031 eine romanische Basilika. Gleichzeitig wuchs um die Klostermauern eine Siedlung mit einem Markt heran. Im Klosterhospital fanden die Pilger Aufnahme und Kranke Pflege.

Willibrordusgrab: Von der um 800 n. Chr. erbauten Kirche ist noch die fünfschiffige *karolingische Krypta* mit dem Grab des hl. Willibrord erhalten. Der keilförmige *Steinsarkophag* von 739 wurde 1908 mit einem weißen Steinmantel aus Carrara-Marmor umhüllt. Gegenüber im Gewölbe über dem Altar hat man *frühromanische Wandmalereien* (Marienleben) freigelegt. In der Krypta entspringt die *Willibrordusquelle*, die wahrscheinlich in der Frühzeit ein alter Taufplatz war oder zu einer Taufkirche (Baptisterium) gehörte. In der Zeit von 1828 bis 1906 befand sich das Willibrordusgrab in der benachbarten St.-Petrus-und-Paulus-Pfarrkirche; dort ist im Turmuntergeschoss noch der barocke *Sarkophag des hl. Willibrord* aufgestellt.

Reliquien: Echternach konnte im Mittelalter als Pilgerziel neben dem Willibrordusgrab noch 690 *Berührungsreliquien der zwölf Apostel* vorweisen, die der hl. Willibrord vom *Papst Sergius I.* in Rom erhalten hatte, als er nach Echternach zurückkehrte. Man bewahrte sie in dem 1031 geweihten Hochaltar

↑ Innenansicht der Klosterkirche von Echternach

der Kirche auf, die übrigen Reliquien wurden in dem Altar der Krypta niedergelegt.

Kloster: Im 18. Jh. wurden die *Abteigebäude* neu errichtet, doch 1794 besetzten französische Revolutionstruppen das Kloster, plünderten die Abtei und hoben schließlich das Kloster auf. 1797 wurden die letzten Mönche vertrieben, die kostbaren Handschriften mitgenommen und verkauft. Die Kirche sank zu einer Steingutfabrik herab und verkam um die Mitte des vorletzten Jahrhunderts zur Ruine. Nach ihrem Wiederaufbau kam es 1944 durch Beschuss deutscher Truppen und Sprengungen zu schweren Zerstörungen. 44 % der Bausubstanz und der ganze Westteil wurden dabei zerstört, während der Ostteil fast unversehrt blieb.

Wallfahrten zur Springprozession

Nach dem Tod Willibrords im Jahre 739 begannen bald die Pilgerfahrten zu seinem *Grab in der Klosterkirche* zu Echternach. *Alkuin*, der Biograph Karls des Großen, berichtet von großen Pilgerscharen. Die Wallfahrtstradition wurde nur einmal in der Zeit der Französischen Revolution 1794 unterbrochen, aber schon bald wieder um 1830 aufgenommen und bis heute fortgeführt.

Springprozession: Die Ursprünge der „Springprozession" zum Kloster Echternach gehen bis in das 13. Jh. zurück. Die Prozession erinnert an mittelalterliche Tänze (sog. Gesttänze) und findet zum Dank für die Befreiung von einer Veitstanzepidemie statt. Sie wird von Sängern angeführt, die den Namen des Heiligen anrufen. Die typische Schrittfolge dabei ist jeweils drei große Sprünge vorwärts und zwei Sprünge rückwärts. Die Prozession wird von Musikzügen begleitet.

Im Mittelalter waren die Hörigen des Klosters aus dem Eifel- und Moselgebiet dazu verpflichtet, zu Pfingsten an den sog. *Pflicht- oder Bannprozessionen* zum Grabe des hl. Willibrord teilzunehmen, die mehrere Tage dauerten. Bei dieser Gelegenheit vermittelten die Mönche den Bauern ihre Kenntnisse und Erfahrungen im Acker- und Weinbau sowie in der Viehzucht. Echternach besaß damals also nicht nur eine kulturelle, sondern auch eine wirtschaftliche Strahlkraft. Viele St.-Willibrordus-Gemeinden halten bis heute die Verbindung zu ihrem Patron durch Wallfahrten nach Echternach und die Teilnahme an der Springprozession aufrecht. Der *Willibrordkulturweg* führt zu Orten rechts und links der Sauer, die eine enge Bindung zum Kloster Echternach oder eine traditionelle Willibrordverehrung haben.

Stätten der Willibrordusverehrung

Kurz vor der Stadtgrenze von *Echternach* in südlicher Richtung steht vor der *Klause Ste. Croix* das *Standbild des hl. Willibrord*, das ihn im Bischofsornat als Gründer der Abtei Echternach zeigt. Die Klause liegt auf einer sog. Klausenachse, einer geraden Linie, auf der die Klausen von Kastel-Staadt an der Saar, Saarburg, Wasserbillig, Echternach, Echternachbrück und die Schankweiler Klause liegen (S. 203). Die Kapelle von 1524 ist eine fromme Stiftung eines Ehepaars. 1661 bekam die Kapelle einen Splitter vom Kreuz Christi geschenkt, der sie zum Wallfahrtsort machte. Bis 1783 lebte hier ein Klausner.

Neben Echternach wird heute noch in Luxemburg, in der Eifel und weit darüber hinaus die Erinnerung an den Heiligen durch die zahlreichen *Willibrorduskirchen*, *Willibrordusquellen* und *-brunnen* wachgehalten, die an den Missionswegen Willibrords lagen und oft ehemalige Taufplätze waren. Diese Stätten besuchten vor allem Menschen, um Heilung von verschiedenen Nervenkrankheiten, besonders bei Kindern, zu erflehen. Auch das *Fraubillenkreuz*, ein ehemaliger Menhir aus der Jungsteinzeit auf dem *Ferschweiler Plateau*, wird mit dem hl. Willibrord in Verbindung gebracht. Das einsam im Wald an einer Wegkreuzung gelegene Steindenkmal wurde wohl in frühchristlicher Zeit in ein

↑ Der hl. Willibrord vor der Klause Ste. Croix in Echternach

↓ Quelle in der Krypta der ehem. Klosterkirche in Echternach

HAURIETIS AQUAS IN GAUDIO DE FONTIBUS SALVATORIS

Kreuz umgeformt und mit einer kleinen Nische versehen, in der früher ein Marienbild aufgestellt war. Die Legende will, dass es Willibrod selbst gewesen ist, der auf diese Weise gegen die Verehrung des Hinkelsteins eingeschritten ist und ihn zu einer christlichen Stätte umfunktioniert hat (S. 204). Der Anlass dafür war, dass man die Schuld für das Ausbrechen der Pest im Kloster Oeren in Trier dem fortgesetzten Götzendienst auf dem heutigen Ferschweiler Plateau zugeschrieben hatte. Um das Jahr 700 war das Heidentum zwar äußerlich besiegt, aber um die innere Festigung des Glaubens der Menschen musste noch lange Zeit gerungen werden (siehe Weidingen, S. 210).

In *Waxweiler* sieht man in der nach dem Heiligen benannten Pfarrkirche auf dem linken Seitenaltar den hl. Willibrord, der von Echternach aus mit seinen Gehilfen die ganze Eifel missioniert hat. Im Kampf gegen die heidnischen Sitten mussten die Missionare auch hier zu drastischen Mitteln greifen. Das zeigen die Ereignisse, die sich um das Jahr 700 in Waxweiler abgespielt haben sollen. Wie eine Legende berichtet, soll der hl. Willibrord nach Waxweiler gekommen sein. Als er in der Kirche predigen wollte, versammelten sich viele Einwohner des Ortes vor der Kirche, um heidnische Tänze aufzuführen. Er forderte sie auf, damit aufzuhören, aber sie gehorchten nicht und tanzten weiter. Da soll er ausgerufen haben: „Wenn ihr vom Teufelsdienst nicht lassen könnt, so sollt ihr ohne Unterlass tanzen." Daraufhin konnten die Tänzer mit dem Tanzen erst aufhören, als sie Besserung gelobt hatten. Der Heilige vergab ihnen, legte ihnen aber zur Buße auf, dass sie alljährlich an Pfingstmontag nach Echternach pilgern sollten. An diese Begebenheit erinnert an der Südseite der Pfarrkirche eine Sandsteintafel, wo zu lesen steht:

> *Hier mahnte vergebens St. Willibrord die heiligen Frevler, die tanzten am heiligen Ort. Zur Strafe ward ihnen der Tanz zur Plag, bis sie tanzten zur Buß' in Echternach.*

Tatsächlich geht die Waxweiler Wallfahrt aber auf ein altes Gelöbnis zurück. Bis heute werden die Feierlichkeiten der berühmten Echternacher Springprozession erst nach Eintreffen der *Waxweiler Wallfahrer* eröffnet, die sie mit ihrer Springergruppe nach den Echternachern anführen. Sie haben den sog. Vorsprung. Waren die Waxweiler einmal verhindert, fand die Springprozession nicht statt. Auch von anderen Eifelorten wie *Irrel* machen sich die Pilger zu Fuß nach Echternach auf. Die beiden Pfarrverbünde *Kall* und *Steinfeld* fahren am Pfingstdienstag nach Echternach, um an der Springprozession teilzunehmen.

↑ Pilgerzug aus Prüm/Waxweiler nach Echternach

Der Weg der Pilger von Prüm und Waxweiler nach Echternach

In Prüm gab es bis zum Jahre 1778 auch eine Springprozession wie in Echternach. Die Entstehungszeit beider Wallfahrten dürfte um das Jahr 1300 liegen. Damals war *Heinrich von Schönecken* Abt von beiden Klöstern zugleich und die Wallfahrtstermine waren gut aufeinander abgestimmt: In Prüm sprang man nach Christi Himmelfahrt und in Echternach am Pfingstdienstag. Die Waxweiler Pilger kamen damals auch nach Prüm und nahmen hier ebenfalls wie in Echternach eine Sonderrolle ein. Als der *Kurfürst und Erzbischof von Trier Klemens Wenzelslaus* den Tanz verbot, wurde das Verbot in Prüm befolgt, in Echternach aber nicht. Nach 1860 trat wieder eine Belebung der Echternacher Wallfahrt von Waxweiler aus ein. In Prüm wollte man aber dazu den kirchlichen Segen weiterhin nicht geben, auch weil man die Konkurrenz zu anderen Prozessionen fürchtete. So zogen die Prümer Pilger ohne priesterliche Begleitung und Segen auf eigene Initiative zusammen mit den Waxweilern zum Grabe des hl. Willibrord nach Echternach. Die Pilgerzahlen stiegen im Laufe der Jahre enorm an: von 400 (1860) auf bis 1300 (1889). Auf die offizielle kirchliche Genehmigung mussten die Prümer freilich noch lange warten: Sie wurde erst im Jahre 1900 erteilt. Der langjährige Leiter und Brudermeister Klaus Meyer ist vor Kurzem verstorben.

1. Tag (Pfingstsonntag): Die Wallfahrt beginnt in **Prüm** in der Basilika. Auf verschiedenen Abschnitten begleiten örtliche Musikkapellen die Pilger ein Stück auf ihrem Weg. Die Pilger teilen sich in zwei Reihen auf. Am Beginn des Zuges geht der Kreuzträger in der Mitte, links und rechts davon die Fahnenträger, in der Mitte des Zuges gehen die Vorbeter (Brudermeister). Die Prümer Springergruppe bildet den Anfang der Prozession durch das Prümtal. Gegen 13.45 Uhr wird die Kirche von **Niederprüm** erreicht, dann kommt man nach **Watzerath**, wo am *Kreuz der Springprozession* gebetet wird. Es folgen Rosenkranzgebete, bei denen sich die rechte und die linke Pilgerreihe unterwegs gegenseitig abwechseln. Um 16 Uhr wird die Kirche zu **Pronsfeld** besucht, danach die Kirche von **Lünebach** (Kaffeepause). Gegen 18 Uhr Aufbruch nach **Waxweiler**, wo die Pilger vom Pfarrer, Messdienern, dem Musikverein, den Springergruppen aus Waxweiler, Kindergartengruppen, Schulklassen und Erwachsenen durch den Ort zur Kirche St. Willibrord geleitet werden (Schlusssegen). Zur Übernachtung steht die Turnhalle der Hauptschule zur Verfügung.

2. Tag (Pfingstmontag): In **Waxweiler** gibt es um 6 Uhr eine Pilgermesse, Abmarsch ist um 7 Uhr. Die Anzahl der Pilger nimmt am zweiten Tag deutlich zu und beträgt bei gutem Wetter zwischen 400 und 450 Pilgern. Es geht den Weg hinauf nach **Krautscheid** (gegen 8.30 Uhr Frühstückspause), nach 45 Minuten weiter bergab bis **Wahl**. Am *Kreuz der Springprozession* wird gebetet, dann erfolgt die Ehrung der Pilger, die den Weg 25 oder 40 Mal gegangen sind. **Neuerburg** wird gegen 11.30 Uhr erreicht (Mittagspause). Um 13 Uhr geht es in Richtung Sinspelt auf der Straße durch das schmale *Tal der Enz*. Unterwegs beten die Pilger Fürbitten. Auf dem Weg von *Sinspelt* nach *Mettendorf* wird der „Opfergang" abgehalten, eine Sammlung zur Deckung der Unkosten. In **Mettendorf** versorgen Bürger aus dem Ort die Pilger mit Getränken, belegten Broten und Kuchen. Um 16.15 Uhr folgt der Anstieg nach **Nussbaum**, dann weiter bis zum **Schwarzen Bruch**, wo man um ca. 18.15 Uhr eintrifft (Schlussgebet, Fürbitten, Ansprache des Priesters). Auf dem Weg hinunter nach Bollendorf kann man beichten. In **Bollendorf** warten der Priester und der Musikverein, um mit den Pilgern gegen 19.30 Uhr bis zur Kirche zu gehen. Die Schule in Bollendorf stellt die Turnhalle zur Übernachtung zur Verfügung.

3. Tag (Pfingstdienstag): Aufbruch um 5.50 Uhr von der Kirche in **Bollendorf**. In Zweierreihen zieht man an der Sauer entlang bis nach **Echternacherbrück,** dort empfängt der *Willibrordus Bauverein Echternach* die Pilger und begleitet sie über die

↑ Pilgergruppe aus Prüm/Waxweiler in Echternach ↓ Die Brücke über die Sauer in Echternach

Sauerbrücke durch die Stadt **Echternach** bis zur Basilika. Um 8 Uhr beginnt dort das feierliche Pontifikalamt. Danach stellen sich die Pilger um 9.30 Uhr zum Springen oder zur Bittprozession auf. Die Pilger verabschieden sich vom Grab des hl. Willibrord und danken für seine Fürbitten. Wiederum begleitet der Willibrordus Bauverein die Pilger bis nach Echternacherbrück. Von dort erfolgt die Heimreise.

Pilgergedanken heute: Vor einigen Jahren glaubte man noch, die herkömmliche Form der Wallfahrt habe sich überlebt und gehe ihrem Ende entgegen. Tatsächlich ist auch bei einigen Wallfahrten ein Rückgang der Pilgerzahlen festzustellen. Und manche drohen ganz zum Erliegen zu kommen. Doch es gibt auch Gegenbeispiele, bei denen man ein altersunabhängiges Interesse für das Wallfahren oder Pilgern feststellen kann. Sicher hat auch die neu entfachte Begeisterung für das Pilgern auf dem Jakobsweg einen Anteil daran. Es muss aber wohl auch damit zusammenhängen, dass der Weg Gemeinschaftserlebnisse schenkt. Etwa wenn man als Pilger spürt, dass man gemeinsam mit anderen auf den gleichen Weg des Glaubens, des Hoffens und der Sehnsucht gestellt ist. Ob es das Miteinander auf dem Weg ist oder ob es die Gespräche über persönliche oder die großen Sorgen und Nöte in unserer Zeit sind, alle Gemeinschaftserlebnisse einer Pilgerreise sind wertvolle und tief prägende menschliche Erfahrungen. Wenn man auf einer Pilgerreise in einer schwierigen Situation die Hilfe seiner Mitmenschen erfährt, erlernt man wieder, anzunehmen und Dankbarkeit zu zeigen. All diese Erlebnisse haben einen festen Platz in den Herzen der Pilger und sie leben im Alltag weiter. Und über manches Erlebte und Empfundene wird man sich oft erst im Klaren, wenn man zurückgekehrt ist und dann in der Rückschau als „wunderbar" empfindet, was man erlebt hat. Wer einmal zum Pilger wurde, hat verstanden, dass des Menschen wahre Heimat nicht in dieser Welt, sondern bei Gott im Jenseits liegt.

Bezeichnung der Wallfahrt: Echternacher Springprozession (St. Willibrord)
Ort: Echternach (Luxemburg)
Festtag: Pfingstdienstag
Informationen:
Willibrordus Bauverein, B. P. 65, L-6401 Echternach, Tel.: 035226-720106, Internet: www.willibrord.lu/1/ Willibrordus-Bauverein. Prüm: Bruderschaft, Internet: webmaster@ springprozession.com, Anmeldung: Tel.: 0171-6019227. Waxweiler: Ortsgemeinde Waxweiler, Hauptstr. 28, 54649 Waxweiler, Tel.: 06554-811, E-Mail: gemeinde.waxweiler@t-online.de, Internet: www.waxweiler.com/ kirchengemeinde/echternacherspring prozession.html
Gottesdienste: St.-Willibrord-Basilika 8 Uhr

8 AACHENER HEILIGTUMS-FAHRT UND KARLSFEST

Aachen ist eng mit Kaiser Karl den Großen (747–814) verbunden, der die Stadt zu seinem Regierungsmittelpunkt erwählte und hier eine Pfalz errichten ließ. Von Aachen aus regierte der mächtigste Herrscher des Abendlandes im Mittelalter sein großes Reich und hier wollte er auch begraben sein. Von Aachen nahm auch die Missionierung eroberter Gebiete ihren Ausgang. Der von ihm als Pfalzkapelle erbaute Dom zu Aachen wurde im Mittelalter zum Krönungsort der deutschen Könige. Die Stadt verdankt ihren Ruhm aber auch den unzähligen Pilgern, die eine lange Fußreise quer durch Europa unternommen haben, um hier die sog. Jesus-, Marien- und Karlsreliquien zu verehren, die bis heute in kostbaren Schreinen und Schaugefäßen aufbewahrt werden. Es war Karl der Große, der seine Pfalzkirche mit wertvollen biblischen Reliquien ausgestattet hatte, die teils schon dem fränkischen Königshaus gehörten und in Jerusalem, Konstantinopel und Rom erworben wurden. Aus den mittelalterlichen Quellen gehen enorm hohe Pilgerzahlen hervor. Die Unterbringung und Verköstigung so großer Menschenmassen ruft noch heute Erstaunen hervor. Der Mythos dieser Reliquien übt auch heute noch eine große Anziehungskraft aus und deshalb lebt die sog. Aachener Heiligtumsfahrt bis heute ungebrochen fort. So wurden im Jahr 2000 über 90.000 Pilger gezählt. Für die meisten der heutigen Aachenpilger ist die Frage der Echtheit der Heiligtümer eher zweitrangig. Wichtiger ist ihnen, sich auf einen Weg zu einem gemeinsamen Ziel zu begeben und schon unterwegs über die Grundaussagen des Glaubens nachzudenken, die ihrem Leben Sinn und Richtung geben sollen.

Der Aachener Dom

Inmitten der Aachener Altstadt erhebt sich der Mariendom, der heute zum UNESCO-Weltkulturerbe gehört. Den Kern des Doms bildet die Kapelle der Pfalz *Karls des Großen*, die er in dem Römerbad „Aquisgrani" erbauen ließ. Der oktogonale Zentralbau orientierte sich an den Bauten Ost- und Westroms. Die Verwendung von antiken Säulen aus Rom und Ravenna sollte den Anspruch Karls als abendländischer christ-

↑ Der Mariendom zu Aachen geht auf Karl den Großen zurück.

licher Kaiser versinnbildlichen, der an die Tradition der großen christlichen Herrscher des Abendlandes anknüpfen wollte.

Karolingisches Westwerk: Der doppelgeschossige Bau mit den beiden seitlichen Treppentürmen hat ein Tonnengewölbe im Untergeschoss. Die Westwand im Obergeschoss ist als Nische nach innen gewölbt. Der Rundbogen darüber symbolisiert ein Herrschaftszeichen. Die um 800 gegosse-

nen bronzenen Torflügel (Wolfstüren) schlossen früher innen das Oktogon gegen das Westwerk ab. Die Vorhalle wurde erst im 18. Jh. angefügt.

Karolingisches Oktogon: Der hohe achteckige Kuppelbau mit einem niedrigeren zweigeschossigen Umgang wurde ab 793/794 nach byzantinischen Vorbildern (San Vitale in Ravenna und Kirche der Heiligen Sergios und Bachos in Konstantino-

↑ Blick in das karolingische Oktogon

↓ Den gewaltigen Radleuchter stiftete Kaiser Barbarossa.

pel) erbaut. Die sächsischen Kaiser *Otto III.* und *Heinrich II.* statteten das Marienmünster reich mit Geschenken aus. Die *Pala d'Oro*, eine goldene Altartafel (um 1020) am Hauptaltar aus 17 Einzeltafeln mit Reliefs aus getriebenem Goldblech, zeigt in der Mitte Christus als Erlöser in der Mandorla, mit Maria und dem Erzengel Michael. Die Tafel diente dazu, den Gläubigen die Heilsgeschichte näherzubringen. Die sog. *Heinrichskanzel* rechts davon wurde in der Zeit 1002 und 1014 geschaffen.

Im Obergeschoss sind die Öffnungen durch Säulengitter verziert. Die *antiken Säulen* kamen aus Köln, Rom und Ravenna. Die *Bronzegitter* wurden von einer örtlichen Gießhütte in einem komplizierten Gussverfahren nach römischen Vorbildern in einem Stück gegossen. Im Obergeschoss des Oktogons steht gegenüber dem Altar der *Marmorthron Karls des Großen*. Hier mussten die gekrönten Könige Platz nehmen, denn erst wenn sie für die Länge eines Vaterunsers „auf den Stuhl zu Aachen gekommen waren", waren sie im Vollbesitz ihrer weltlichen Macht und Würde und durften in Rom vom Papst die Kaiserkrone empfangen. Insgesamt 37 Könige und zwölf Königinnen erhielten bis 1531 im Mariendom zu Aachen die deutsche Königskrone.

Chor und Kapellen: In gotischer Zeit (1355–1414) wurde der kleine Chor des *Oktogons* durch einen großen *hochgotischen Chor* ersetzt. Dieser mit herrlichen Glasfenstern geschmückte Chor beherbergt den 1200–1245 gefertigten *Goldenen Karlsschrein* mit den Gebeinen des Herrschers, der zu den bedeutendsten Werken der Goldschmiedekunst an Rhein und Maas zählt. Der in einer Aachener Goldschmiedewerkstatt im 13. Jh. gefertigte *Marienschrein* (1220–1239) ist ebenfalls eines der Glanzstücke des Mariendoms. Er wurde zur Aufbewahrung der Reliquien angefertigt und ist reich mit vergoldeten Silberfiguren, Edelsteinen und Emailplatten geschmückt. Alle sieben Jahre nach Beendigung der Heiligtumsfahrt erhält der Schrein ein neues, kunstvoll verziertes Schloss. Der Schrein steht im vorderen Teil der Chorhalle.

1355 begann man mit der Anfügung eines *Kapellenkranzes* um den Dom (Ungarn-Kapelle, Anna-Kapelle, Matthias-Kapelle, Karls-Kapelle sowie Nikolaus- und Hubertus-Kapelle). Diese Kapellen dienten den Wallfahrern als Andachtsstätten.

Die Aachener Heiligtümer

Der berühmte Frankenherrscher stattete seine Domkirche nicht nur mit kostbaren Stücken, sondern auch mit vielen Reliquien aus, die in Schreinen und Reliquiaren aufbewahrt wurden. Reliquien sind meist Überreste von Menschen, aber auch Gewandreste oder sonstige Textilien und Gebrauchsgegenstände werden dazugezählt. Der Besitz dieser Heiligtümer sollte den Ruhm und den Reichtum seiner Domkirche

↑ Der Mosaikschmuck des Doms ist eine spätere Zutat.

↓ Der Kapellenkranz um den Dom ist reich mit Figuren geschmückt.

mehren. Die Zeigung der Aachener Heiligtümer ist seit 1132 urkundlich nachgewiesen. Bei dieser Wallfahrt wurden die damals bedeutendsten Textilreliquien dem Marienschrein entnommen und den Pilgern von den Turmgalerien des Doms zeigt.

Seit 1349 findet turnusgemäß im Abstand von sieben Jahren im Juni die *Aachener Heiligtumsfahrt* statt, die als Fernwallfahrt im gleichen Rang mit den großen europäischen Wallfahrten nach Jerusalem, Rom und Santiago de Compostela stand. Die Schau dieser Reliquien in Aachen war im Mittelalter der Anlass dafür, dass zahlreiche Pilger von weit her aus Ungarn, Böhmen, Mähren und Österreich den beschwerlichen Weg nach Aachen zu Fuß und teilweise mit dem Schiff auf sich genommen haben. In Aachen zeigte man den Pilgern *Berührungsreliquien*, die sie an Christi Geburt, sein öffentliches Wirken und seinen Erlösungstod erinnern sollten. Dazu gehörten die sog. Vier Großen Aachener Heiligtümer: das Kleid Mariens aus der Heiligen Nacht, die Windeln Jesu, ein Enthauptungstuch Johannes' des Täufers und ein Lendentuch des Gekreuzigten. Daneben verehrten die Pilger noch die sog. Drei Kleinen Aachener Heiligtümer, die in kostbaren goldgetriebenen Reliquiaren mit Schaugefäßen aus Bergkristallzylindern gezeigt wurden: ein Gürtel Mariens, ein Gürtel Christi sowie ein Stück des Geißelstricks.

Die *Gewandreliquien* von Christus, Maria und Johannes dem Täufer erhalten eine gewisse Legitimation durch die Tatsache, dass sie aus dem Heiligen Land stammen und vom Patriarchen von Jerusalem anlässlich der Weihe der ersten der Gottesgebärerin geweihten Kirche des Abendlandes im Jahre 799 geschenkt und von einem Mönch überbracht wurden.

Das *Gnadenbild der Muttergottes* aus Holz („Unsere liebe Frau von Aachen") wurde von alters her von den Pilgern verehrt und mit Stiftungen sowie zahlreichen Geschenken bedacht, die heute Teil des Domschatzes sind. Zahlreiche Wunderberichte machten Aachen im 14. Jh. zu einem Marienwallfahrtsort: Die Verehrung der Muttergottes begann den Karlskult zu übertreffen.

Domschatzkammer: Weitere Reliquien und Devotionalien werden als Museumsstücke in der Domschatzkammer aufbewahrt, der größten ihrer Art nördlich der Alpen. Neben vielen anderen Kirchenschätzen sieht man dort das *Lotharkreuz*.

Die Aachener Heiligtumsfahrt im Mittelalter

Wege: Die Wallfahrt nach Aachen erlebte im 14. und 15. Jh. ihre größte Blüte, als die Marienverehrung und der Karlskult „hoch im Kurs" standen. Aachenpilger benutzten die vorhandenen Wege und Versorgungsstruktu-

→ Der hochgotische Chor wurde später angefügt.

Ite dar nach so zougt man zu arche des andern tages diz heiltu. vnd do ist also vil ablasz zu verdiene das man des nit genemen oder erzelen kan.

Ditz ist von
frowen
er heben
hemde.

Ite ein tuch da vnser hre in gewonde wart do er vo de crutz genome wart.

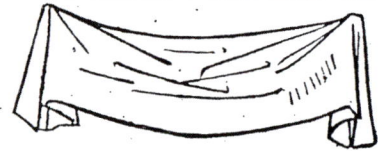

Ite ein tuch do der liebe sant Johans baptista uff enthouptet wart.

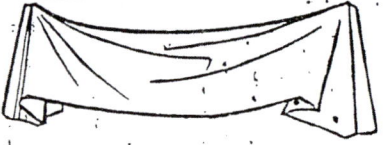

Ite Josephs hosen do ihesus in gewonde wart vnd in die krippen gelet wart.

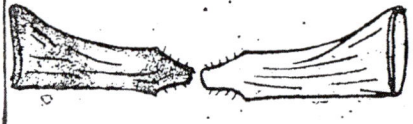

Ite wer sich bereit mit andacht war ruwe vnd mit gantzer bichte der hat ane zal ablas zu sant Cornelius.

Ite man zougt ein tuch do vnser herren Jungern ire fusze mit drucknete An dem obent essen.

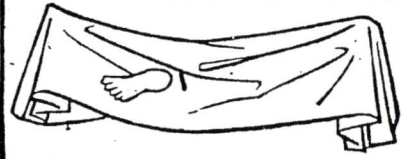

Ite ditz ist das tuch daz vnsern herren uff sin heiliges antlit wart gelet als er in deme grabe lag.

Item ditz ist sant Cornelius houbt vnd sin rechter arm

Item ditz ist daz tuch do Joseph von armotyen vnsern herren in leyte do er in begraten wolte.

← Die Aachener Heiligtümer auf einem mittelalterlichen Holzschnitt

ren, die ihnen gewährleisteten, sicher ans Ziel ihrer Pilgerfahrt zu kommen. Dazu zählen Heeres- und Geleitstraßen sowie Handelswege mit erschlossenen Fluss- und Bergübergängen. Gerne besuchte man mehrere Heiligtümer auf einer Pilgerfahrt (Mehrfachwallfahrt). Um diesem Anliegen der Pilger entgegenzukommen, verband man 1514 die Zeigung des Heiligen Rocks in *Trier* mit dem Turnus der Aachener Heiligtumsfahrt. In *Mönchengladbach* stellte man zur gleichen Zeit das Tischtuch vom letzten Abendmahl aus. *Maastricht* und *Kornelimünster* hatten sich bereits nach 1300 diesem Siebenjahresrhythmus angeschlossen, sodass ein Wallfahrtsverbundnetz entstand, das die Aachener Wallfahrt zu einem Großereignis werden ließ, bei dem bis zu 100.000 Pilger zusammenströmten.

Von Aachen aus steuerten manche Pilger zusätzlich noch sieben weitere Ziele an: *Kornelimünster, Burtscheid, Düren, Jülich, Köln, Maastricht* und *Tongeren*. Bei der sog. Römerfahrt mussten die Gläubigen in Anlehnung an die sieben Primatialkirchen Roms sieben bestimmte Gnadenorte im rheinisch-maasländischen Raum aufsuchen. Dies waren neben Aachen noch *Köln, Graefrath* (bei Solingen), *Schillingskapellen* (bei Heimersheim), *Köln, Düsseldorf* und *Mönchengladbach*.

Die reise- und schaulustigen Menschen drängten damals in so großen Massen in die Stadt, dass mancher Pilger kein Quartier fand und unter freiem Himmel schlafen musste. Nicht jeder mag das Ziel seiner irdischen Pilgerschaft erreicht haben und unterwegs irgendwo verstorben sein. Körperlich ermattet, von Hunger, Durst, Ungeziefer und Krankheit gezeichnet, kamen die Pilger mit wunden Füßen am ersehnten Ziel in Aachen an.

Zeigung der Reliquien: Tiefgläubig und mit Spannung warteten sie auf die Zeigung der Reliquien. Wenn es dann so weit war und von der Galerie zwischen den Türmen das Hemd Mariens präsentiert wurde, entlud sich die innere Spannung, indem Tausende von Pilgern zur Begrüßung und als Ausdruck der Freude mit ihren *Pilgerhörnern* einen ohrenbetäubenden Lärm erzeugten. Ein Chronist berichtet 1510: „Alle bliesen in ihre Hörner und es war so laut, dass man den lieben Gott nicht hätte donnern hören können." Solche einfachen Blasinstrumente aus Ton konnten die Pilger bei Töpfern in Langerwehe und in Raeren erwerben. Die Pilger trugen sie als Andenken nach Hause, wo sie als Signalhörner Verwendung fanden. In einer Töpferwerkstatt in Langerwehe werden diese Pilgerhörner heute noch nach altem Vorbild hergestellt.

Nicht jeder machte sich selbst für sein Seelenheil auf den Weg. Pilgerfahrten nach Aachen oder Santiago de Compostela wurden auch häufig von sog. Delegationspilgern ausgeführt, die sich gegen Bezahlung aufgrund einer testamentarischen Verfügung zu einer Pilgerfahrt für den Verstorbenen aufmachten. In den Testamenten des

Lübecker Bürgertums zwischen 1350 und 1508 hat man allein nach Aachen 128 solcher Pilgerfahrten gezählt. Bei schweren Straftaten konnte eine Aachenwallfahrt als Buße auferlegt werden.

Die Ungarnpilger

In Aachen erinnert die *Ungarnkapelle am Dom* daran, dass die Ungarnwallfahrer unter den Aachenpilgern eine besondere Rolle einnahmen. Viele ihrer Votivgaben, wie die Maricnikonen des Domschatzes, zeugen von der engen Verbindung dieser Gläubigen zu Aachen. Alle sieben Jahre machten sich Tausende von Ungarnpilgern aus Westungarn auf zur großen „Heiligtumsfahrt" nach Aachen. Die Wegstrecken der Ungarnwallfahrt hatten sich im Laufe der Jahrhunderte verfestigt und führten über *Wien, Stift Melk, Passau, Regensburg, Nürnberg, Würzburg* und *Frankfurt* nach *Aachen*. Allein aus Ungarn sind im Jahre 1510 etwa 5000 Pilger gezählt worden, die entweder über Köln oder auf der Krönungsstraße von Sinzig nach Aachen gekommen waren. Ab *Miltenberg* reisten vermögende Pilger mit dem Schiff nach Köln, arme Pilger zogen zu Fuß durch den Spessart und an Main und Rhein weiter. *Kaiser Josef II.* verbot 1769 die Wallfahrten der Ungarnpilger, weil viele Gauner, Räuber und Dirnen im Pilgergewand umherreisten, „um nicht erkannt zu werden oder unbehelligt zu bleiben".

Die Frankfurt-Aachener Krönungsstraße

Einer der wichtigsten Wege der nach Aachen ziehenden Pilger war die „Frankfurt-Aachener Krönungsstraße", die von den in Frankfurt durch die sieben Kurfürsten gewählten Königen benutzt wurde, um zum Ort ihrer Krönung, dem Dom zu Aachen, zu gelangen. Der alte Pilger-, Handels- und Krönungsweg war als frühmittelalterlicher Fernweg schon im 8. Jh. entstanden und wurde durch Burgen geschützt, die meist in Sichtweite angelegt waren und sich durch Signalzeichen verständigen konnten. Hierzu zählen die *Burgen Landskron, Münchhausen* oder *Tomburg*. Diese Straße, die auch „Frankfurt-Aachener-Heerstraße" genannt wird, war nicht nur die kürzeste Verbindung zwischen den Kaiserpfalzen von Frankfurt, Sinzig und Aachen, sondern auf ihr verlief auch ein Abschnitt der Handelsstraße von Flandern über Aachen, Frankfurt, Augsburg und Tirol nach Oberitalien.

Der Weg hinter Sinzig: Manche Ungarnpilger erreichten mit dem Schiff rheinabwärts das Ahrtal bei *Sinzig* und zogen von hier zu Fuß auf der *Frankfurt-Aachener Krönungsstraße* nach Aachen weiter. Durch die sog. Goldene Meile im Ahrtal kamen die Pilger nach *Bodendorf, Nierendorf* und dann in die *Grafschaft*. Über *Eckendorf, Ersdorf, Rheinbach, Essig, Frauenberg* (schöner Flügelaltar der Kölner Malschule) und *Düren* (Anna-Haupt) erreichten sie *Aachen*.

↑ Landschaft bei der Ruine Landskron

Spuren dieses alten Weges, der auch von Kaufleuten und vom Militär benutzt wurde, findet man im Gelände bei *Bad Bodendorf*, wo eine Straße noch heute „Alter Heerweg" heißt. Auf alten Luftbildaufnahmen kann man hier im ansteigenden Gelände noch die einzelnen Fahrrinnen der Krönungsstraße erkennen, die auf eine intensive Benutzung schließen lassen. Der Weg war von zahlreichen Wegkreuzen und Kapellen als Einrichtungen für die Pilger gesäumt.

Für die Einwohner des nahen *Eckendorf* war es immer ein großer Tag, wenn die Ungarnpilger von der *Fritzdorfer Windmühle* am Schutzengelkreuz vorbei betend und singend in ihrer Pilgerkleidung durch den Hohlweg herab in das Dorf kamen. Im Ort gab es eine Wasserstelle mit Schöpfkellen für die Aachenpilger („Frauenpütz"). Die Ortsbewohner versorgten die weit gereisten Pilger aus Ungarn mit Bier und Brot. Bei der Kirche steht ein verwitterter Pilgergrabstein mit zwei Jakobsmuscheln und einem Pilgerstab, der vielleicht das Grab eines hier verstorbenen Pilgers markiert. Kurz vor *Euskirchen* erreichten die Pilger das Augustinerinnen-Kloster *Essig* mit einem Pilgerhospital.

Der Weg von Andernach über Köln

Eine wichtige Wegmarke der Ungarnpilger war die Stadt *Andernach*, wo viele Ungarnpilger eine längere Rast einlegten, um neue Kräfte zu sammeln. Eine bis heute aufbewahrte Fahne der Ungarn zeugt hiervon. In der *Liebfrauenkirche* steht eine besondere Kostbarkeit von hohem künstlerischem Rang, das sog. *Ungarnkreuz*. Siebenbürger Sachsen, die im 13. Jh. nach Ungarn ausgewandert waren und alle sieben Jahre in Erinnerung an ihre alte Heimat zu den Heiligtümern nach Trier, Köln und Aachen wallfahrteten, sollen es den Andernachern zum Dank für die gastliche Aufnahme geschenkt haben. Der geschundene Körper Christi hängt an einem dreiteiligen Astkreuz, das in der ersten Hälfte des 14. Jh. entstand und zur Gruppe der Pestkreuze gehört.

Von Andernach zogen manche Ungarnpilger rheinaufwärts über *Sinzig* und *Bonn* nach *Köln*. Dort verehrten sie im Dom die Gebeine der Heiligen Drei Könige. Von Köln gelangten sie über *Düren* nach *Aachen;* von dort traten sie ihren Rückweg durch die hintere Eifel nach *Trier* an, wo ihnen noch im gleichen Jahr der Heilige Rock gezeigt wurde. Von Trier aus begannen sie dann mit dem Schiff moselabwärts ihre Rückreise in ihre Heimat. Eine andere Wegvariante der Ungarnpilger verlief auf der *Römerstraße von Andernach nach Trier* (S. 126) und von dort über die Eifel weiter nach Aachen.

Der Weg von Aachen nach Trier

Auf dem Hin- oder Rückweg mussten die Ungarnpilger zwischen Aachen und Trier ein dünn besiedeltes Eifelgebiet durchque-ren. Die damals benutzten Wege dürften in bestimmten Abschnitten mit denen der nach Trier ziehenden Matthiaspilger übereingestimmt haben, deren Infrastruktur sie nutzen konnten. So findet man noch heute in dem Ort *Roetgen* ein Gasthaus und eine Straße mit den Namen „Pilgerborn" (= Pilgerquelle), die an den Weg dieser Pilger erinnern. In *Kalterherberg* (= kalte Herberge) sowie bei den *Klöstern Prüm* und *Helenenberg* konnten die Pilger in Hospitälern übernachten.

Aachenpilger heute

Die letzte Aachener Heiligtumsfahrt war im Jahr 2007 und stand unter dem Motto „Kommt und ihr werdet sehen". Pilgertraditionen rund um die Aachener Heiligtumsfahrt werden heute über persönliche Kontakte zu Bischöfen in Ungarn und anderen Teilen Südosteuropas als Buspilgerreisen aus diesen Ländern nach Aachen organisiert. Fußpilgergruppen kommen heute nur noch aus der näheren Umgebung. Diese Tradition soll anlässlich der nächsten Heiligtumsfahrt 2014 wieder verstärkt aufleben. Aus unterschiedlichen Richtungen und Entfernungen zu Aachen (Mönchengladbach, Langerwehe, Einruhr, Herzogenrath, Moresnet, Kornelimünster etc.) sollen – teilweise auch unter Begleitung durch qualifizierte Pilgerführer/-innen – entsprechende Pilgerwege angeboten werden.

→ Karlsschrein im
Aachener Dom

Die Jakobspilger

Die alte Kaiserstadt Aachen war im Mittelalter – und ist heute wieder – eine bedeutende Station am Pilgerweg zum Grab des hl. Jakobus nach Santiago de Compostela. Nach Aachen kamen die Jakobspilger aus Nord- und Osteuropa, die einen Anschluss zu den französischen Pilgerstraßen suchten. Von Aachen als traditionellem Sammlungs- und Aufbruchsort zogen die Santiago-Pilger auf der „nyder straß" über Lüttich, Brüssel, Noyon, Paris nach Tours. Dort begann eine der vier großen Jakobsstraßen (Via Turonensis) nach Santiago de Compostela.

Die Jakobspilger betraten Aachen von Köln kommend durch das östliche *Sankt Jakobstor* (St. Jacobs port), in dessen Nähe die *St. Jakobskirche* liegt. Das *St.-Jakobs-Spital* nahm sich der Pilger nach Santiago de Compostela an. Aachen ist heute Sitz der Deutschen St. Jakobusgesellschaft.

Aachen und sein Karlsfest

Der Aachener Mariendom war nicht nur ein wichtiger Ort der Christus- und Marienverehrung sowie der Krönungsort der deutschen Könige, sondern er war auch die Grabeskirche Karls des Großen und Ort eines bis heute anhaltenden *Karlskultes*. Davon künden noch heute der berühmte *Karlsschrein*, das *Karlsfest* und zahlreiche mit

Karl dem Großen verbundene Reliquien in der Domschatzkammer. Während des ganzen Mittelalters pilgerten die Menschen nach Aachen zum Grab des Frankenherrschers, der in weiten Teilen Europas das Christentum eingeführt hatte. Im örtlichen Brauchtum war die Karlstradition in Aachen bis zum Ende der reichstädtischen Zeit im weltlichen Leben ebenfalls sehr verwurzelt.

Zeitnah zum Todestag Karls, der am 28. Januar 814 in Aachen starb, wird alljährlich im Dom am letzten Januarsonntag ein feierliches *Pontifikalamt* abgehalten. Zu den Feierlichkeiten des Aachener Stadtpatrons strömen die Menschen noch heute von weit her herbei. Nach dem Pontifikalamt im Dom schließt sich einen buntes mittelalterliches Treiben vor dem Aachener Rathaus an. Das Aachener Rathaus ist anlässlich des Karlsfestes in der Zeit von 11 bis 17 Uhr zur kostenlosen Besichtigung geöffnet.

Legenden

Karl der Große wurde im Mittelalter durch Legendenbildung mit dem Jakobsweg nach Santiago de Compostela in Verbindung gebracht. Danach soll er in Spanien gegen die muselmanische Vorherrschaft gekämpft und das Grab des hl. Jakobus und den Weg dorthin „befreit" haben. Der *hl. Jakobus* selbst soll *Karl* im Traum erschienen sein und ihm den dorthin führenden Sternen-weg, den späteren Pilgerweg nach Santiago de Compostela, gezeigt haben. Ihm wurde dabei verheißen, er würde zuerst an der Spitze eines großen Heeres auf dem Sternenweg nach Galicien ziehen, nach ihm würden dann alle Völker bis an das Ende der Zeiten dorthin pilgern.

Karlsschrein: Der kostbare Karlschrein ist – im Gegensatz zu dem Marienschrein, der biblische Motive zeigt – ein Symbol der Verherrlichung der kaiserlichen Macht Karls des Großen. In diesen Schrein ließ *Friedrich II.* 1215 die Gebeine des großen Herrschers legen. Auf seiner vorderen Giebelseite sieht man ihn auf einem Thron sitzend genau an der Stelle, die auf allen anderen Schreinen sonst von Christus eingenommen wird. Zu seiner Rechten steht *Papst Leo III.* und zur Linken der *Erzbischof Turpin von Reims.* Bemerkenswert ist, dass man an den beiden Längsseiten keine Apostel oder anderen Heiligen sieht, sondern 16 deutsche Kaiser und Könige. Auf den insgesamt acht vergoldeten Dachschrägen des *Karlsschreins* wird die Legende von Karls Spanienfeldzug erzählt. Die Reliefs zeigen unter anderem Karl, wie er in Spanien gegen die muselmanische Vorherrschaft gekämpft und das Grab des hl. Jakobus besucht hat. Die gezeigten Taten Karls beruhen auf einer Lebensgeschichte Karls, die angeblich von dem *Erzbischof Turpin von Reims* verfasst wurde. Nach neueren Forschungen entstand die Karlsvita jedoch erst viel später um 1130–1140 in Frankreich.

Eine umstrittene Heiligsprechung

Karl war durchaus kein heiligmäßig lebender Mensch gewesen, aber *Kaiser Barbarossa* wollte partout, dass er als Heiliger verehrt wurde. Und er setzte seinen Willen durch. Aufgrund seiner Lebensgeschichte, die mit den blutigen Sachsenkriegen und der Zwangschristianisierung in den eroberten Gebieten sowie seinen vielen Frauen verbunden ist, hätte Karl nach den Richtlinien des Heiligen Offiziums von 1588 nicht heiliggesprochen werden dürfen. Dabei bleibt unbenommen, dass er als Kloster- und Bistumsgründer und Schirmherr der Christenheit schon lange vor seiner Heiligsprechung verehrt wurde.

1165 wurde der Kaiser dann mit Billigung des *Gegenpapstes Paschalis III.* heiliggesprochen, allerdings wurde dieser Akt in Rom unter *Papst Alexander III.* nicht als gültig anerkannt. Heute darf er mit Billigung der katholischen Kirche in Aachen und Osnabrück als Seliger verehrt werden.

Domschatzkammer: Im Mittelalter aber war Karl der Große eine bedeutende Heiligenfigur, wie weitere Zeugnisse des Karlskultes in der Domschatzkammer zeigen. Dort wird ein *Armreliquiar* gezeigt mit der Elle und Speiche des rechten Armes von Karl dem Großen, das Ludwig der XI. in vergoldetem Silber anfertigen ließ, ferner die *Karlsbüste* von 1349 mit einem Teil der Schädeldecke des Herrschers. Das *Brustkreuz*, das man bei der Öffnung des Grabes durch Otto III. vorfand, das *Karlsreliquiar* und das *Dreiturmreliquiar* mit sichtbar gemachten Reliquien dienten dem Schaubedürfnis der Pilger ebenso wie ein *Jagdmesser* und ein *Jagdhorn*, die man als Gegenstände Karls des Großen ansah, die aber aus späterer Zeit stammen.

Bezeichnung der Wallfahrt: *1. Aachener Heiligtumsfahrt; 2. Karlsfest; 3. Marienverehrung*
Festtag: *1. Aachener Heiligtumsfahrt alle sieben Jahre (nächste im Juni 2014). 2. Karlsfest am letzten Januarsonntag mit Oktav (Todestag: 28. Januar). 3. Hochtage der Marienverehrung über das Jahr sind die vier Marienfeste: Mariä Verkündigung (25. März), Mariä Himmelfahrt (15. August), Mariä Geburt (8. September), Mariä Empfängnis (8. Dezember).*
Ort: *Aachen, Mariendom*
Informationen:
Domkapitel Aachen: Klosterplatz 2, 52062 Aachen, Tel.: 0241-47709-0, Internet: www.aachendom.de, E-Mail: domfuehrung@dom-bistum-aachen.de. Informationen für Jakobspilger in Aachen: Pfarrei St. Jakob, Tel.: 0241-9291113, E-Mail: walter.nett@gmx.de, Internet: www.sankt-jakob-aachen.de

9 KORNELIMÜNSTER UND DIE HEILIGTUMSFAHRT

Als Kaiser Ludwig der Fromme mit Benedikt von Aniane (750–821) im Jahre 814 an dem Flüsschen Inde ein Erlöserkloster gründete, hatte der Sohn und Nachfolger Karls des Großen etwas Besonderes mit dieser Neugründung vor. Denn das Kloster Inde (heute Kornelimünster) erhielt um die Mitte des 9. Jh. vom Kaiser neben Land auch die sog. Salvator-Heiligtümer aus dem Aachener Domschatz geschenkt: das Schürztuch, das Schweißtuch und das Grabtuch des Herrn. Diese drei Tuchreliquien galten als sichtbare Zeichen der Menschwerdung Christi und waren zuvor Teil des großen Reliquienschatzes, den Karl der Große seiner Pfalzkapelle geschenkt hatte. 875 bekam man noch die Kopfreliquie des Märtyrerpapstes Kornelius († 253) und des hl. Cyprianus hinzu – als Ausgleich für die Hälfte des Grabtuches, die man Karl dem Kahlen für das neu gegründete Kloster in Compiègne überlassen hatte. Nach dem hl. Cornelius wurde dann das Kloster in „Sancti Cornelii ad Indam" (Kornelimünster) umbenannt. Benedikt von Aniane war als Freund und Berater Ludwigs an der Aachener Pfalz und bei den Aachener Reformsynoden (816–818) zugegen. Er kam aus Südfrankreich (Aniane in Aquitanien) und gilt als „erster Mönchsvater aus germanischem Stamm". Seine neue Gründung „Inde", der er selbst als erster Abt von 817–821 vorstand, sollte eine Vorbildfunktion im fränkischen Reich erhalten und mithelfen, das Mönchtum mit der von ihm neu eingeführten Regel des Benedikt von Nursia (480–547) zu vereinheitlichen und auf eine neue Grundlage zu stellen. Sein Reformeifer wurde aber nicht überall geteilt. Daher konnte Kornelimünster nach dem Tod Benedikts von Aniane die ihm zugedachte Führungsrolle nicht erfüllen. Der Name der heutigen, 1906 an anderer Stelle neu gegründeten Abtei lautet „Abtei der Heiligen Abt Benedikt von Aniane und Papst Kornelius".

Heiligtumsfahrt nach Kornelimünster

Die sog. *Heiligtumsfahrt Kornelimünster* hatte im Mittelalter zusammen mit der *Heiligtumsfahrt nach Aachen* den gleichen Rang wie die *Wallfahrten nach Rom, Jerusalem oder Santiago de Compostela*. Wer im Mittelalter eine Heiligtumsfahrt nach Aachen unternahm, besuchte daher meist

↑ Die ehemalige Benediktinerklosterkirche von Kornelimünster

auch das nur wenige Kilometer entfernte Kornelimünster. Dort werden bis heute in der ehemaligen Freien Reichsabteikirche die sog. Herrenreliquien und die „Gebeine des hl. Papstes und Märtyrers Cornelius" († 254) aufbewahrt. Die drei Heiligtümer der Herrenreliquien stehen in enger Beziehung zu den vier Heiligtümern in Aachen. Eine Besonderheit dieser Heiligtümer in Kornelimünster ist, dass sie *Christusreliquien* sind: Das *Schürztuch* soll Jesus getragen haben, als er beim letzten Abendmahl den Jüngern die Füße wusch. Das *Grabtuch* wurde der Überlieferung nach bei der Grablegung Christi benutzt. Das *Schweißtuch* soll jenes

Tuch sein, welches nach jüdischem Brauch den Kopf des Leichnams Jesu im Grab umhüllte. Während die Heiligtümer in Aachen in einem kostbaren Schrein aufbewahrt wurden, befanden sich die Reliquien in Kornelimünster lediglich in einem einfachen Holzkasten.

Die *Herrenreliquien* wurden erst seit dem 14. Jh. Ziel einer eigenen Wallfahrt. Früher zeigte man den Pilgermassen die heiligen Tücher alljährlich von der äußeren Galerie der Klosterkirche, bis man sich ab 1359 dem Rhythmus der Aachener Reliquienzeigung von sieben Jahren anschloss. Das *Haupt des Cornelius* wurde dagegen schon vor dem Jahre 1000 von Pilgern verehrt. In den folgenden Jahrhunderten stieg der Pilgerstrom bis 1802 stark an, dann ist ein Rückgang zu verzeichnen.

1794 musste man die Heiligtümer vor den Truppen Napoleons nach Paderborn in Sicherheit bringen. Die Mönche wurden gezwungen, das Kloster zu verlassen. Die Abteikirche wurde 1804 der katholischen Gemeinde als Pfarrkirche übergeben. Aus dem Besitz des aufgelösten Klosters gingen die Reliquien an die neue Pfarrei St. Kornelius über, die jetzt Träger der Wallfahrt ist.

Die Heiligtumsfahrten setzten wieder im 19. Jh. und nach dem Zweiten Weltkrieg ein, weil die Menschen auf Schutz und Hilfe hofften. Heute findet die „Heiligtumsfahrt Kornelimünster" alle sieben Jahre gleichzeitig mit der „Heiligtumsfahrt Aachen" und der „Heiligtumsfahrt Mönchengladbach" statt.

Das Kloster

Die erste 817 geweihte Kirche war nur eine kleine Basilika mit drei Schiffen. *Benedikt von Aniane* hatte mit diesem Bau bewusst eine Abkehr von den monumentalen Großklöstern der fränkischen Zeit einleiten wollen, denn er strebte überschaubarere und bescheidenere Dimensionen des Mönchslebens an. Im Laufe ihrer wechselvollen Ge-

→ Statue des heiliggesprochenen Papstes Cornelius

↑ Das Innere der ehem. Klosterkirche von Kornelimünster

schichte wurde die Klosterkirche 881 von Normannen zerstört, danach wieder aufgebaut und erweitert. Unter *Kaiser Otto I.* erhielt das Kloster 948 die vollständige Immunität und Reichsunmittelbarkeit, die es unter den direkten Schutz des Kaisers stellten. Unter *Kaiser Otto III.* bekam Inde 985 auch noch das Markt- und Münzrecht verliehen. Zahlreiche Privilegien durch Kaiser und Päpste folgten. Nach den erneuten Zerstörungen im Jahre 1310 durch die Aachener, die danach zu Schadensersatzzahlungen verpflichtet wurden, konnte eine fünfschiffige gotische Hallenkirche errichtet werden,

die sowohl Kloster- als auch Pilgerkirche war.

Die Pilger hielten sich nur in den südlichen Kirchenschiffen auf, während die übrigen Bereiche den Mitgliedern des Konventes für ihre Zwecke dienten. Wegen der wachsenden Zahl von Pilgern, die nach Kornelimünster kamen, wurde die Abteikirche im 15. und 16. Jh. nochmals erweitert. 1706 wurde an der Ostseite die oktogonale *Korneliuskapelle* angebaut. Auch wenn die wirtschaftlich gute Lage im 18. Jh. einen Neubau der Abteigebäude als dreiflügelige Barockanlage von 1721 bis 1728 sowie Ver-

↑ Gewölbemalereien in der ehem. Klosterkirche von Kornelimünster

größerungen der Abteikirche erlaubte, nahm die Bedeutung des Klosters trotz der vielen Pilger immer mehr ab.

Abteigebäude: Nach der Aufhebung des Klosters im Jahre 1802 durch Napoleon wurden dessen Gebäude zu Wohnungen, Fabrikgebäuden und in ein Lehrerseminar umgewandelt. Trotz der erheblichen Verluste nach der Säkularisation hat vor allem der Mitteltrakt noch sein spätbarockes Aussehen bewahrt. Eine Vorstellung vom Selbstbewusstsein der Äbte als Territorrialherren des sog. Münsterländchens geben noch die prächtige *Doppeltoranlage* von

1498 bzw. 1682 und die zwei Höfe umschließenden Abteigebäude. Die *Prälatur* wurde in den Jahren 1721–1728 erbaut. Der zentrale *Festraum im Erdgeschoss* besitzt reiche Stuckarbeiten und Deckengemälde, welche die Stellung der Äbte des Reichsklosters verherrlichen. Im *Treppenhaus* sieht man den Sturz der heidnischen Götter durch den Erzengel Michael. Im Obergeschoss befinden sich der prunkvolle *Rittersaal* und das *Jagdzimmer*, das Male-

→ Die Konventsgebäude des ehem. Klosters von Kornelimünster

reien mit Jagdmotiven zeigt. In der „Abtskapelle" hat sich ein kostbarer Intarsienfußboden erhalten. Die ursprünglich geplanten, jedoch nicht verwirklichten Ausmaße der Klosteranlage lässt noch eine Darstellung erkennen, als *Abt Hyazinth Alphons Graf von Suys* den Neubau der Klostergebäude in Form einer dreiflügeligen Schlossanlage plante, das seinen Bedürfnissen nach Repräsentation entsprach. 104

Bezeichnung der Wallfahrt: *Heiligtumsfahrt Kornelimünster und Oktav*
Ort: *Kornelimünster*
Festtag: *16. September (Cornelius)*
Termine: *Heiligtumsfahrt 2014 im Juni, Wallfahrtsoktav jährlich im September*
Informationen: *Katholische Propsteigemeinde Kornelimünster: Benediktusplatz 11, 52076 Aachen, Tel: 02408-2106, E-Mail: info@st-kornelius.de.*
Benediktinerabtei Kornelimünster: Oberforstbacher Str. 71, 52076 Aachen, Tel.: 02408-3055, E-Mail: Benediktiner@abtei-kornelimuenster.de, Internet: www.abtei-kornelimuenster.de
Unterkunft:
Gastaufenthalt im Kloster, E-Mail: Gastmeister@abtei-kornelimuenster.de, Tel.: 02408-3055. Pilger sollten sich um 17 Uhr einfinden. Ab 17.45 Uhr (Sa 17.15 Uhr) ist die Pforte nicht mehr besetzt. Zu Zeiten des Gottesdienstes ist kein Empfang möglich.

Jahre nach der Auflösung der alten Reichsabtei bezogen am 21. November 1908 die Benediktiner aus der deutschen Abtei Merkelbeek in den Niederlanden ein neues Klostergebäude im Westteil der Stadt Kornelimünster.

Pilgerwege

Der alte Pilgerweg von Aachen hinaus nach Kornelimünster ist ab Aachen (Waldfriedhof) ausgeschildert. Er führt auf 10 km Länge vom *Aachener Marschiertor* über *Burtscheid* in das *Gillesbachtal*. Gemeinden der Gemeinschaft von *Hellenthal* halten eine Kornelimünster-Wallfahrt am dritten Wochenende im September ab, ferner kommen Pilger noch zur Heiligtumsfahrt aus umliegenden Orten wie *Brand, Walheim* sowie zur jährlich stattfindenden Oktav. In Kornelimünster beginnt heute der Eifelsteig.

In der neuen „Abtei der Heiligen Abt Benedikt von Aniane und Papst Kornelius" gibt es eine *Pilgerherberge*. Heute machen sich nur wenige Pilger zu Fuß nach Kornelimünster auf. Es kommen eher Menschen, die auf ihrem Lebens- und Glaubensweg Einkehr suchen und sich im Kloster der ganz persönlichen Sinnfrage stellen wollen. Auch sie werden hier in der Tradition der „alten" Pilger gerne aufgenommen.

Aus dem Pilgertagebuch von Siegbert Heid: Auf dem Jakobsweg von Bonn nach

↑ Ansicht von Kornelimünster

Paris kamen wir an einem Sonntagmorgen in Kornelimünster an. In der Kirche überraschte uns frischer Gesang mit Orchesterbegleitung. Das waren keine Kirchenlieder der Altvorderen, sondern schwungvolle Weisen, die Walter als Taizé-Gesang identifizierte. Chor und Orchester probierten ihren Auftritt vor dem bevorstehenden Gottesdienst. Das war wieder ein unerwartetes, aber willkommenes Erlebnis. Die Melodien waren so schwungvoll und der Dirigent mit der Bändigung von Chor und Orchester so beschäftigt, dass er notgedrungen ins Schwitzen kam. (…). Wir haben das Geschehen in der Kirche in uns aufgesogen. Vielleicht ist hier eine Antwort auf die Frage „Warum machen wir das eigentlich?" angebracht; Claude Lévi-Strauss würde hier antworten: „Der Sinn lässt sich nicht vorschreiben, und er ist nirgends, wenn er nicht überall ist."

10 TRIER UND DIE MATTHIASPILGER

Seit über 800 Jahren machen sich Pilgerinnen und Pilger auf den Weg nach Trier zum einzigen Apostelgrab nördlich der Alpen. Die Verehrung des hl. Matthias blickt dort auf eine jahrhundertealte Tradition zurück und hat im Rheinland tiefe Spuren hinterlassen. Gegen Ende des 14. Jh. wird die Wallfahrt zu St. Matthias in Trier zu den sieben rheinischen Hauptwallfahrtsorten neben Köln, Aachen und Düsseldorf gezählt. Die Abteikirche von St. Matthias mit ihren Apostelreliquien und ihren ersten Bischofsgräbern war das Hauptziel der Pilger im Mittelalter. Noch heute ziehen alljährlich Anfang Mai die Matthiaspilger in einer mehrtägigen Wallfahrt nach Trier. Manche Bruderschaften nahmen in früheren Zeiten einen Pilgerwagen mit, auf dem Fußkranke sitzen durften. Manchmal wurde damit neben dem Gepäck auch ein Sarg transportiert, denn so manchen Pilger ereilte unterwegs der Tod. Kurfürst Wenzelslaus untersagte dann die Wallfahrt, weil die Menschen zu lange auf den Hin- und Rückwegen unterwegs waren. Da Männer die Höfe verließen und die Frauen zurückblieben, wurde die Feldarbeit vernachlässigt und die Höfe waren ungeschützt. Dennoch blieb die Wallfahrt bis heute erhalten und erfreut sich steigender Beliebtheit. Diese mittelalterliche Wallfahrtstradition ist erstaunlich lebendig, wie die vielen Bruderschaften bezeugen, die sich noch immer jedes Jahr mit großen Pilgergruppen auf den Weg nach Trier machen und sich um die Wegbegleitung der Pilger kümmern. Trier war aber nicht nur ein berühmter Wallfahrtsort für die Matthiaspilger, sondern auch für die Heilig-Rock-Pilger (S. 115). Die Stadt war und ist Station für die Jakobspilger auf dem Weg von und nach Santiago de Compostela (S. 116, 122 und 124) sowie für die nach Aachen ziehenden Ungarnpilger (S. 84).

Das Grab des Apostels Matthias in der Abtei St. Matthias

Die Reliquien des hl. Matthias, genau genommen ein Drittel seines Leibes, sollen durch *Kaiserin Helena* (255–330), die Mutter Konstantins des Großen, nach Rom und von dort durch *Bischof Agricius* († um 332) nach Trier gebracht worden sein. Sie galten lange Zeit als verschollen und wurden erst

↑ Pilgerrast der Matthiaspilger von Mayen

1127 bei den Bauarbeiten in der heutigen romanischen Pfeilerbasilika wiederentdeckt, nachdem man sie zuvor tief im Kirchenboden versenkt hatte, um sie vor den plündernden Normannen zu verstecken.

Wie in Santiago geriet auch in Trier die Stelle wieder in Vergessenheit, sodass noch 1053, als Kaiser Heinrich III. sich um Reliquien des Heiligen bemühte, der Erzbischof bekennen musste, dass er den Ort des Grabes nicht wisse. Das schadete der Anziehungskraft dieses Ortes auf die Pilger keineswegs, denn es reichte ihnen, zu wissen, dass der Heilige in dieser Kirche begraben war. Nach der Wiederentdeckung des Grabes freilich nahm die Zahl der Pilger stark zu.

Die Hirnschale des Apostels wurde im Mittelalter zuerst in der *Matthias-Kapelle von Kobern* an der Mosel aufbewahrt. Im 15. Jh. kam sie dann in den Trierer Dom. Erst

1928 überführte man die Kopfreliquie nach St. Matthias, um dadurch die Verehrung des hl. Apostels weiter zu fördern. Ein Teil seiner Reliquien liegt in Santa Maria Maggiore in Rom (ein Teil des Hauptes) und in San Giustina in Padua. Der hl. Matthias ist Stadtpatron von Trier, Goslar, Hildesheim und Hannover.

Das Leben des Apostels Matthias

Durch den *Verrat des Judas Ischariot* war es notwendig geworden, die heilige Zwölfzahl der Apostel durch die Wahl eines Nachfolgers wiederherzustellen. Zu diesem Zweck traten nach der Himmelfahrt Christi die Apostel zusammen. Zwischen zwei Kandidaten, Barnabas mit dem Beinamen „der Gerechte" und Matthias, musste entschieden werden. Das Los fiel auf Matthias. Die Wahl dieses neuen Apostels wird als erste Handlung des Petrus als Führer der Jünger angesehen.

Der hl. Matthias soll zuerst in Judäa, später in Makedonien in Nordgriechenland und in Äthiopien das Evangelium verkündet haben. Um das Jahr 63 soll er den Märtyrertod durch Steinigung und Enthauptung durch das Beil erlitten haben. Daher wird er mit den Attributen Buch, Schwert,

⇓ Grab des hl. Apostels Matthias in der Matthias-Basilika in Trier

Beil und Steinen dargestellt und ist Schutzheiliger der Bauhandwerker und Zimmerleute. Vor dem Chor ist seine Liegefigur aufgestellt. Der Sarkophag des hl. Matthias mit den leiblichen Überresten befindet sich in der Krypta unter dem Chor.

Die Abtei St. Matthias

Papst Eugen III. weihte am 11. Januar 1148 anlässlich seines Aufenthaltes in der Abtei St. Matthias einen in der Mitte der Kirche stehenden Altar zu Ehren des hl. Kreuzes und der hll. Apostel Matthias und Jakobus. Die Abteikirche ist eine kreuzrippengewölb-

⇩ Bildstock des hl. Matthias in Blankenheim

te romanische Pfeilerbasilika mit Querschiff. Von den einst vier Benediktinerklöstern Triers hat sich nur in St. Matthias das Klosterleben bis heute erhalten. Das Kloster gilt als ein gut erhaltenes Beispiel für eine mittelalterliche Klosteranlage.

Kypta: In der *Krypta* liegen die uralten Steinsärge der ersten Glaubensverkünder auf deutschem Boden, der heiligen *Bischöfe Eucharius und Valerius.* Nur an wenigen Orten gelingt es wie hier, eine direkte Verbindung zur Frühzeit des Christentums herzustellen. Bei der heutigen Kirche von St. Matthias ließen sich die ersten Glaubensboten des Mosellandes bei einem Gräberfeld unmittelbar an der Römerstraße in Richtung Metz und Marseille nieder. *Albana*, eine vornehme Senatorenwitwe, hatte ihnen der Überlieferung nach ihr Haus als Wohnstatt und Kirche zur Verfügung gestellt. Daraus entstand die erste, dem hl. Johannes geweihte Kirche. Von hier aus verkündeten *Eucharius und Valerius* den Glauben unter den noch stark dem Heidentum anhängenden Menschen und hier wurden sie auch begraben.

Quirinus-Kapelle: Auf dem Friedhof nördlich der Abteikirche hat man in der Umgebung der *Quirinus-Kapelle* mehrere unterirdische Grabkammern aus dem 3./4. Jh. freigelegt. Unterhalb der achteckigen Kapelle befindet sich ein Raum mit einem Tonnengewölbe und einer Apsis, der die ursprüngliche Grabeskirche des *hl. Eucharius*, des ersten Bischofs von Trier, war.

↑ Innenansicht der St.-Matthias-Basilika

↓ Abteikirche von St. Matthias mit Quirinuskapelle in Trier

Beginn der Wallfahrt: Bischof Cyrillus ließ wegen der großen Zahl der herbeiströmenden Pilger um 450 neben der Begräbniskirche des ersten Bischofs Eucharius, der „Cella Eucharii", eine größere Kirche erbauen und dorthin die Gebeine seiner Vorgänger Eucharius und Valerius überführen. Er bestellte Mönche, die in ihrer Nähe als Einsiedler leben und das Heiligtum behüten

> **Bezeichnung der Wallfahrt:** *St.-Matthias-Wallfahrt nach Trier*
> **Festtag:** *24. Februar (im deutschen Sprachgebiet). In Trier wird am 7. Mai das Fest der Wahl des Matthias zum Apostel und am 18. Juli das Fest der Übertragung der Gebeine gefeiert. Wallfahrten finden das ganze Jahr über statt.*
> **Informationen:** *Rheindahlen: St. Mattias Bruderschaft Rheindahlen, Beecker Str. 98, 41179 Mönchengladbach, E-Mail: cpurrio@arcor.de. Waldorf: St. Matthias Bruderschaft, Sandstr. 67, 53332 Bornheim-Waldorf, Büro: Tel.: 02227-3583, E-Mail: smbwaldorf@aim.com, Internet: www. Matthias bruderschaft-waldorf.de. Kaarst: Martinusstr. 12, 41564 Kaarst, Tel.: 02131-601297. D'horn: 52379 D`Horn, Weberstr. 61, Tel.: 02423-90090. Mondorf: St. Matthiasbruderschaft Mondorf, Thelengasse 44, 53859 Niederkassel-Mondorf, Tel.: 0228-450194, E-Mail: nc-schmeldi3@netcologne.de. Mitpilger, auch für Teiletappen, sind willkommen.*

sollten. Alles spricht also dafür, dass schon sehr früh Pilger den Ort aufgesucht haben. Nach der Wiederentdeckung des Matthiasgrabes nahmen die Pilgerscharen enorm zu und die Verehrung des hl. Gründerbischofs Eucharius trat immer mehr in den Hintergrund. Schließlich wurde sogar das Kloster St. Eucharius in St. Matthias umbenannt. Die Tradition der Verehrung der Heiligen Eucharius und Valerius ist aber bis heute nicht ganz abgerissen.

Wegstationen und Rituale

Bruderschaften: Im Mittelalter bot das Pilgern in einer Gruppe die Gewähr für den Schutz für unterwegs und ein sicheres Ankommen auf bewährten Wegen. Bruderschaften übernehmen seit mehreren Jahrhunderten die Führung und die Organisation auf der Strecke wie Übernachtung, Verpflegung und heute häufig auch die Versorgung und den Transport fußkranker Pilger in einem Begleitfahrzeug. Die festgelegten Lieder, Gebete und Rituale geben dem Pilgerweg einen Rahmen und einen Rhythmus. Viele Bruderschaften tragen auf dem Weg ein Kreuz voraus, dessen Träger sich abwechseln, sodass jeder einmal den hohen symbolischen Wert des „Kreuztragens" in der Christusnachfolge selbst erleben kann.

Pilgerhospitäler: In **Bad Münstereifel** und in **Prüm** konnten Matthiaspilger in den Pilgerhospitälern der Klöster übernach-

↑↓ Pilgergruppe aus Mayen auf dem Weg nach Trier

ten. Zwischen *Bitburg* und *Trier* bot das ehemalige **Kreuzherrenkloster Helenenberg**, früher nur „Hospital" genannt, den Pilgern Obdach. Das *Hospital am Helenenberg* wurde vom Trierer Kanzler Ludolf von Enschringen im Jahre 1488 gegründet und wird in einem Reisebericht des 16. Jh. als Pilgerunterkunft erwähnt. Es diente den Matthiaspilgern und auch den von Aachen über die Eifel nach Trier ziehenden Pilgern der Ungarnwallfahrten auf dem Hin- und Rückweg als Herberge.

Steintragen: Diese noch im 18. Jh. geübte Pilgersitte ist ein altes Bußritual und hat wahrscheinlich etwas mit der Überwindung des Heidentums zu tun. Der Stein, ein Symbol des alten Glaubens, wird an einer bestimmen Stelle abgelegt. Die Erstpilger von *Helenabrunn* (bei Mönchengladbach) mussten am ersten steilen Eifelanstieg einen Stein den Berg hinauftragen. Andere Pilger übten diese Sitte erst in *Aach* kurz vor Trier. Dort mussten sie einen Stein aus dem Tal bis auf die halbe Höhe tragen, wo ein Bach floss, und dort ablegen. An manchen Stellen wie am Kalvarienberg an der Bitburger Straße vor Trier lagen früher ganze Haufen von Steinen, die von Pilger stammten, die diese hier abgelegt hatten. Manchmal wurden absichtlich schwere Steine gewählt, um zu versinnbildlichen, dass der Pilger ein Kreuz, das er mit sich schleppt, hier ablegen kann. Eine ähnliche Steinsitte gibt es auf dem Jakobsweg am Cruz der Ferro.

Pilgerschlag: Die Pilger von *Rheindahlen* (bei Mönchengladbach) hielten vor Waldorf auf einem Hügel an, wo ein Kreuz steht, das die Hälfte des zurückgelegten Weges markiert. Dort hielt der Brudermeister eine Ansprache, ließ dann die Neupilger vortreten und erteilte ihnen mit dem Brudermeisterstab den Pilgerschlag auf beide Schultern. Auch die Bruderschaften von *Helenabrunn* und *Titz* pflegten diese Sitte.

Pilgersegnung: Die Pilger aus *Büttgen* wurden im Büdesheimer Wald vom Brudermeister mit einem Zweig gesegnet, den er zuvor in eine Quelle tauchte. Darauf wuschen sich die Pilger mit dem Wasser die Augen und kranke Körperstellen.

Tod: Pilger, die unterwegs verstarben, wurden meist an Ort und Stelle beerdigt und bekamen später von der Bruderschaft ein Kreuz gesetzt. Beim Vorüberziehen wurde immer mit einem Gebet der Toten gedacht.

Strafen: Die Sitten der Pilger waren streng. Wer unterwegs übermäßigem Tabak- und Alkoholgenuss anhing, große Reden führte oder gar sein Schlafquartier nicht bezahlte, wurde vom Brudermeister gemaßregelt, mit Strafzahlungen belegt oder sogar ganz von der Pilgerschaft ausgeschlossen. Die Wallfahrt nach Trier wurde im niederländischen, belgischen und nordfranzösischen Raum auch als Bußwallfahrt verhängt.

Am Ziel: Die Pilger werden bei ihrer Ankunft in St. Matthias mit Glockengeläut be-

↑ Pilgergruppe aus Waldorf auf dem Weg nach Trier

grüßt und feierlich vom Pfarrer in die Kirche geführt. Erstpilger erhalten eine Ehrung durch eine Pilgermedaille. Vor den Reliquien oder der Liegefigur knien viele Pilger nieder und sprechen ein Dankgebet.

Pilgerwege

Die in Bruderschaften organisierten Pilger *der St.-Matthias-Wallfahrt* hielten zäh an ihren althergebrachten Wegen durch die Eifel nach Trier fest. Man unterschied dabei grundsätzlich eine westliche und eine östliche Hauptpilgerroute. Auf der *westlichen Pilgerroute* kamen die Pilger aus dem Nor-

den, das heißt aus dem Krefelder und Mönchengladbacher Raum, die größtenteils auf den Römerstraßen über *Düren, Zülpich, Blankenheim, Büdesheim, Bitburg* und *Helenenberg* nach *Trier gingen*. Auf der *östlichen Pilgerroute* gingen die Pilger aus *Siegburg* und vom *unteren Mittelrhein* (Mehlem) durch das heutige Wachtberg, um zunächst Ahrweiler anzusteuern. Pilger aus *Bad Honnef, Mondorf, Sinzig, Weißenturm* nahmen ihren *Weg* ebenfalls durch das *Ahrtal* nach *Adenau* und gingen dann über *Kloster Klausen* nach Trier. Pilger aus dem Großraum *Köln* gingen über das *Vorgebirge, Rheinbach* und *Vischel* ins Ahrtal. Pilger aus *Andernach* und dem *Moselgebiet* benutzten die Römerstraße (S. 126). Nachstehend werden einige Beispiele für Wegrouten der Matthiaspilger genannt.

St.-Matthias-Bruderschaft von Mehlem und Lannesdorf: Die Wallfahrten der *Mehlemer Bruderschaft* sind schon seit 1678 bezeugt. Die Wallfahrt beginnt um 5 Uhr morgens an Christi Himmelfahrt in *Mehlem* an der *Oberdorfer Kapelle*. Die malerische Rundkapelle wurde an der Stelle einer 1633 zerstörten älteren Kirche des Oberdorfes erbaut und der Schmerzhaften Mutter geweiht. In der Kapelle steht eine Holzskulptur des hl. Matthias mit dem Beil aus dem 17. Jh.; über das Jahr werden dort die von den Matthiaspilgern getragenen Wallfahrtsstäbe und das Vortragekreuz aufbewahrt. 2012 nahmen 48 Pilgerinnen und Pilger teil.

Die Mehlemer Bruderschaft nimmt heute den Talweg über Niederbachem nach Berkum. Früher ging man gleich hinter Mehlem beim alten *Wegekreuz* (Ruude Krüzche = Rotes Kreuz oder Franzosenkreuz) rechts ab durch einen Hohlweg hinauf auf die Höhen oberhalb von Niederbachem zum sog. *Matthiaskreuz am Cäcilienheidgen* bei Ließem. Dieser markante Landschaftspunkt mit Blick auf das Siebengebirge war ein alter Sammlungspunkt der Pilger von Lannesdorf und anderen Dörfern. Hier wurden die Pilger verabschiedet. Auch die *Pilger von Siegburg* passierten früher diese Landmarke, steuerten dann aber *Werthhoven* an, wo man sich am Wegekreuz mit herrlichem Landblick entscheiden musste, ob man weitergehen konnte oder umkehren musste, weil die Kräfte nicht reichten. Die Lannesdorfer gingen vom Cäcilienheidgen am Talrand entlang zum Kreuz vor *Gimmersdorf,* dann durch den Ort zur *Josefskapelle* bis zum Wegekreuz, an dem der Weg links nach Berkum abbiegt. In *Berkum* vereinigten sich die Mehlemer und Lannesdorfer Pilgerzüge wieder und zogen über *Fritzdorf* ins *Ahrtal.*

Streckentelegramm: 1. Tag: 5 Uhr Mehlem – Niederbachem – Berkum – Fritzdorf – Vettelhoven – Mariengrotte in Oberesch – Kalenborn (Mittagessen) – Altenahr – Bus bis Nürburg – Kelberg (Übernachtung). 2. Tag: 7.30 Uhr Gedenkstein – Afelskreuz – Darscheid – Mehren – Udler (Messe) – Plein (Übernachtung, gemeinsames Abend-essen). 3. Tag: Plein – Lieserpfad – Wittlich – Klausen (Mittag) – Klüsserath (vor Klüsserath Neuaufnahmen in die Bruderschaft, Andacht). 4. Tag: Bus nach Trier. An der Mosel entlang bis St. Matthias.

Eine wichtige Wegmarke auf dem Weg nach *Adenau* war die *Hubertuskapelle in Hönningen* (1610), wo sich die Pilger zur Andacht versammelten. Ein weiterer wichtiger Andachtspunkt war die *Bartholomäuskapelle in Liersch* (um 1668). Bei *Dümpelfeld* zweigt dann der Weg ins *Adenauer Tal* ab, wo hinter *Adenau* der gefürchtete steile Anstieg in den Adenauer Forst beginnt. Dort ist bei einem alten Holzkreuz, wo ein Pilger verstorben war, ein weiterer alter Sammlungspunkt. Durch ein ausgedehntes Heidegebiet kam man zum *Schwedenkreuz* am Nürburgring. Hier sollen angeblich schwedische Söldner einen kurkölnischen Rentmeister seines Geldes beraubt und ihn dann getötet haben. Ganz in der Nähe des *Kreuzes am Stuppstein,* wo die Lülsdorfer Pilger ihr Gebet verrichteten, steht das *Piefekrüz* der Bruderschaft aus Sinthern. Es erhielt seinen Namen, weil hier ein Pilger seine zerbrochene Tonpfeife deponiert hatte, auf der Erstpilger ihre Namen eingravierten. Bei *Müllenbach* steht ein Pilgerkreuz, das an den Tod eines Pilgers erinnert. Hinter *Kellberg* zog man auf der alten Handelstraße von Köln nach Trier ("Pilger- oder Ferkelstraße") wieder stramm bergan auf den *Ueßer Berg,* wo ein *Pilgerkreuz* von 1794 wieder an einen hier verstorbenen Pilger erinnert. Nach dem Kortenbüsch kamen die Pilger an einen Wegstern, wo heute noch das *Afelskreuz* als berühmte Wegmarke steht, das die Hälfte der Wegstrecke zwischen Trier und Köln markiert. Zwei weitere Sammlungspunkte waren vor *Mehren* das barocke *Scholzenkreuz* am Waldrand oberhalb des Ortes und dahinter das *Heiligenhäuschen am Afelskreuz* (Ablasskreuz). Die frei auf einer Heide stehende barocke Kapelle *Hetzerather Kreuz* hinter Wittlich war ein gut sichtbarer Orientierungspunkt für alle Trierwallfahrer. Hier wurden die Siegburger Pilger von ihrem Brudermeister „ermahnt". In *Schweich* erreichten die Pilger die Mosel. Im Ort wurde am Matthias-Kreuz gebetet.

St.-Matthias-Bruderschaft Waldorf: Die Bruderschaft besteht seit 1807, die Wallfahrt nach Trier wird von hier aber schon seit 1672 unternommen. Früher dauerte eine Wallfahrt acht Tage. Am Sonntag vor Pfingsten brach man auf, ging den ganzen Weg und kehrte auch wieder zu Fuß zurück. Nach dem Ersten Weltkrieg wurde dann der Rückweg per Bahn und später per Bus zurückgelegt. Ab 1970 wurde der Termin auf Christi Himmelfahrt vorverlegt, damit die Pilger nur einen Arbeitstag aufbringen mussten. Seither stiegen die Pilgerzahlen deutlich an. Heute beginnt die viertägige Fußwallfahrt an Christi Himmelfahrt um 6.30 Uhr mit dem Morgengebet und dem Pilgersegen in der Pfarrkirche St. Michael in Waldorf. Jedes Jahr nehmen um die 160 Fußpilger aus Waldorf und den umliegenden Orten und von auswärts teil. Unterwegs singt bei den Gottesdiensten ein Pilgerchor, der sich aus Fußpilgern zusammensetzt.

Besondere Ereignisse am Weg in der Zeit von 1998 bis 2010 waren zum Beispiel die Heirat eines Paares in Adenau sowie der Tod einer Pilgerin auf dem Weg, die bereits 24 Mal an der Wallfahrt teilgenommen hatte. 2005 wurde für diese Pilgerin im Rheinbacher Wald ein Denkmal errichtet. 2008 ging ein Pilger zum 48. Mal nach Trier, 2009 jährten sich 40 Jahre für den Kreuzträger des 200 Jahre alten Pilgerkreuzes. Eine alte Zeremonie ist es, dass sich Neupilger am Hörnerbaum an der Straße nach Hasborn symbolisch die „Hörner abstoßen" müssen. In Kelberg erhalten die Erstpilger das Pilgerabzeichen und die Jubilare werden geehrt.

Streckentelegramm: 1. Tag: Waldorf – ehem. Kloster Schillingskapellen (S. 83), (Messe) – Morenhoven – Rheinbach (Waldkapelle, S. 124) – Todenfeld – Vischeltal – Kreuzberg – Ahrbrück (Abendgebet, Übernachtung in Privathaushalten und umliegenden Orten). 2. Tag: Adenau (Matthiaskapelle, Morgengebet) – Müllenbach – Kelberg (Messe) – Mehren – Udler (Übernachtung in Privathaushalten, gemeinsames Abendessen). 3. Tag: Udler (6.30 Uhr Abmarsch) – Maare-Mosel-Weg – Hasborn (Messe) – Wittlich – Klausen (Übernachtung). 4. Tag: Ruwer (Bahnhof) – Verteilerkreis Trier – Moselweg bis St. Matthias (13 Uhr Messe).

↑ Abstieg ins Ahrtal bei Vischel

St.-Matthias-Bruderschaft von Kaarst: Die St.-Matthias-Bruderschaft von Kaarst mit heute ca. 160 Mitgliedern besteht nachweislich seit 1748. Die Wallfahrtszeit ist von alters her zwischen Christi Himmelfahrt und Pfingsten, da in dieser Zeit die Wahl von Matthias zum Apostel gewesen sein muss. Nach der Pilgermesse morgens um 6 Uhr in der romanischen Kirche Alt Sankt Martin und dem Abschiedsgebet am *Hagelkreuz* beginnt der Fußmarsch zum *Matthias-Stein* im Tönisfeld oder zur Matthias-Gedenkstätte

an der Adlerstraße/Amselstraße. Mit dem Bus dann bis nach *Berzdorf* bei Wesseling, wo die Wallfahrt beginnt.

Streckentelegramm: 1. Tag: Berzdorf – Sechtem – Hemmerich (Andacht) – Morenhoven (Übernachtung in Privathaushalten). 2. Tag: Rheinbach (Waldkapelle) – Todenfeld – Berg – Vischeltal – Kreuzberg. 3. Tag: Adenau (Matthiaskapelle) – Müllenbach (Übernachtung in Privathaushalten). 4. Tag: Kelberg – (Karl-Kaufmann-Weg) – Darscheid

– Mehren – Bus bis Klausen (Pilgerherberge). 5. Tag: Klausen – Krames – Rivenich/Mosel – Bus bis St. Matthias (10 Uhr Gottesdienst). Gegen 19 Uhr Andacht in Kaarst.

St.-Matthias-Bruderschaft von Mondorf: Die Fußwallfahrt der seit 1849 bestehenden Bruderschaft findet in der Zeit vom 5. bis 12. Mai 2013 statt. 2012 machten sich von hier aus über 60 Pilger auf den Weg.

Streckentelegramm: 1. Tag: Mondorf – Kottenforst – Ersdorf – Kalenborn – Bruderschaftskreuz im Vischeltal bei Kreuzberg/Ahr am alten Pilgerweg. 2. Tag: Jammelshofen – Mehren – Kloster Himmerod – Zemmer – Trier.

St.-Matthias-Bruderschaft von Rheindahlen: Die neuntägige Fußwallfahrt von Rheindahlen nach Trier beginnt in jedem Jahr an Christi Himmelfahrt und dauert bis zum Pfingstsamstag, dann geht es wieder zurück. Beginn um 4.15 Uhr nachts an der Pfarrkirche. Die Bruderschaft besteht seit 1754. Quartier in Stockheim (Kreuzau), Schmidtheim und Neidenbach sowie zusätzlich auf dem Rückweg in Kordel. In den letzten Jahren waren jeweils 120–130 Pilger dabei. Die Bruderschaft wählt jährlich einen neuen Brudermeister.

Streckentelegramm: 1. Tag: Rheindahlen – Matthias-Bildstock hinter Griesbarth – Matthias-Bildstock in Titz – Niederzier –

Pilgerkreuz in Arnoldsweiler – Oberzier – Düren – Düren-Süd (Panzerstraße) – Stockheim. 2. Tag: Stockheim (Rheindahlener Weg) – Berg – Hergarten – Wilspütz (Nachtquartier „Urfter Hof") – Dülken – Boisheimer Kreuz hinter Marmagen – Schmidtheim. 3. Tag: Schmidtheim – Korschenbroicher Kreuz – Esch – Freusdorf – Birgel – Auel – Kapelle Scheuren – Büdesheim – Helenabrunner Kreuz – Berndorfer Kreuz – Neuheilenbach – Neidenbach. 4. Tag: Neidenbach (Rheindahlener Kreuz am Ortsausgang) – Fließem – Erdorf – Kordel – Kylltal-Radweg – Ehrang – Biewer. Unter der ersten Moselbrücke beten die Pilger das letzte Gesetz des Rosenkranzes.

St.-Matthias-Bruderschaft von D'horn: Die *St.-Matthias-Bruderschaft der Pfarre D'horn* führt jedes Jahr von Freitag bis Dienstag vor Christi Himmelfahrt eine Fuß- und Buswallfahrt zum Grab des Apostels Matthias nach Trier durch. Inzwischen nehmen jedes Jahr zwischen 70 und 90 Personen an den Wallfahrten teil. Das Tagespensum der viertägigen Fußwallfahrt liegt bei 40–55 km.

St.-Matthias-Bruderschaft von Neersen: Die St.-Matthias-Bruderschaft in *Neersen*, die vor fast 200 Jahren gegründet wurde, pilgert von Dienstag bis Sonntag den ca. 180 km langen Weg vom Nikolauskloster in

→ Ankunft der Pilger in Trier

Neersen über Blatzheim, Blankenheimerdorf, Büdesheim und Kordel nach Trier.

St.-Matthias-Bruderschaft von Blankenheim: In den letzten Jahren machten sich mit der *St.-Matthias-Bruderschaft Blankenheim 1636* ca. 70 Fußpilger auf den Weg. Am ersten Tag werden um die 45 km zurückgelegt, in *Salm* wird übernachtet. Die Marschleistung am zweiten Tag beträgt 35 km, Mittagspause wird im *Kloster Himmerod* gemacht. Über *Binsfeld* geht es nach *Herforst*, wo übernachtet wird. Am dritten Tag erhöht sich die Zahl der Pilger auf über 300 Personen. Etwa 15–20 Brudermeister lenken nun als Vorbeter die große Teilnehmerzahl. Bei *Biewer* und *Pallien* geht es moselaufwärts weiter. Die Marschleistung am dritten Tage beträgt etwa 30 km. Ein Fahrzeug begleitet die Prozession und nimmt die unterwegs erschöpften oder fußkrank gewordenen Pilger auf.

Die *Matthiasbruderschaft Blankenheim-Ripsdorf* geht einen ähnlichen Weg nach Trier und führte auf ihm die Pilger zum Heiligen Rock. Die Gesamtstrecke von 106 km wird in drei Tagen bewältigt.

Streckentelegramm: Blankenheim – Hüngersdorf – Ripsdorf (St. Johann Baptist) – Lampertstal (Wacholderschutzgebiet; St.-Matthias-Kreuz) – Mirbach (Erlöserkapelle) – Gewerbegebiet Wiesbaum – Hillesheim (St. Martin, Mittagspause) – Bolsdorf – Dohm – Bewingen – Pelm – Gerolsteiner Wald (Büschkapelle) – Büscheich – Salmer Wald (ca. 1,5 Std. Anstieg) – Höhe von Salm – Lindenhof – Binsenmühle – Oberkail – Gransdorf – Binsfeld – Herforst (Wallfahrtskirche) – Gaststätte Rotau – Blankenheimer Kreuz – Steigerköpfchen – Herkulesbrünnchen – Forsthaus Quint – Ehrang – Falsches Biewertal – Kaiser-Wilhelm-Brücke – Trier.

St.-Matthias-Bruderschaft von Mayen: In einer dreitägigen Pilgerwanderung geht die Mayener St.-Matthias-Bruderschaft von Mayen bis Trier. An zwei Stellen wird eine Fahrgelegenheit benutzt, da sonst die Tagesetappe zu lang würde und es zu gefährlich wäre, mit einer Gruppe auf einer engen und viel befahrenen Straße zu gehen. Hier ist ein Streckentelegramm dieses Pilgerweges, den ich selbst mitgegangen bin.

Streckentelegramm: 1. Tag: von Mayen bis Lutzerath (36 km): Mayen (St. Clemens, Marktplatz, Genovevaburg, Trierer Weg, Matthias-Kapelle von 1687) – Conder Höfe – Pilgerstein am Wüsteratherhof – Elzbachtal – Düngenheim – Kaisersesch – Kloster Maria Martental – Tal der Endert – Alflen – Gillenbeuren – Driesch (Wallfahrtskapelle Mater Dolorosa) – Lutzerath. 2. Tag: von Hontheim bis Klausen (26 km): Lutzerath (Bus bis nach Hontheim) – Konderwald (Römerstraße) – Olkenbach (Matthias-Kapelle) – Wittlicher Senke – Wengerohr (St. Peter) – Altrich (Eiche, Naturdenkmal, 300

↑ Portal der St.-Matthias-Basilika

Jahre alt) – Klausen (Wallfahrtskirche). In Klausen (S. 224) werden die Pilger mit Glockengeläut empfangen. Übernachtungsmöglichkeiten gibt es in der Pilgerherberge und in verschiedenen Hotels und Pensionen. 3. Tag: von Klausen bis Trier (29 km): Klausen (Bus bis Naurath, ca. 10 km) – Meulenwald – Quint – Ehrang (St. Peter, Andacht, Pilgersegen) – Karl-Kaufmann-Weg – Biewertal – Biewer – Trierer Weißhaus (Moselblick) – Treppenweg an den Sandsteinfelsen – Moseluferweg – Europabrücke – St.-Matthias-Basilika.

Aus dem Pilgertagebuch von Dr. Walter Töpner: Vor der Matthiaskapelle in *Mayen* steht ein altes Basaltkreuz. Hier wird von den Trierpilgern am frühen Morgen die erste Wegandacht gehalten. An der Kapellenwand steht geschrieben: *„Dem ehrenwerten Landspatron, dem trierischen Erzstift eine Kron. Und tun ihm wallfahrten zu Ehre Gottes des Herrn Ehr, dass er uns Fried und Wohlfahrt mehr' mit gläubigen Scharen."* Diesen Text sangen die Trierpilger früher auf dem Weg, der sie über *Kaisersesch, Kloster Maria Martental* und *Wittlich* zum Apostelgrab nach

↑ Ankunft der zurückkehrenden Matthiaspilger in Mehlem

Trier führte. Unterwegs fangen die Pilger immer wieder – wie auf ein geheimes Kommando – mit den Gebeten an. Die Vorbeter geben den Takt an, indem sie mit ihren mal senkrecht, mal nach rechts, mal links gerichteten Stöcken die Beter „dirigieren".

Am Abend des dritten Tages geht es das letzte Stück in *Trier* flussaufwärts an der Mosel entlang. Auf einem Fuß- und Radweg erreicht die inzwischen lang auseinandergezogene Pilgergruppe die Europabrücke. Die St.-Matthias-Basilika wird sichtbar und alle Pilger beschleunigen unwillkürlich ihre Schritte, sobald sie ihr Ziel entdeckt haben.

Als ich die Brücke überquere, muss ich daran denken, dass ich sie zum zweiten Mal als Pilger überquere. Vor etwas mehr als 20 Jahren kam ich von Köln auf dem Jakobsweg durch die Eifel abends bei Sonnenuntergang ermattet hier an. Obwohl ich mich ziemlich zerschlagen fühlte, wurde ich hier

damals in meinem Beschluss bestärkt, den Weg bis Santiago de Compostela weiterzugehen. Die alte Abtei am anderen Ufer erwartet mich jetzt wieder im milden Abendlicht, diesmal als Matthiaspilger. Unter Glockengeläut erfolgt der feierliche Einzug in die Kirche, das Pilgerkreuz und die von der Bruderschaft gestiftete große Pilgerkerze werden vorausgetragen. Erleichterung, Freude und Dankbarkeit stehen in den Gesichtern der Pilger geschrieben, die alle die Liegefigur des hl. Matthias ehrfurchtsvoll berühren. Danach erhalten alle Erstpilger wie ich vom Pilgerpater die Pilgermedaille. Der anschließende feierliche Gottesdienst ist ein würdiger Abschluss nach einem langen, mehrtägigen Fußmarsch. Die alten Klostermauern hatten uns schützend aufgenommen und ein gutes Gefühl der Geborgenheit gegeben, wie den vielen Pilgern vor uns, die zu Fuß hierhergekommen sind.

11 TRIER UND DIE HEILIG-ROCK-PILGER

Die Herkunft des Heiligen Rocks bleibt im Verborgenen. Der Legende nach soll es die hl. Helena, die Mutter des römischen Kaisers Konstantin, gewesen sein, die nach der Rückkehr ihres Besuches im Heiligen Land das nahtlos gewebte Gewand Christi zusammen mit einigen Nägeln und einem Stück vom Kreuz mitgebracht hat. Noch vor ihrem Tod hat sie angeblich verfügt, dass der hl. Trierer Bischof Agricius († 332) die Reliquien in ihre Heimatstadt Trier bringen sollte. Die ersten schriftlichen Nachrichten über das Gewand stammen erst aus dem Jahre 1196. Damals ließ Bischof Johann „die Tunika des Herrn" im Dom einmauern, wo sie 300 Jahre für niemanden sichtbar war. Trier lief damit der unabhängigen Abtei Prüm den Rang ab, die immerhin seit 752 den Besitz der Sandalen Christi vorweisen konnte und dadurch zu einem berühmten Wallfahrtsort wurde (S. 22). Erst fünf Jahre vor der Reformation wurde auf Wunsch des Kaisers Maximilian I., der 1512 zum Reichstag nach Trier kam, der eingemauerte „Heilige Rock" von Erzbischof Richard von Greiffenklau wieder ans Licht geholt. Doch auch die Bürger verlangten jetzt energisch, dass man auch ihnen den Rock zeige. Vom 30. Juni an wurde der Rock von einem Balkon an der Westapsis des Doms öffentlich gezeigt. 1514 wurde auf Anweisung von Papst Leo X. die Zeigung des Heiligen Rocks in Trier dann an den siebenjährigen Turnus der Aachener Heiligtumsfahrten angepasst, um so Mehrfachwallfahrten zu ermöglichen (S. 83). Doch Krieg und Reformation bereiteten diesem Vorhaben ein baldiges Ende. Der Rhythmus wurde zunächst ausgesetzt, dann ganz eingestellt. Von 1628 bis 1794 befand sich der „Heilige Rock" über 140 Jahre auf der Festung Ehrenbreitstein bei Koblenz, wo er am 4. Mai 1765 durch Bischof Johann IX. Philipp von Walderdorff wieder gezeigt wurde. Erst 1810 kehrte das Gewand nach einem Zwischenaufenthalt in Augsburg wieder nach Trier zurück.

Der Heilige Rock

Frühere Untersuchungen haben ergeben, dass die Textilie aus dem 1.–4. Jh. n. Chr. stammt. Heute geht man davon aus, dass es sich um eine sog. Berührungsreliquie zweiter Ordnung handelt. Diese Reliquien sind entweder Nachbildungen von Reliquien erster Ordnung oder es sind Tücher, die mit dem Grab Christi oder der Stätte seiner Geburt in Berührung kamen.

Die Wallfahrt und ihr biblischer sowie ökumenischer Hintergrund

Im Johannes-Evangelium wird beschrieben, dass die Gewänder Jesu nach dessen Kreuzigung unter den römischen Soldaten bis auf das Untergewand, das er am Leib trug, in vier Teile geteilt wurden. Da dieses „von oben her ganz durchgewebt und ohne Naht" war (Joh 19, 23–24), konnte es nicht zerteilt werden und ein Soldat erhielt es durch Losentscheid. Das Johannes-Evangelium sieht darin eine alttestamentliche Erfüllung.

Die frühchristliche Zeit betrachtete das im Johannes-Evangelium bezeugte Gewand Christi als ein Zeichen der Einheit aller Christen. Der zentrale Gedanke der Trierer Heilig-Rock-Tradition ist daher das Gebet um die kirchliche Einheit aller, die durch Glaube und Taufe zu Jesus Christus gehö-

ren. Die Wallfahrt des Jahres 2012 wurde wiederum als Christuswallfahrt von diesem Gedanken der Einheit der Christen getragen. Dies zeigt das ökumenische Miteinander von katholischen und evangelischen Christen bei den jährlichen Heilig-Rock-Tagen. Die Pilger machten sich gemeinsam auf den Weg, führten intensive Gespräche, legten gemeinsames Zeugnis ab und feierten gemeinsame ökumenische Gottesdienste. 1996 nahmen an der Heilig-Rock-Wallfahrt vom 19. April bis zum 16. Mai rund 700.000 Wallfahrer aus aller Welt teil. An diesem Datum war vor 800 Jahren die Reliquie am 1. Mai 1196 in den Hochaltar des Doms eingemauert worden. Bei den *Heilig-Rock-Tagen* wird der Heilige Rock nicht mehr wie früher „gezeigt", Besucher des

> **Bezeichnung der Wallfahrt:** Heilig-Rock-Wallfahrt
> **Ort:** Trier, Dom
> **Festtag:** Die Heilig-Rock-Tage am Bistumsfest vom 12. bis 14. April. Der Termin für die nächste Heilig-Rock-Wallfahrt steht noch nicht fest. Vielleicht in 2033, dem 2000. Jahrestag der Kreuzigung und Auferstehung Jesu Christi.
> **Informationen:** Wallfahrtsbüro: Liebfrauenstr. 8, 54290 Trier, Tel.: 0651-7105-8012, Fax: 0651-7105-8010, Internet: www.heilig-rock-wallfahrt.de

→ Der Dom zu Trier besteht aus römischen Mauern.

↑ Trierer Dom, Mittelschiff

↑ Dom und Kreuzgang

Trierer Doms können aber während dieser Zeit die Heiligtumskammer begehen, in deren Mitte sich der Schrein mit der Reliquie befindet.

Pilgerwege

Im Mittelalter wurde der Heilige Rock in Trier auch im Rahmen von Mehrfachwallfahrten gezeigt und von Pilgern aufgesucht (S. 14). Im Rahmen der Heilig-Rock-Wallfahrt 2012 wurden sieben neue Wegstrecken angeboten, auf denen man sich zu Fuß

oder mit dem Rad in zwei oder mehreren Tagesetappen auf den Weg nach Trier machen konnte. Längs dieser mit einem besonderen Motto versehenen Routen reihen sich Kirchen, Kapellen und Wallfahrtsorte und alte Wegkreuze auf. Es sind dies Spuren der Vergangenheit, die an frühere Pilger erinnern sollen und die zum Teil in Vergessenheit geraten sind. Die Vorbereitung unterwegs ist Teil des Wallfahrtsprozesses, da man an diesen „Orten der Kraft" wieder neuen Mut schöpfen kann. Die aus allen Richtungen nach Trier führenden Wege mündeten in Trier in die sog. Pilgeroase auf

↑ St. Jakobus in Winterdorf an der Sauer

dem Gelände des Trierer Brüderkranken-
hauses, wo in Kooperation mit den Barm-
herzigen Brüdern ein Rast- und Ruheplatz
für alle Fuß- und Fahrradpilger geschaffen
wurde.

Route 1 von Berus (Saarland) nach Trier

Gesamtstrecke: 116 km in vier bis sechs
Tagesetappen

Route 2 von Merzig (Saarland) nach Trier

Gesamtstrecke: 116 km in vier bis sechs
Tagesetappen

Route 3 vom Kloster Hornbach nach Trier (Pfalz)

Gesamtstrecke: 188 km in neun Tagesetappen

Route 4 von Echternach (Luxemburg) nach Trier

Gesamtstrecke: 42 km in zwei Tagesetappen

Route 5 von Prüm (Eifel) nach Trier

Gesamtstrecke: 154 km in fünf bis sechs
Tagesetappen

↑ Kapelle St. Jost in Biewer bei Trier

↑ Pilgerbrunnen beim Kloster St. Thomas an der Kyll

Route 6 von Blankenheim (Eifel) nach Trier

Gesamtstrecke: 106 km in fünf bis sechs Tagesetappen

Route 7 von Bad Kreuznach (Rhein-Nahe-Mosel) nach Trier

Gesamtstrecke: 127 km in sechs bis acht Tagesetappen (Bingen–Trier: 121 km)

Pilgerführer: Neue Wege – alte Pfade" lautet der Titel eines spirituellen Pilgerführers zum Heiligen Rock, der im Paulinus-Verlag in Zusammenarbeit mit dem Heilig-Rock-Wallfahrtsbüro erschienen ist.

12 JAKOBSWEGE IN DER EIFEL

Die Wege der Jakobspilger zum Grabe des Apostels Jakobus in Santiago de Compostela in Nordspanien haben in ganz Europa und auch in der Eifel ihre Spuren hinterlassen. Dieser Fernpilgerweg erfährt durch das Zusammenwachsen Europas in der heutigen Zeit wieder neuen Auftrieb. Im Zuge der Wiederbelebung der Jakobustraditionen haben auch in Deutschland Bemühungen eingesetzt, die Wege zu erforschen, auszuschildern und mit den großen französischen und spanischen Pilgerstraßen zu verknüpfen. Durch die Eifel führen zwei Routen der Jakobspilger nach Trier: Die eine beginnt in Köln und heißt der Kölner Weg, die andere in Andernach und heißt Eifel-Camino. Wer nicht die Möglichkeit hat, den ganzen weiten Weg bis nach Santiago de Compostela zu gehen, für den könnte der gut ausgeschilderte Abschnitt durch die landschaftlich reizvollen Gebiete der Eifel durchaus eine Alternative sein.

↓ Rast am Abend

Die Jakobus-Wallfahrt einst und heute

Im Mittelalter machten sich Pilger aus sehr unterschiedlichen Motiven auf den Weg nach Santiago de Compostela: Das konnte eine auferlegte Buße sein, das Bemühen um einen Ablass, die Erfüllung eines Gelübdes, die Hoffnung auf Besserung eines Anliegens oder einer Krankheit, religiöse Versenkung oder Abstattung von Dank usw. Heute sprechen viele vom Abenteuer, sich selbst zu finden. Das eigene Erleben und die Suche nach einer authentischen Erfahrung stehen bei ihnen im Mittelpunkt. Viele treibt auch die Suche nach einem neuen Sinn im Leben an. Andere wiederum beginnen den Jakobsweg wie eine Wandertour und werden unterwegs zum Pilger. Auf der Pilgerreise warten neue Erfahrungen. Für viele Pilger zählen die Erlebnisse, die sie heute auf ihren Wanderungen allein oder mit den Menschen unterwegs gehabt haben, zu den wichtigsten Erfahrungen in ihrem Leben.

Der Weg von Köln nach Trier

Geschichte: Die Pilger des Mittelalters zogen von der Kölner Bucht über die Eifel in Richtung Trier und dann weiter nach Mittelfrankreich zur burgundischen Stadt *Vézelay*, wo der Ausgangspunkt der nach ihr benannten Pilgerstraße „Straße von Vézelay" („Via Lemovicensis") lag. Die Pilgerstraßen folgten dabei möglichst dem Verlauf der vorhandenen römischen Straßen, die ein sicheres Fortkommen boten. Darüber hinaus orientierten sie sich an der vorhandenen klösterlichen Infrastruktur und den großen christlichen Heiligtümern in der Region. Für den Weg von Köln nach Trier hieß das: Vom Schrein der *Heiligen Drei Könige* im Dom zu Köln gingen die Pilger nach Münstereifel zu dem Grab des römischen *Märtyrerehepaars Chrysanthus und Daria* (S. 14), von dort weiter nach Prüm zu den *Sandalen Christi* (S. 22), dann nach Trier zum *hl. Apostel Matthias* (S. 98).

Den alten Römerstraßen in der Eifel heute zu folgen ist allerdings nicht überall so einfach, denn sie sind nicht immer leicht im Gelände zu entdecken, zudem wird die Route in ihrem südlichen Teil von Straßen überlagert. Bei der Neukonzeption eines Jakobsweges durch die Eifel waren daher Alternativen gefragt. Schließlich wählte man als Kompromiss den Wanderweg Nr. 5 des Eifelvereins, der zu den berühmten Abteiorten von *Prüm* und *Echternach* führt.

Der heutige Jakobsweg von Köln nach Trier

Vom *Kölner Dom* geht man vom „Severinstor" nach „Marienburg", dann durch den Grüngürtel in den Außenbezirk. Durch Kornfelder kommt man nach Brühl und

↑ Wegzeichen am Jakobsweg

↓ Blankenheim liegt am Jakobsweg

überquert hinter *Walberberg* das *Vorgebirge*. Vor dem Abstieg nach Weilerswist kommt man am sog. *Swister Türmchen* vorbei (Rest einer mittelalterlichen Wüstung). Von *Weilerswist* geht es am Ufer der *Erft* entlang bis nach *Euskirchen*. Von dort führt der ausgeschilderte Weg über *Roitzheim* durch den Wald hinauf zur Burgruine *Hardburg*. Die einsam im Wald gelegene Ruine gibt noch heute eine beeindruckende Vorstellung von der Wehrhaftigkeit der Eifelburgen im hohen Mittelalter. Dann geht es hinunter ins Erfttal nach *Kreuzweingarten* (S. 268), in dessen Wallfahrtskirche schon seit frühester Zeit eine größere Kreuzpartikel verehrt wurde. Das nächste Tagesziel ist die noch heute mit Mauern umwehrte *Stadt Bad Münstereifel* (S. 13). Hier beginnt am anderen Tag der mühsame Aufstieg in die Eifel, der die Pilger ins Schwitzen bringt. Durch einsame Eifelgebiete gelangt man über *Kronenburg* zur ehememaligen Klosterstadt *Prüm*. Hinter Prüm führt der Weg durch das idyllische *Tal der Prüm* nach *Niederprüm* und dann nach *Waxweiler*. In der dortigen Pfarrkirche stehen auf dem barocken Hauptaltar St. Jakobus mit Pilgerstab und St. Willibrord, dessen Grab viele Pilger später in *Echternach* (S. 63) aufsuchen.

In Waxweiler bieten sich zwei Varianten an:

1. Auf dem kürzeren, nicht ausgeschilderten, aber leicht zu findenden Weg durch das Prümtal weiter nach *Rittersdorf, Nie-*derstedem (Jakobuskirche) und am nächsten Tag über *Kloster Helenenberg* auf der Römerstraße nach *Trier* oder

2. auf dem ausgeschilderten, aber längeren Weg über *Neuerburg, Echternach* (St. Willibrordusgrab, S. 63), *Wintersdorf* (Jakobuskirche, S. 119) nach *Trier.*

Streckentelegramm: 1. Tag: Köln – Brühl. 2. Tag: Brühl – Walberberg – Weilerswist – Euskirchen. 3. Tag: Euskirchen – Hardburg – Kreuzweingarten – Bad Münstereifel. 4. Tag: Bad Münstereifel – Blankenheim. 5. Tag: Blankenheim – Kronenburg. 6. Tag: Kronenburg – Prüm. 7. Tag: Prüm – Waxweiler. 8. Tag: Waxweiler – Neuerburg – Mettendorf. 9. Tag: Mettendorf – Echternach. 10. Tag: Echternach – Trier.

Der Zubringerweg von Bonn zum Kölner Weg

In Bonn verläuft der heutige mit dem Muschelzeichen ausgeschilderte Pilgerweg zunächst auf der sog. *Heerstraße,* die eine römische Verbindungsstraße zu der großen Fernstraße nach Trier war. Über *Gielsdorf* und das ehemalige *Kloster Schillingskapellen* kommt man über *Buschhoven* zum ehemaligen *Kloster Essig.* Von hier geht der Weg über *Odendorf* durch den *Hardtwald* nach *Kreuzweingarten,* wo man den Kölner Weg nach Trier erreicht.

Pilgerin auf dem Jakobsweg

Der Eifel-Camino bei Monreal

Streckentelegramm: Bonn – Endenich – Messdorfer Feld – Lessenich – Gielsdorf (Jakobuskirche) – Buschhoven (Wallfahrtsort) – Kloster Essig (Hospital Marienstern, Jakobusbruderschaft) – Odendorf – Hardburg – Kreuzweingarten (Kreuzreliquie) – Fortsetzung auf dem Kölner Weg.

Der alte Pilgerweg von Andernach nach Trier

Geschichte: Die Römerstraße von *Andernach* nach *Trier* über *Mayen, Kloster Marthenthal, Kloster Klausen* war auch ein alter Pilgerweg. Auf dieser Route, die durch dünn besiedelte Gebiete der Eifel führte, verliefen die Wege der Matthiaspilger nach Trier, der Ungarnpilger nach Aachen und der Jakobspilger. Dieser Weg hatte für Pilger den Vorteil, dass er auf einer befestigten Römerstraße verlief, im Gegensatz zur Moselroute überschwemmungssicher und wesentlich kürzer war und eine entwickelte Infrastruktur zur Versorgung der Pilger mit den Hospizen der Klöster und Städte vorweisen konnte.

Zwischen Andernach, Mayen, Monreal und Klausen finden sich Hinweise, dass Jakobspilger diese Orte berührt haben könnten. In der Kirche von *Niedermendig* sieht man auf den erhaltenen romanischen Wandmalereien zwei Darstellungen des Apostels Jakobus. Eine zeigt ihn in Pilgertracht, begleitet von einem heiligen König,

die andere zeigt den hl. Jakobus, wie er Pilgern Kronen aufsetzt (*Pilgerkrönung*). In *Mayen* gab es im Mittelalter eine *Kapelle des Hospizes* in der „Stehbachstraße", die unter anderem auch dem hl. Jakobus geweiht war. Hinter Mayen kommt man nach *Monreal,* wo es ebenfalls ein Pilgerhospital gab. Weitere Spuren sind dort ein Wappenrelief mit drei Jakobsmuscheln an der spätgotischen Kirche „Zum Heiligen Kreuz" und eine *Jakobusreliquie*, die Kreuzritter *Graf Hermann III. von Virneburg* 1204 hierherbrachte; Anhaltspunkte dafür, dass Monreal einst eine bedeutende Station auf dem Pilgerweg nach Trier war. Über *Kaisersesch* kamen die Pilger über *Kloster Martental* nach *Wittlich,* wo seit dem 13. Jh. ein *Hospital* nachgewiesen ist, das Pilger auf dem Weg nach Trier beherbergt hat.

Der heutige „Eifel-Camino"

Der sog *Eifel-Camino* ist ein neuer regionaler Jakobsweg, der die Route der Römerstraße von Andernach nach Trier nachzeichnet. Zahlreiche Wegmarkierungen mit der Jakobsmuschel (gelbe Muschel auf blauem Untergrund) weisen den Pilgern und Wanderern den Weg. Im Landkreis Mayen-Koblenz tragen eigens aufgestellte Pilgersteine und Pilger-Informations-Stelen aus Basaltlava das Symbol der Muschel.

→ Jakobusrelief in Mayen

Der Pilgerweg beginnt in *Namedy* und führt am Rhein entlang zur Stadt *Andernach* (S. 85). Von hier geht es weiter durch die sog. *Pellenz* zum nächsten größeren Ort *Plaidt*. Abstecher vom Hauptweg gibt es in Plaidt zur barocken Pfarrkirche in *Saffig* sowie in *Kruft* zur berühmten Benediktinerabtei *Maria Laach* am Laacher See (S. 7). Der Hauptweg führt von *Plaidt* weiter nach *Fraukirch* und zum *Golokreuz* (S. 151).

Durch das *Naturschutzgebiet Thürer Wiesen* erreicht man *Mayen* (S. 112). Als Variante kann man auch von *Fraukirch* (S. 147) über *Mendig* und *Kottenheim* nach *Mayen* gehen. In *Obermendig* gibt es eine Herberge für Jakobspilger. Kurz vor *Monreal* bei *Geisbüschhof* hat man am Jakobsweg einen Rastplatz für Pilger und Wanderer eingerichtet. Die etwa 5 m hohe Basaltsäule mit einem Jakobspilger stammt vom Vulkan Wingertsberg bei Mendig.

Nächste Station ist der hübsche Eifelort *Monreal*, danach kommt man zu dem malerisch gelegenen *Heunenhof*. In einer Kapelle aus dem Jahr 1495 steht eine neuzeitliche Statue des hl. Jakobus. Über *Kaisersesch,* wo am Brunnen eine *Skulptur eines Jakobspilgers* steht und eine Muschel in die Mauer neben der Kirche eingelassen ist, kommt man zum *Kloster Maria Martental* (S. 242). Ab hier verläuft der Weg durch das schöne *Enderttal* flussaufwärts bis *Alflen*. Weiter geht es über *Schmitt, Gillenbeuren* zum

← Pilgerstein am Eifel-Camino

↑ Romanische Darstellung eines Jakobpilgers in Obermendig

Wallfahrtsort *Driesch* (S. 235). Dort ist im Eingangsbereich der Kirche ein Stempel zu finden, mit dem sich Jakobspilger den Besuch dieser Kirche bestätigen können. In der Gemeinde Lutzerath steht eine tonnenschwere Basaltstele am Eingang zur Kirche; im Hotel Maas neben der Kirche wurde ebenfalls eine Jakobs-Stempelstelle eingerichtet. Der Weg führt über *Bad Bertrich, Bausendorf* nach *Klausen*. Ab *Klausen* (S.

↑ Monreal ist reich an Fachwerk.

224) haben der Eifel-Camino und der Mosel-Camino dieselbe Wegstrecke nach *Trier*. Bei *Klausen* unweit Trier vereinigte sich auch im Mittelalter die Andernacher Strecke mit der aus dem Moseltal über *Mahring* heraufführenden Koblenzer Strecke. Der Pilgerverkehr dürfte ab Klausen erheblich zugenommen haben, daher gab es dort Versorgungsstationen für die Pilger und Reisenden.

Streckentelegramm (Hauptweg): Namedy – Andernach – Miesenheim – Plaidt – Kretz – Kruft – (Variante über Maria Laach – Mendig – Kottenheim) – Fraukirch –

Mayen – Monreal – Hennenhof – Kaisersesch – Kloster Maria Martental – Lutzerath – Hontheim – Olkenbach – Bausendorf – Wittlich – Altrich – Klausen – Klüsserath – Schweich – Trier.

Aus dem Pilgertagebuch von Dr. Walter Töpner: *Was mir vom Jakobsweg blieb:* Das äußere Ziel des Jakobsweges ist die Stadt Santiago de Compostela. Sie zu erreichen ist für den Pilger wichtig, dem gilt sein ganzes Streben. Doch noch wichtiger ist es, zum inneren Ziel zu gelangen, das Erkenntnis oder Befreiung heißt. Zu beidem braucht der Pilger die ganze Kraft seines Körpers und seiner Seele. Denn der Weg nach Santiago wird nicht nur mit den Füßen, sondern vor allem mit der Seele bewältigt. Auf dem Weg sein heißt zugleich in Bewegung sein. Schritt für Schritt bewege ich mich und meinen Körper vorwärts. Aber nicht nur der Körper, auch meine Anschauungen von der Welt verändern sich. Was meine Augen gesehen, was meine Füße erlaufen, was meine Hände begriffen haben, was ich in den Gesprächen mit Weggefährten erfahren habe – all diese Weg-Erfahrungen haben Konsequenzen für mich gehabt im Tun und Lassen; sie prägen somit mein weiteres Leben. Mit dem, was ich gelernt hatte, wagte ich das nächste Wegstück und blieb so weiterhin in Bewegung. Dass ich den Weg gemeistert habe, war für mich nicht so wichtig. Aber die Erfahrung, dass der Weg mein Meister war, bedeutet mir immer noch viel.

Bezeichnung der Wallfahrt: *Jakobsweg nach Santiago de Compostela*
Festtag: *25. Juli*
Informationen: <u>*Deutsche St. Jakobus-Gesellschaft e.V. Deutschland*</u>: *Tempelhofer Str. 21, 52068 Aachen, Tel.: 0241-4790127, E-Mail: info@deutsche-jakobus-gesellschaft.de, Internet: www.deutsche-jakobus-gesellschaft.de.* <u>*St. Jakobusbruderschaft Trier*</u>: *Krahnenufer 19, 54290 Trier, Fax: 0651-9451217; E-Mail: info@sjb-trier.de, Internet: www.sjb.trier.de*

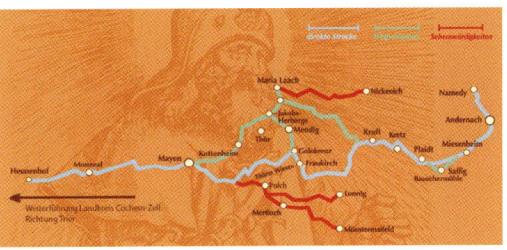
↑ Wegverlauf am Anfang des Eifel-Camino zwischen Namedy, Maria Laach und Monreal

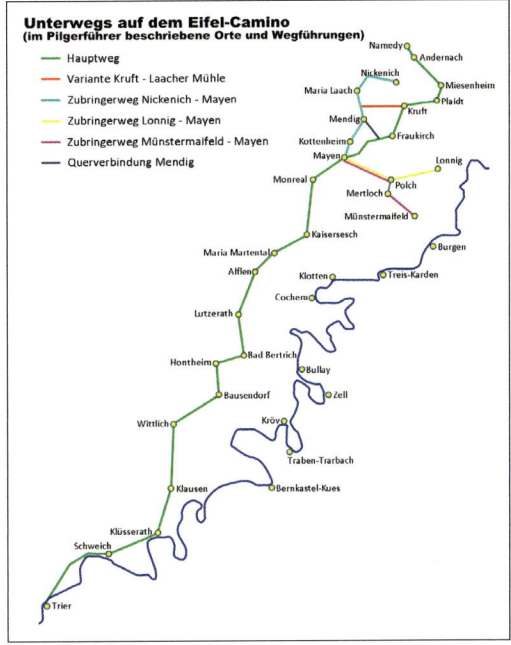
↑ Wegverlauf des gesamten Eifel-Camino

Mitten im malerischen Nitzbachtal liegt in abgeschiedener Lage die rund 600 Jahre alte Kapelle St. Jost (Jodokus), die der bedeutendste Wallfahrtsort zu diesem Schutzpatron in Deutschland ist. Wenn im Herbst die Pilger zur Wallfahrt dorthin aufbrechen, werden sie von dem Vertrauen geleitet, dass der hl. Jodokus sich ihrer Anliegen und Sorgen annehmen wird. Das Ziel der Jodokuspilger ist das kleine, schiefergedeckte Wallfahrtskirchlein St. Jost mit einem filigranen Spitztürmchen, das in einem schmalen bewaldeten Wiesental am Ostufer des Nitzbachs bei Langenfeld steht. In der Nähe liegt das Jodokusbrünnchen, wo Augenkranke und Krüppel wunderbare Heilungen erfahren haben sollen. Einmal soll, so heißt es in einer Legende, der hl. Jodokus in einer Einöde etwa 200 m oberhalb der Kapelle seinen Stab ins Erdreich gedrückt und die Quelle des heutigen St. Joster Jodokusbrünnchens entdeckt haben. Viele hundert Jahre lang hallte der alte Bittruf der Eifler durch das Nitzbachtal: „Heiliger Jodokus, zu dir kommen wir. Deine Fürbitte begehren wir!" Und beim Abschied beteten sie noch wie heute: „Heiliger Jodokus, von dir scheiden wir. Auf deine Fürbitte vertrauen wir." Der Trierer Weihbischof Jörg Michael Peters brachte es anlässlich seines Besuchs in St. Jost einmal auf den Punkt, als er in einer Ansprache meinte: „Mehr als zu allen Zeiten brauchen die Menschen Halt, um nicht irritiert durch die Welt zu laufen", Jodokus sei gerade in der heutigen Zeit ein Vorbild für die Menschen.

Hl. Jodokus

Der hl. Jodokus oder St. Jost, wie er auch im Volksmund genannt wird, lebte im 7. Jh. in der Bretagne (600–669). Sein Leben hat ein anonymer Mönch bereits vor dem Jahr 800 aufgeschrieben. Nach dieser Heiligenlegende war Jodokus ein Prinz, der um 640 freiwillig auf die Thronfolge verzichtete, um ein Leben als Eremit zu führen. Er gründete eine Einsiedelei, aus der später die Benediktinerabtei Saint-Josse-sûr-Mèr hervorging. Da er einmal eine Pilgerfahrt nach Rom unternommen hatte, auf der er Jakobus dem Älteren begegnet sein soll, gilt er, wie St. Jakobus, als Patron der Wallfahrer

↑ Jodokuspilger aus Dernau auf dem Weg nach Langenfeld

und wird mit den Attributen Stab, Pilgerhut und Jakobsmuschel dargestellt. Manchmal liegt ihm eine Königskrone zu Füßen, ein Hinweis darauf, dass er aus königlichem Geblüt stammte und die Herrschaft ausgeschlagen hatte. Der Name Jodokus bedeutet sinngemäß „der Tapfere". Sein Gedenktag ist sein angeblicher Todestag am 13. Dezember.

Der hl. Jodokus wird häufig als Jakobspilger dargestellt und war deshalb Patron der Jakobusbruderschaften sowie der Schiffer und Siechenhäuser. Als Schutzheiliger wird er von den Bauern bei Gewitter und Hagelschlag, Viehseuchen und zum Schutz der Ernten vor Schädlingsbefall (Getreidebrand) und der Kellervorräte, also auch des Weins angerufen. Er soll auch Kindersegen bringen und bei Fieber helfen. Weil der Legende nach ein blindes Mädchen sehend wurde, als es sich die Augen mit dem Wasser wusch, in dem Jodokus zuvor seine Hände gewaschen hatte, ist er auch der Patron der Blinden. Die Verehrung des hl. Jodokus ist seit dem 9. Jh. in Deutschland weit verbreitet. Entlang den Pilgerstraßen drang die Kunde von dem Heiligen auch bis in die Eifel vor. Viele Kirchen oder Orte in oder am Rande der Eifel tragen den Namen St. Jost.

Da die *Grafen von Virneburg* damals auch die Herren der Grafschaft Neuenahr und der Herrschaft Saffenburg waren, blühte die Jodokusverehrung auch im Ahrtal auf. Bald begannen von dort die Wallfahrten nach St. Jost, die durch die Jodokusbruderschaften besonders gefördert wurden. Ein weiterer Jodokus-Wallfahrtsort ist *Walberberg* im Vorgebirge bei Bonn, der auch bedeutende Reliquien des Heiligen besitzt.

Wallfahrt

Früher befanden sich die Reliquien des Heiligen in der St.-Jost-Kapelle im Nitzbachtal. Seit der Zeit der Säkularisation um 1800 werden die Reliquien des hl. Jodokus in der alten Pfarrkirche zu Langenfeld aufbewahrt, weil auf Anordnung der Behörden in St. Jost keine Gottesdienste mehr abgehalten werden durften.

Durch den Pilgerablass, den der damalige *Papst Clemens XI.* in Rom am 14. Oktober 1702 beim Besuch der Reliquien des hl. Jodokus gewährte, war es zu einem starken Anwachsen der Wallfahrt nach St. Jost gekommen. Leider setzte damit auch ein der Wallfahrt abträglicher Handel mit Devotionalien ein. Hinzu kam ein Niedergang der Sitten nach dem Dreißigjährigen Krieg und der französischen Raub- und Reunionskriege, die sich negativ auf das Wallfahrtswesen

auswirkten. Neben Völlerei und Alkoholmissbrauch soll es auch unzüchtiges Verhalten unter den Pilgern gegeben haben.

Durch das daraufhin ausgesprochene behördliche Verbot kamen die Wallfahrten endgültig zum Erliegen, die Kapelle geriet erst zur Scheune, dann zum Viehstall. Erst seit dem 19. Jh. werden hier wieder Gottesdienste abgehalten. Zu diesen Anlässen werden heute an den Wallfahrtssonntagen an den zwei letzten Wochenenden im September und den zwei ersten Wochenenden im Oktober die Reliquien am Nachmittag in einer Prozession von Langenfeld in die Jodokuskapelle nach St. Jost gebracht, wo sich zahlreiche Wallfahrer versammeln.

Der „Eifeldom" St. Quirinus in Langenfeld

Um das Jahr 1900 wurde die dreischiffige Hallenkirche mit Querhaus im gotischen Stil innerhalb von zwei Jahren erbaut. Langenfelder Handwerker und Bauern errichteten die Kirche ohne staatliche Unterstützung und gegen den Willen der bischöflichen Behörde in Trier. Unterstützt wurden die Bauarbeiten durch unentgeltliche Lieferungen von Tuff- und Basaltsteinen aus den Brüchen von Weibern, Rieden, Ettringen und Mayen sowie Dachschiefern aus den Mayener Schiefergruben, die von den Bauern und Fuhrunternehmern der Umgegend kostenlos nach Langenfeld auf die Höhe ge-

↑ Stele des hl. Jodokus in Sinzig   ⬇ Landschaft am Jodokusweg bei Niederzissen

↑ Altar in der Kirche in Langenfeld

fahren wurden. Wegen ihrer beachtlichen Größe wird die heutige Wallfahrtskirche im Volksmund auch „Eifeldom" genannt.

Kapelle St. Jost

Eine Legende erzählt, dass ursprünglich vorgesehen war, die Kapelle am Fuß des Burgbergs in Virneburg zu bauen. Es kam jedoch zu einem Unwetter, bei dem das Hochwasser der Nitz das gesamte Baumate-

← Der sog. Eifeldom in Langenfeld

rial wegschwemmte. Als man es 2 km flussabwärts wiederfand, sah man darin ein Zeichen des Himmels und der Graf ließ am heutigen Standort die Kapelle errichten.

Die Kapelle ist eine fromme Stiftung des *Grafen Philipp von Virneburg,* dessen Wappen im Gewölbeschlussstein des Chorraumes zu finden ist. Von einer Reise nach Jerusalem war er unversehrt auf die nahe Virneburg heimgekehrt und erfüllte mit dem Bau der Kapelle ein Gelübde, das er vorher abgelegt hatte. Die hier schon bald verehrten Reliquien des hl. Jodokus könnten von einem Herrn von Virneburg aus Frankreich

↑ Die Jodokuskapelle im Nitzbachtal ist das eigentliche Ziel.

mitgebracht worden sein. Bereits im 16. Jh. musste das Gotteshaus erweitert werden, weil es die anschwellenden Pilgerströme nicht mehr fassen konnte. Die Kapelle wurde im 19. Jh. weitgehend erneuert.

Kurz vor dem Ziel nach dem Abstieg in das Nitztal öffnet sich für die Pilger eine lichte Wiesenlandschaft, die zum Ankommen und Verweilen am Ziel einlädt. Hier liegt am Zusammenfluss des *Achterbachs* mit dem *Nitzbach* das Wallfahrtsörtchen St. Jost mit einer spätromanischen Kapelle, deren erste urkundliche Erwähnung 1436 war. Im Chor von 1408 haben sich Reste

des alten Freskenschmucks aus der Gotik erhalten.

Altar: Wenn die Wallfahrer am Altar in St. Jost ankommen, haben sie oft lange Fußmärsche hinter sich. Der prächtig geschmückte Hochaltar entstand in der Barockzeit und wurde 1655 geweiht. Das Kunstwerk aus heimischem Tuff mit zahlreichen Details schuf ein unbekannter Meister der Mayener Schule. Rechts sieht man Jodokus als Mönch mit Stab mit Simeon dem Einsiedler als Hauptpatron und St.

→ Altar in der Jodokuskapelle im Nitzbachtal

Germanus. Der Pilger mit der Krone zu seinen Füßen ist ebenfalls der hl. Jodokus. Eine schlichte Holzfigur zeigt den Kirchenpatron umgeben von einigen Votivtafeln. Die Figur, die Jodokus zeigt, wie er den Tieren predigt, steht in der Sakristei.

Weitere Darstellungen zeigen die Verkündigung Mariens, die Geburt Christi im Stall von Bethlehem und die Anbetung der Heiligen Drei Könige. Dargestellt sind einfache Menschen der ländlichen Umgebung wie die Hirten mit Pilgertasche aus Leder und einem in der Eifel heute noch verbreiteten Hütestock mit der eisernen kleinen Schaufel an der Spitze, der von den Schäfern zum Reinigen der Schafsklauen verwendet wird. Die Szenen sind umgeben von Marmorsäulen, die von Weinreben umrankt werden. Die Figurnischen werden mit Jakobsmuscheln überwölbt, Symbole der Pilgerschaft und Wallfahrt. Dass die das Jesuskind umgebenden Heiligen mit Ausnahme des hl. Jakobus wichtige Nothelfer sind, ist kein Zufall. Den Menschen auf dem Lande waren die Namen dieser Heiligen alle wohlbekannt, denn sie wurden angerufen, um für gute Ernten, Gesundheit von Mensch und Vieh zu bitten.

Bezeichnung der Wallfahrt: *Jodokuswallfahrt*
Ort: *St. Jost-Langenfeld*
Festtag: *13. Dezember. Wallfahrten zwischen Anfang September und Mitte Oktober*
Informationen: *Langenfeld: Katholisches Pfarramt, Mayener Str. 1, 6729 Langenfeld, Tel.: 02655-1342. Sinzig: Langenfelder Bruderschaft St. Peter, Tel.: 02642-41363. Westum: Bruderschaft Westum, Tel.: 02642-992010. Dernau: Brudermeister der Jodokus-Bruderschaft, Tel.: 02643-7503, E-Mail: TLey1967@aol.com. Mutscheid: Tel.: 02257-1400 und 02257-3291. Eicherscheid: Tel.: 02257-958880. Rengen: Tel.: 06592-980013 und 06592-0116*
Gottesdienste: *18.30 Uhr in Langenfeld*

Wege der Jodokuspilger

Von Anfang September bis Mitte Oktober sind in der ganzen Eifel Pilger unterwegs, die sich zu den Wallfahrtsorten des hl. Jodokus aufmachen. 2010 hatten sich über 4000 Pilger aus rund 50 Gemeinden der Eifel, vom Rhein, von der Mosel und der Ahr zur Teilnahme angemeldet. An den Wallfahrten nach St. Jost nehmen auch immer mehr Jugendliche teil. In Langenfeld findet am Abend um 18.30 Uhr die hl. Messe statt. Das wichtigste Ziel ist das alte Jodokusheiligtum St. Jost im Nitzbachtal bei Langenfeld. Dort steht vor der Kapelle ein Basaltlavakreuz von 1994 mit der Aufschrift „Der Weg ist das Ziel. Mayen-Santiago de Compostela, 2128 km". Damit soll an die Pilger erinnert werden, die noch

↑ Das Ziel vor Augen: kurz vor Langenfeld-Arft

größere Wegstrecken zu noch ferneren Zielen zurücklegen. Viele Pilger gehen leider nicht mehr die 4 km lange Strecke von Langenfeld nach St. Jost ins Nitzbachtal, sondern begnügen sich mit dem Ziel in Langenfeld.

Wege aus Wachtberg (Fritzdorf, Adendorf, Oberbachem): Wer in *Adendorf* die Jodokuswallfahrt Anfang Oktober mitmachen möchte, muss allerdings früh aufstehen, denn schon um 5.30 Uhr wird den Jodokuspilgern in der Kirche der Segen erteilt. Die Pilger aus dem nahen *Fritzdorf* halten das erste Mal am Pilgerkreuz „Kreu-

zes Rast" im Neuenahrer Wald an, wo traditionell die Erstpilger namentlich erwähnt werden. Über den Ort *Spessart* geht man nach „Sechs Eichen", dann durch das *Nettetal* zur *Arfter Heide*. So an die 90 Pilger kommen dann gegen 15 Uhr betend und singend in Langenfeld an, von der ortsansässigen Bevölkerung mit Blasmusik freudig begrüßt. Nach der Pilgermesse am Abend um 18.30 Uhr und dem gemeinsamen Abendessen fallen die meisten todmüde ins Bett, um sich für den Rückweg am nächsten Tag auszuruhen, denn da sind noch einmal 35 km zu bewältigen.

Der Weg von Sinzig: Seit 1702 pilgern Menschen von Sinzig den 32 km langen Fußweg nach Langenfeld. Die *Langenfelder Bruderschaft St. Peter* führt seit mehr als 100 Jahren eine Fußwallfahrt am letzten Wochenende im September durch. Die Menschen sind rund sieben Stunden zu Fuß unterwegs, ehe sie in Langenfeld ankommen. Allein in der Pfarrei St. Peter haben sich 490 Personen der Bruderschaft angeschlossen. Einige Mitglieder haben bis zu 50 Fußwallfahrten mitgemacht. Nach der Messe gehen heute ca. 50 Pilger zum *Jodokus-Bildstock* bci dcr Sinzigcr Stadtmaucr im Harbachpark und verrichten dort ein Gebet. Dann macht sich die Gruppe auf den Weg. Es werden Rosenkränze und Litaneien gebetet („Heiliger Jodokus, von dir scheiden wir, auf deine Fürbitte vertrauen wir") und Lieder gesungen. Den Rückweg am nächsten Tag machen ca. 20 Pilger mit. Am frühen Nachmittag wird die zurückkehrende Gruppe am Jodokus-Bildstock empfangen. Unter Glockengeläut ziehen die Pilger durch die Innenstadt zur Pfarrkirche, wo der Abschlussgottesdienst der Wallfahrt stattfindet.

Streckentelegramm: Sinzig – Talendweg – Ziemert – Mönchsheide – Franken – Marienhöhe – Waldorf (Rast) – Bausenberg – Niederzissen – Steinberger Hof (hier Spitze der Langenfelder Kirche sichtbar) – Weibern (Mittag, Ehrungen, noch zwei Stunden bis Langenfeld) – „Tanzbrückelchen" über die Nette – Langenfeld.

Der Weg von Westum: Seit 1877 wandern die Menschen aus dem Nachbarort Westum den ca. 35 km langen Pilgerweg nach Langenfeld und St. Jost. In den letzten Jahren gingen ca. 35 Pilger/-innen frühmorgens in einer Fußprozession Richtung *Koisdorf* und dann rechts am Waldrand vorbei Richtung *Beuler Hof.* Unterwegs kommen die Pilger an dem *Westumer Jodokus-Bildstock* vorbei, wo sie für ein kurzes Gebet innehalten und um den Segen des hl. Jodokus bitten. In der Gnadenkapelle in St. Jost wird eine Andacht gehalten. Anschließend werden verdicntc Pilgcr (Jubilarc) für ihrc langjährigc Treue zur Wallfahrt geehrt.

Streckentelegramm: Westum – Koisdorfer Höhe – Richtung Beuler Hof – Überquerung Königsfelder Str. – Franken – Wirtschaftsweg nach Waldorf (an Marienhöhe vorbei) – Ausgang Waldorf – Überquerung Str. nach Niederzissen – Marienköpfchen Oberzissen (Frühstück) – in Oberzissen entlang der Brohltalbahn bis Brenk – Büschhöfe – Engelner Bahnhof – Weibern (Mittagsrast) – Morswiesen – Brückelchen Langscheider Berg – Durchgang Campingplatz – Überquerung Str. nach Langenfeld – Waldweg bergauf bis Überquerung Kreisstr. von Langenfeld nach Kirchwald – hinunter nach St. Jost.

Wege aus dem Ahrtal: Die *St.-Jodokus-Bruderschaft aus Ahrweiler* geht seit 1829 nach St. Jost/Langenfeld. 2004 feierte man dort das 175-jährige Jubiläum. Die Teilnehmer

↑ Bei der Kapelle bei Dernau

↓ Pilgergruppe aus Dernau

der Fußprozession beginnen am Ahrtor und legen einen Weg von über 28 km zurück. Das gemeinsame Gebet und das Zusammengehen von Jung und Alt begeistern jedes Jahr die Teilnehmer. Organisiert wird die Wallfahrt von den Brudermeistern, die mit dem Brudermeisterstab jeweils den Einsatz zum gemeinsamen Gebet „dirigieren" – „Heiliger Jodokus, zu dir kommen wir. Deine Fürbitte begehren wir!".

Die *Bruderschaft von Dernau* führt seit 1893 ihre Wallfahrt alljährlich am dritten Septemberwochenende (in Septembermonaten, in denen es fünf Sonntage gibt, wird am vierten Wochenende gepilgert). Den ca. 28 km langen Weg gehen noch ca. 50 Pilgerinnen und Pilger. Nach der Aussendungs-

feier um 7.30 Uhr in der Pfarrkirche geht die Pilgergruppe los. Bei der *St.-Jodokus-Kapelle Dernau* oberhalb der Steinbergsmühle im Wald wird die erste Station gemacht. Die Kapelle wurde 1908 errichtet und wird von der Bruderschaft unterhalten, saniert, trockengelegt und verschönert. Die Gruppe erreicht gegen 16 Uhr Langenfeld und wird am Ortseingang von den Messdienern und der Musikkapelle Langenfeld abgeholt. Einige Pilgerinnen und Pilger übernachten in Langenfeld; andere fahren zurück und kommen am nächsten Tag wieder mit dem Bus hierher, um den Rückweg mit Gebet, Gesang und Schweigezeiten anzutreten.

Streckentelegramm: Dernau   St.-Jodokus-Kapelle – Recher Sattel (Frühstück) –

⇩ Weg nach St. Jost im Nitzbachtal

Staffel – Cassel – Casseler Berg (Mittagspause) – Lederbach – Nettetal – Netterhöfe
– Arfter Bach – Arft – Langenfeld.

Sonstige Wege: Aus *Mutscheid* ziehen die
Fußpilger Anfang Oktober zum hl. Jodokus
nach Langenfeld. Früher waren es einmal
mehrere Hundert Pilger, aber ihre Zahl
nahm in den letzten Jahren auf ca. 90 Pilger
ab. Die ungefähr 17 km lange Fußwallfahrt
beginnt morgens um 9.30 Uhr in *Adenau*
am Kapellchen (Nähe Buttermarkt) und
führt über die *Hohe Acht* und *Siebenbach*
nach *St. Jost* und *Langenfeld*.

   In *Eicherscheid* findet die traditionelle Jodokuswallfahrt nach Langenfeld um den
13./14. Oktober statt. Die Prozession beginnt um 6.30 Uhr an der Kapelle in Eicherscheid. Am nächsten Tag kehren die Pilger
wieder zu Fuß nach Eicherscheid zurück,
wo sie gegen 15.30 Uhr eintreffen.

   Die Filialgemeinden *Rengen* und *Boverath* pilgern Mitte Oktober nach St. Jost und
beginnen ihre 35 km lange Wallfahrt um 7
Uhr am Samstag ab der Filialkirche St. Ku-
nibert in Rengen. Um ca. 11.30 Uhr wird
Mannebach erreicht (Mittagspause im Gasthaus Gundert). Von hier sind es noch ca.
sechs Stunden. Gegen 14.30 Uhr trifft die
Gruppe in *Nachtsheim* an der St.-Stepha-
nus-Kirche ein, gegen 18 Uhr ist *St. Jost* erreicht. Weitere Pilgergruppen und Bruderschaften gibt es in *Alfter, Altendorf, Bad*

→ Jakobusstele bei der Kapelle von St. Jost im Nitzbachtal

Münstereifel, Ersdorf, Hönningen/Ahr, Houverath, Neukirchen, Nickenich, Rheinbach, Wershofen und *Wormbach*.

Der Jodokuswanderweg

Wer einmal auf den Spuren des hl. Jodokus wandern möchte, kann dies auf dem Jodokuswanderweg tun, der in Langenfeld an der neugotischen Pfarrkirche St. Quirinus beginnt und wieder endet. Die rund 12 km lange, mit einem „J" gekennzeichnete Route führt den Wanderer über einen alten Pilgerweg zu der im idyllischen Nitzbachtal gelegenen *Wallfahrtskapelle St. Jost*. Man wandert entlang der Nitz zum Tal des Achter Baches und zur „*Schwarzen Madonna*". Die Heiligenstatue steht in einer Felsnische. Eine andere Station ist der *Jodokusbrunnen*, der frisches und kühles Trinkwasser spendet. Von der *Wallfahrtskapelle St. Jost* führt der Jodokusweg durch das Nitzbachtal zur *Jodokus-Säule* und berührt dann die Orte *Welschenbach, Niederwelschenbach* und *Acht*, wo man die restaurierte *Hubertus-Kapelle* besuchen kann. Durch den Wald kehrt man zurück nach *Langenfeld*. Die Gehzeit beträgt ca. drei Stunden, der Hohenunterschied ca. 350 m.

↓ Am Ziel: Kapelle von St. Jost im Nitzbachtal

14 FRAUKIRCH

Einsam inmitten von Kornfeldern liegt 3 km südöstlich von Thür eine grüne Oase. Wo hohe, alte Bäume ein altes Kirchlein umkuscheln, dort befindet sich der kleine Wallfahrtsort Fraukirch, der nur aus einem Gehöft und einer einstmals dreischiffigen Kirche besteht. Wer im Sommer durch die baumlose Pellenz hierhergewandert ist, weiß einen kühlen Schluck im Schatten der Bäume wohl zu schätzen. Der Weg zu dieser ehrwürdigen Stätte hat sich für den Wanderer aber gelohnt, denn die der Muttergottes geweihte Fraukirch ist eine der ältesten Kirchen in der Eifel. Seit dem Mittelalter ist die Wallfahrt nach Fraukirch zu Ehren der Muttergottes durch Ablässe, Stiftungen, Bruderschaften sowie durch Wallfahrtsprozessionen nachgewiesen. In der Kirche befindet sich ein merkwürdiger Schrein mit den Knochenfragmenten einer weiblichen Person. Der Überlieferung nach handelt es sich um die Gebeine der Gründerin der Fraukirch, die im Volksglauben als die hl. Genoveva verehrt wurde. Auch ihr Mann, Pfalzgraf Siegfried, der im nahen Mayen im 8. Jh. auf seiner Burg gewohnt haben soll, die heute noch Genovevaburg heißt, soll hier bei seiner Gattin bestattet worden sein. Zum Dank für die Errettung seiner Frau Genoveva durch die Gottesmutter Maria soll er diese Kirche erbaut haben. Das Altarbild aus dem Jahre 1667 zeigt anschaulich die in der Genovevalegende geschilderten Ereignisse. Fraukirch ist heute ein Etappenpunkt am Jakobsweg von Andernach nach Trier und am Weg der Trierer Rock-Wallfahrt. Einen schöneren Rastpunkt für Pilger kann man sich kaum vorstellen.

Die hl. Genoveva

Die Legende der hl. Genoveva wurde von einem Laacher Mönch im 15. Jh. aufgeschrieben. Seit dieser Zeit wurde sie immer wieder in vielen Variationen weitererzählt und verbreitet. Die Legende ist das beherrschende Thema im Mittelfeld des prächtigen Barockaltars mit der Jahreszahl 1664 in der Fraukirch. Über dem Sockel mit der Verkündigung Mariens entfaltet sich ein Figurenreichtum aus farbig gefasstem Tuff mit den *Hauptszenen der Genovevasage*, die auch die Gründungslegende der Fraukirch ist.

Die drei handelnden Personen sind der *Pfalzgraf Siegfried*, seiner treue Gemahlin *Genoveva von Brabant* und der ungetreue

↑ Fraukirch ist umgeben von Getreideland.

Hofmarschall Golo, der während der Abwesenheit des Pfalzgrafen auf einem Kriegszug gegen die Sarazenen versucht, Genoveva zum Ehebruch zu verleiten. Als Genoveva, die ein Kind von Siegfried erwartet, ihn abweist, rächt er sich, indem er nach der Rückkehr des Pfalzgrafen Genoveva beschuldigt, sie habe während seiner Abwesenheit ein Verhältnis mit dem Koch gehabt, von dem auch das von ihr geborene Kind stamme. Der Pfalzgraf verurteilt daraufhin Genoveva und ihren Sohn zum Tode. Das Urteil wird aber nicht vollstreckt, weil die Jäger mit den beiden Mitleid haben. Genoveva und ihr Sohn leben fortan im Wald in einer Höhle. Dank der Milch einer Hirschkuh können sie dort überleben. Viele Jahre später verfolgt der Pfalzgraf auf der Jagd diese Hirschkuh und gelangt auf diese Weise zu der Höhle, wo sich Genoveva und ihr Sohn aufhalten. Sofort erkennt er seine Frau wieder und erfährt von ihr, was sich wirklich zugetragen hat. Jetzt verurteilt er Golo zum Tode durch Vierteilung durch Ochsen. An der Stelle, an der er seine Gemahlin mit seinem Sohn wiedergefunden hat, lässt der Pfalzgraf die Fraukirch errichten.

↑ Der Altar in Fraukirch schildert die Genovevalegende.

So sehr die Sage von Siegfried und Genoveva auch die Menschen und Künstler beeindruckt hat, geschichtlich nachgewiesen ist sie nicht. Die Namen des Pfalzgrafen Siegfried und einer Genoveva von Brabant tauchen in den Quellen nirgendwo auf. Wahrscheinlich hat die Legende nur dazu gedient, um die Bedeutung der Fraukirch dadurch zu erhöhen, dass man sie mit einer wunderbaren Begebenheit und mit bedeutenden Personen in Zusammenhang brachte. Ob die drei Gräber im Chor der Kirche aus 8. Jh. unter dem Hauptaltar der fränkischen Kirche mit der Legende etwas zu tun haben, bleibt im Dunkel der Geschichte. Immerhin mussten diese Personen bedeutsam sein, wenn über ihren Gräbern der Hauptaltar stand.

Die Wallfahrtskirche

Schon im 8. Jh. gehörte diese Kirche als Eigenkirche dem Erzbischof von Trier. Der heutige Bau der Fraukirch wurde Anfang des 13. Jh. als dreischiffige Kirche auf den Fundamenten einer fränkischen Saalkirche aus dem 8. Jh. errichtet. Das haben Ausgra-

bungen vor dem Ersten Weltkrieg und 1951 ergeben. An das spätromanische Langhaus ist ein frühgotischer Chor angefügt worden. Nach Abbruch der Seitenschiffe 1829 und der Vermauerung der Arkaden blieben noch das Mittelschiff und der Chor erhalten.

Hochaltar: Eine besondere Kostbarkeit ist der prächtige Hauptaltar mit der *Genovevalegende* (siehe oben), der als eine der herausragenden Leistungen der ländlichen Steinplastik des 17. Jh. in der Eifel gilt. Der Aufsatz des Hochaltars steht auf einem romanischen Altartisch, der noch aus der Erbauungszeit des Chores stammt. Der Altar schließt mit der Himmelfahrt Mariens nach oben ab. Oben links sieht man die hl. Katharina und rechts die hl. Barbara, in der Mitte eine Marienkrönung.

Gnadenbild: Seit Jahrhunderten kommen die Menschen aus der Pellenz zur Fraukirch, um hier Ruhe zu finden und innere Einkehr zu halten und beim Anblick der Gottesmutter Maria, die ihren toten Sohn in den Armen hält, neue Hoffnung zu schöpfen. Das Original des früheren Vesperbildes, das eine sehr bewegte Geschichte hat, ist im Jahre 1601 aus der Kirche zu Fraukirch nach der zum Kloster Maria Laach gehörenden Propstei Ebernach an der Mosel gelangt, während im Gegenzug die *Strahlenkranzmadonna* von Ebernach hierhergekommen ist.

← Die Geschichte der Wallfahrtskirche geht bis in das 8. Jh. zurück.

Golokreuz: Der Bildstock im hinteren Teil der Wallfahrtskirche von Fraukirch ist ein Nischenmal, das zu den wertvollsten Stücken der volkstümlichen Eifeler Steinmetzkunst zählt. Es ist aus Basalt gefertigt (der Nischenkopf wurde nach Diebstahl rekonstruiert) und besteht aus einem sechseckigen Fuß, einem Rundpfeiler, der einen Text aus gotischen Minuskeln trägt, und einer Bildnische mit einem Giebeldach. Man erkennt ferner ein Tatzenkreuz und neben der Jahreszahl 1472 ist umlaufend das Gebet „Gegrüßet seist du Königin" in Stein gehauen. Im 19. Jh. hieß das Kreuz bei der heimischen Bevölkerung noch „Höhtges-Kreuz" und „Hütgeskreuz". Der heutige Name „Golokreuz" taucht erst später auf und ist wohl in der Zeit der Romantik entstanden, als auch die Burg in Mayen und deren Bergfried ihre heutigen Namen erhielten, um eine Verbindung zur Genovevasage herzustellen.

Die Wallfahrt und ihre Geschichte

Urkundlich wird die Fraukirch erstmals 1279 als „Vrouwenkirchgin" erwähnt. Mit dem Ablassprivileg aus dem Jahre 1325 gewährte man auch den Wallfahrern der Fraukirch einen Ablass, wenn sie insbesondere an den Festtagen der Muttergottes nach Fraukirch pilgerten. Gründungen von Bruderschaften und Stiftungen folgten.

1459 gründete Graf Wilhelm von Virneburg die erste Marienbruderschaft in Fraukirch, nachdem er von Papst Pius II. dazu die Genehmigung eingeholt hatte.

Die Fraukirch war bis 1764 als religiöser Mittelpunkt der Pellenz auch ein Ort, an dem Urkunden gefertigt und Verträge geschlossen wurden. Hier tagte auch bis in das 17 Jh. das *Pellenzgericht* der 14 Pellenzdörfer. Der Termin war alljährlich am Kirmesmontag der Fraukirchweih (erster Augustsonntag) im Pellenzhaus neben der Kirche. An seiner Stelle steht heute ein Hofgebäude (Priorat) mit Mansarddach, das 1765 vom Abt Heinrich von Laach errichtet wurde. Kurz zuvor hatte der Trierer Erzbischof die Fraukirch der Abtei Maria Laach übergeben. 1804 wurde der säkularisierte Klosterbesitz an einen Landwirt aus Thür verkauft, bis die Kirche dann 1906 durch Schenkung an die katholische Kirchengemeinde St. Johannes in Thür gelangte.

Pilgerwege

Die Fraukirch war seit dem Mittelalter Ziel einer regen Wallfahrt, die bis zum 18. Jh. über die lokale Tradition hinaus weit bekannt war. Die Wallfahrer kamen das ganze Kirchenjahr über nach Fraukirch. Der Laacher Mönch Thomas Kupp, der in der Pfarrei Kruft von 1775 bis 1779 als Seelsorger tätig war, will insgesamt 63 Prozessionen während eines Jahres nach Fraukirch gezählt haben. Die Menschen kamen auch von weit her, zum Beispiel aus Ahrweiler, Klotten und Rhens. Noch heute kommen alljährlich vor Ostern die ersten Prozessionen des Jahres aus den umliegenden Gemeinden zur Fraukirch und reihen sich unterwegs ein.

Wallfahrtswege: Die alten Wege *von Thür und Mendig* nach Fraukirch sind von eindrucksvollen Zeugnissen der jahrhundertealten Wallfahrtstradition wie der Votiv-Kapelle aus dem Jahre 1605 westlich von Fraukirch oder dem „Golokreuz" auf einer Anhöhe zwischen Thür und Mendig gesäumt. An dieser Stelle soll der Legende nach Golo geviertteilt worden sein. Heute steht dort eine Kopie des Kreuzes. Das Original wurde in die Fraukirch verbracht, aber leider fehlt das gestohlene Haupt des Kreuzes, das eines der bedeutendsten deutschen religiösen Wegmarken des späten Mittelalters ist, bis heute. Von *Thür* beträgt der Weg durch die freie Feldflur nach Fraukirch ca. 3 km.

Von *Andernach* gehen die Fußpilger nach Fraukirch um 7.30 Uhr in der Pfarrkirche St. Albert los. Gegen 9 Uhr treffen die Pilger in der Pfarrkirche in Plaidt ein. Um ca. 11.15 Uhr erreicht die Gruppe den Treffpunkt mit den Pilgern, die ab Kruft mitgehen. Gegen 12.15 Uhr kommt die Pilgergruppe an der Fraukirch an. Nach der Feier der hl. Messe endet die Wallfahrt. Anschließend kann man im Wirtshaus gegenüber zu Mittag essen. Rückkehr um 15 Uhr mit dem Bus nach Kruft, Plaidt oder Andernach. Von *Niederzissen* kommt eine Prozession aufgrund eines Gelöbnisses. Nachdem der Brohlbach am 11. Juni 1859 nach einem schweren Unwetter über die Ufer getreten war und in den Fluten Tiere und Menschen umgekommen waren, unternimmt die Pfarrgemeinde alljährlich eine Wallfahrt nach Fraukirch.

> **Bezeichnung der Wallfahrt:** *Wallfahrt nach Fraukirch zu Ehren der Muttergottes (Genoveva)*
> **Ort:** *Fraukirch bei Thür*
> **Festtage:** *Marienfesttage, 1. August (Kirmes)*
> **Informationen:** *Wallfahrtskirche Fraukirch: Fraukircher Weg, 56743 Thür, Tel.: 02652-52494. Andernach: Agrippastr. 13, 56626 Andernach, Tel.: 02632-47699. Teilnehmer melden sich im Pfarrbüro an, damit das Mittagessen in ausreichender Menge bestellt werden kann. E-Mail: maria-himmelfahrt@t-online.de, Internet: www.maria-himmelfahrt-andernach.de*

→ Altes Wegekreuz beim Golokreuz bei Thür

15 DER KARMELENBERG

Der Karmelenberg ist ein kleiner, 373 m hoher Vulkankegel bei Ochtendung, der auf seinem bewaldeten Gipfel eine Marienkapelle trägt. Der Berg ist bei einem Vulkanausbruch vor ca. 350.000 Jahren entstanden und war ein Siedlungsgebiet der Neandertaler. Auf der geheimnisumwitterten Bergkuppe befand sich in grauer Vorzeit wahrscheinlich eine heidnische Kultstätte, weshalb man sie früher „Hexenberg" nannte. Der heutige Name Karmelenberg wurde vielleicht auch deshalb gewählt, weil auf dem Berg Karmel in Israel der Prophet Elias alle falschen Propheten töten ließ und der Berg Karmel in der Marienverehrung eine besondere Rolle einnahm. Von Bassenheim führt ein alter Pilgerweg durch eine Eichenallee, die den Pilgern Schatten spenden sollte. Ein wunderschöner Kreuzweg führt dann das letzte Stück hinauf zur Kapelle. Man kann den ausgeschilderten Weg zur Marienkapelle nicht verfehlen, den unzählige Pilgergruppen und Prozessionsteilnehmer im Laufe der Jahrhunderte begangen haben. Beinahe wäre dieser Prozessionsweg dem ehemaligen Steinbruch zum Opfer gefallen, denn ganz in der Nähe verläuft dessen Abbruchkante. Heute ist dieses Gebiet Teil der Vulkanparkroute. Oben erreicht man eine Lichtung, auf der man die weiß-gelbe Kapelle erblickt. Ein Gitter gibt den Blick ins Innere der kleinen Barockkirche frei, in der einst ein Klausner wohnte, der das Heiligtum behütete. Immer noch kommen Menschen hier herauf, um Kerzen anzuzünden. Eine Handlung, die vielen Menschen Trost gibt in Situationen, in denen sie sonst nichts tun können. Nach 1980 schien das Ende des abgelegenen Kirchleins gekommen und es drohte zu verfallen. In letzter Minute besann sich die Gemeinde Bassenheim und kaufte 1992 die Kapelle. Ein Förderverein sammelte Spenden und die Rettung der ehrwürdigen Stätte konnte in Angriff genommen werden. Aber es ist still geworden um dieses kleine Heiligtum auf dem Berg, dessen Strahlkraft einst groß war. Heute ist die Kapelle eher das Ziel von Wanderern denn von Wallfahrern, denn bekannte Fernwanderwege wie der Rheinhöhenweg, der Moselhöhenweg oder der Burgenweg führen hier vorbei.

↑ Weg zum Karmelenberg

Geschichte

Im Jahr 1662 ließen der *Reichsfreiherr Johann Lothar Waldbott von Bassenheim* (1615–1676) und seine zweite *Frau Anna Magdalena* eine Kapelle auf dem Karmelenberg errichten, der ihnen gehörte. Sie wollten sich damit dankbar erweisen, dass ihre Tochter gesund auf die Welt kam. Das Ehepaar war leidgeprüft, denn vier Kinder waren ihm zuvor schon bald nach der Geburt verstorben. In der Schwangerschaft zu ihrem fünften Kind baten die Eheleute die hl. Maria um

ihren Schutz. Zum Dank für das gesunde Kind wollten sie für das Marienbild, vor dem sie gebetet hatten, eine Marienkapelle an würdiger Stätte errichten. Als Standort wurde der höchste Berg in ihrer Herrschaft Bassenheim erwählt. Allerdings hieß der Berg damals noch Hexenberg oder Schweinsberg und war ein unheimlicher Ort. Für einen heiligen Ort war ein solcher Name freilich untragbar und man suchte daher einen neuen. Da der Vulkanberg dem Berg Karmel im Heiligen Land sehr ähnlich war, taufte man ihn um und nannte ihn „Karmelenberg".

↑ Die Wallfahrtskapelle auf dem Karmelenberg

Das wundertätige Marienbildnis ließen sie als Schrein in der Kapelle aufstellen. Zunächst war die Kapelle nicht für die Öffentlichkeit bestimmt und wurde nur von der Stifterfamilie genutzt, aber ab 1688 ging von der Marienkapelle eine so große Anziehungskraft aus, dass sich eine Wallfahrt entwickelte. Nun lebte hier oben ein Eremit auf dem Karmelenberg, der die Wallfahrt betreute und die Kapelle bewachte.

Wallfahrtskapelle St. Marien

1666, ein Jahr vor dem Tod des Stifters, wurde die Kapelle fertiggestellt. Als Baumeister wird der Kapuziner Matthias von Saarburg angenommen. An den verputzten Bruchsteinbau, einen Saal mit eingezogenem Chor und sechseckigem Dachreiter, wurden eine Sakristei und ein Oratorium angebaut. Zwei Treppentürme am Chor

↑ Darstellung der Wallfahrtskapelle am Brunnen von Bassenheim

dienten dazu, die erhöhten *Herrschaftslogen* der Stifterfamilie zu erreichen, die sich auf beiden Seiten des Chores befanden. Über dem Chor lag die *Klausnerwohnung*, die auf diesem Weg ebenfalls erreichbar war.

Der Chor ist mit einem Kreuzgratgewölbe gewölbt, während das Schiff mit einer flachen Holzdecke abschließt. Der einfache Hochaltar aus der Erbauungszeit trägt eine *Madonnenstatue auf einer Mondsichel* aus dem Jahr 1769. Die beiden Seitenaltäre stammen aus dem 18. Jh. Um 1850 waren die ersten Renovierungsarbeiten notwendig, nach 1900 und nach den Zerstörungen des

Zweiten Weltkrieges kamen weitere Ausbesserungen und Reparaturen dazu. Der endgültige Verfall der Kapelle konnte 1980 gerade noch dadurch abgewendet werden, dass die Gemeinde Bassenheim sie kaufte.

Klausner und Eremiten

Als im Jahr 1688 das Heiligtum auch für Pilger geöffnet wurde, wohnte hier oben ein Eremit, der auf die Kapelle Acht gab und die Geistlichen bei den Gottesdiensten unterstützte. Der Klausner wohnte in einer

Zelle über dem Chor. In den Gerichtsakten wird von der grausamen Ermordung des letzten Eremiten vom Karmelenberg berichtet. 1826 wurde der fromme Mann hier oben erschlagen, sein Mörder nie gefasst. Auf einem Ölbild von Toni Färber mit dem Titel „Rastender Bruder Nikolaus" sieht man einen Eremiten, der im 19. Jh. in der Klause innerhalb der Marienkapelle wohnte und von Almosen lebte. Das Bild zeigt ihn, wie er gerade vom Betteln zurückkehrt und kurz vor Erreichen seiner Klause auf dem Karmelenberg an einer Station des Kreuzweges rastet. Als die Klause auf dem Karmelenberg 1863 noch bewohnt war, gab es in der Kirche sogar eine Orgel, wie aus der Quittung des Orgelbauers Johann Josef

Müller aus Niederehe hervorgeht. Früher war auf dem Karmelenberg eine Ausbildungsstätte für Einsiedler.

Wallfahrt auf den Karmelenberg

Nach dem Bau der Marienkapelle 1662 wurden auf dem Karmelenberg Gottesdienste, Marienfeste und Andachten abgehalten, auch Eheschließungen fanden statt. Gläubige kamen zahlreich aus Bassenheim und den umliegenden Orten in Prozessionen, Bittgängen und Wallfahrten. Nach dem Zweiten Weltkrieg schien die Wallfahrt zu Ende zu gehen. Heute ziehen wieder Prozessionen

⇣ Blick vom Pilgerweg in die Eifel

↑ Der Bassenheimer Reiter in der Pfarrkirche von Bassenheim ist ein Hauptwerk der staufischen Plastik.

↓ Steinbruch am Karmelenberg

zum Karmelenberg. Die Kirchengemeinde in *Bassenheim* führt vor Christi Himmelfahrt und an Maria Himmelfahrt am 15. August Bittprozessionen zur Wallfahrtskirche durch. Die Kolpingsfamilien *Mühlheim-Kärlich*, *Mülheim* und *Urmitz-Rhein* aus dem Bezirk Weißenthurm sowie andere Gemeinden aus der Umgebung pilgern Anfang Juni zur Marienkapelle auf dem Karmelenberg. Beginn um 14 Uhr an der Bassenheimer Eisenbahnbrücke. Hinter dem „Karmelenbergweg" in Bassenheim erreicht man dann durch die alte Baumallee nach 4 km die Bergspitze. Die Wallfahrt wird um 16.00 Uhr mit einer Andacht in der Marienkapelle abgeschlossen.

Pilgertraditionen und Wege

Alter Pilgerweg: Ein *Pilgerweg* führt von *Bassenheim* hinauf zur Kapelle auf den Karmelenberg. Die schattige Allee ist von uralten Baumriesen gesäumt. Um sich und den Wallfahrern den Weg zur Kapelle zu erleichtern und für etwas Schatten zu sorgen, ließ der weitsichtige Reichsfreiherr den Weg mit Bäumen bepflanzen. Diese Allee ist heute nach über 350 Jahren immer noch zu einem beträchtlichen Teil erhalten und steht seit 1939 als herausragendes *Naturdenkmal* unter Naturschutz. Von den ursprünglich 150 gepflanzten Bäumen sind heute immerhin noch über 100 vorhanden. In den 70er-Jahren des letzten Jahrhunderts mussten 120 der alten Bäume „verarztet" werden, aber

nicht alle überstanden diese Prozedur. Die Lücken wurden durch wilden Aufwuchs neuer Bäume wie Eschen, Birken und Weiden geschlossen. In der Allee findet man neben großen, aufragenden Buchen auch alte Eichen, starke Rosskastanien sowie Lindenbäume. Bei einer hohlen Linde hat man einen Stammumfang von rund 8 m gemessen.

Der *Kreuzweg mit den Sieben Fußfällen* auf dem letzten Wegstück entstand erst im 18. Jh. Vor den sieben Stationshäuschen betete man für die Sterbenden und Toten. Die Darstellungen aus heimischem Tuff zeigen Szenen aus der Leidensgeschichte Christi, zum Beispiel wie Pontius Pilatus über Jesus urteilt und Jesus gegeißelt wird.

Ein anderer Weg beginnt an der *Vulkanparkstation* (Zufahrt auf der L 53 von Bassenheim aus): Vom Parkplatz geht man zum Wald hinauf und folgt der Ausschilderung zum Gipfel des Karmelenberges.

Bezeichnung der Wallfahrt: *Wallfahrt auf den Karmelenberg*
Festtage: *keine festen Termine. 16. Juli Gedenktag Unserer lieben Frau auf dem Berge Karmel; 15. August Mariä Himmelfahrt; Kolpingwallfahrt Mühlheim-Kärlich Anfang Juni*
Informationen: *Schlüssel bei der Ortsgemeinde Bassenheim, Am Walpotplatz 9, 56220 Bassenheim, Tel.: 02625-4456.*
Kolpingwallfahrt Mühlheim:
E-Mail: webmaster@kolping-kaerlich.de

16 KELL

Auf einer Hochfläche in etwa 270 m Höhe liegt zwischen dem Brohltal und dem Pönterbachtal das kleine Örtchen Kell, das zu Beginn des 12. Jh. in den Quellen unter dem Namen „Chella" auftaucht. In der Nähe befand sich unten im Tönissteiner Tal das Karmeliterkloster St. Antonius, das an einer Stelle gegründet wurde, an der Hirten aus Kell ein Gnadenbild in einem brennenden Dornbusch aufgefunden hatten. Die Wallfahrten zum Kloster Tönisstein hielten bis zur Säkularisierung des Klosters zu Beginn des 19. Jh. an. Dann brachte man das Gnadenbild und Teile der Ausstattung des Klosters in die Keller der Pfarrkirche. Dort werden sie bis heute von der Bevölkerung innig verehrt. Als das Marienbild in 1802 in Kell ankam, versprachen die Gläubigen, jeden Sonntag vor der Pietà den Rosenkranz und eine Litanei zur Schmerzhaften Muttergottes zu beten. Dieses Gebetsversprechen wird bis zum heutigen Tage befolgt. Auch heute kommen noch Pilger von außerhalb in feierlichen Prozessionen nach Kell, um vor der Schmerzhaften Muttergottes zu beten und um Hilfe für ihre Anliegen zu bitten.

⬇ Das Gnadenbild in der Pfarrkirche von Kell

Die Legende von der Auffindung der Schmerzhaften Muttergottes

Am Ort, an dem man das Gnadenbild einst entdeckte, befand sich ein im Volksmund „Kloster Tönisstein" genanntes Karmeliterkloster (von Tönnes = Anton[ius]), das unweit des heutigen „Seniorendomicils Bad Tönisstein" liegt. Wenn man von dort in Richtung Wassenach geht, kommt man an einigen Mauerresten dieses ehemaligen Karmeliterklosters vorbei. Eine fromme Legende erzählt von einer seltsamen Erscheinung, die hier im Jahre 1388 von Hirten aus Kell beobachtet wurde, die im Brohlbachtal ihre Herden weideten. Als sie in einem Dornengestrüpp ein Licht leuchten sahen, gingen sie der Sache nach und kamen zu einem Strauch; dieser brannte, aber seltsamerweise verbrannte er nicht. Als noch einige Male diese Beobachtung gemacht wurde, schickten die verängstigten Menschen im Tal einen Hirten dorthin, der im Dornbusch das Bild der Schmerzhaften Muttergottes fand, ihren toten Sohn auf dem Schoß haltend. Vor ihr kniete der hl. Antonius. Der Mann erzählte in Kell, was er gesehen hatte, und die Menschen wollten nun, dass das Bild in ihrer Pfarrkirche zur Verehrung aufgestellt würde. Und so geschah es. Aber am nächsten Tag stellten die Bürger fest, dass das Bildnis verschwunden war. Als man es wieder an seiner Fundstelle im Dornbusch fand und sich der Vorgang dreimal hintereinander wiederholt hatte, sahen die Keller Gläubigen darin ein Zeichen und ließen neben dem Dornbusch eine Kapelle zu Ehren Marias errichten und brachten das Gnadenbild in einer feierlichen Prozession dorthin. Die Kapelle wurde dem hl. Antonius, der Schmerzhaften Muttergottes und dem hl. Wendelinus, dem Schutzheiligen der Hirten, geweiht. Von nun an kamen aus der gesamten Umgebung die Menschen nach Tönisstein gepilgert, um dort zu Maria und dem hl. Antonius zu beten. Es ist zu vermuten, dass die Karmeliter die Verehrung des hl. Antonius mitgebracht und nach Kräften gefördert haben (S. 262).

Kloster Tönisstein

Als die Menschen in immer größeren Massen herbeiströmten, wurde um die Mitte des 15. Jh. der Karmeliterorden um Hilfe gebeten. Zuerst kam ein Laienbruder, dann schenkte ein Adeliger namens *Rollmann von Geisbüsch* 1463 seine in der Keller Gemarkung liegenden Güter, Renten und Pachten dem Kirchlein „Unserer Schmerzhaften Mutter zu Tönisstein". Jetzt waren genug Mittel für eine Klostergründung in Tönisstein vorhanden und bald darauf setzten die Karmeliter 1465 das Vorhaben in die Tat um. Um 1495 waren Kirche und Gebäude fertig und die Mönche konnten einziehen. Das Kloster wurde dem hl. Antonius geweiht und bestand als Niederlassung der Karmeliter bis zum Jahre 1794. In der Barockzeit erhielt das Kloster umfangreiche Stiftungen und konnte dadurch die einschiffige Kirche reich ausstatten und das Kloster barock umbauen. Nach der Besetzung des linksrheinischen Rheinlandes durch die Franzosen wurde das Kloster aufgelöst und seine Gebäude und der Landbesitz wurden verkauft. 1815 gingen die Rheinlande nach dem Wiener Kongress an Preußen und das Kloster Tönisstein wurde preußischer Staatsbesitz. Leider wurden dann die noch unversehrten Gebäude versteigert und anschließend als Steinbruch verwendet. Auch die dicken Klostermauern legte man nieder, um Häuser in der Umgebung aus den Steinen zu erbauen. Tönisstein wurde schnell zu einer Ruine. Die letzten Überreste wurden erst 1982/83 unter Denkmalschutz gestellt.

Tönissteinquelle: Die Karmeliter kannten die Heilkraft des hiesigen Quellwassers und verwandten es zu Heilzwecken. Die Tönissteinquelle war aber schon in römischer Zeit als Heilquelle bekannt. Auf Tönisstein warfen im 17. und 18. Jh. auch die Kölner Kurfürsten ein Auge, die hier wegen der Heilquellen weilten und den Ort schließlich zu ihrem Lieblingsbadeort auserwählten. Es entstand ein

↑ Heilquelle des ehem. Klosters Tönisstein

Schloss und *Kurfürst Clemens August* ließ ein *Brunnenhaus* in Gestalt eines siebenseitigen ovalen Pavillons mit toskanischen Säulen sowie eine Kapelle errichten.

Wallfahrtskirche St. Lubentius Kell

Gnadenbild: Auf der rechten Seite im Chorraum der Pfarrkirche steht das Bild der Schmerzhaften Muttergottes (Pietà) aus dem ehem. Kloster Sankt Antoniusstein. Das Kunstwerk stammt aus der ersten Hälfte des 15. Jh. Im Rahmen der Neugestaltung der Keller Kirche fand die Marienverehrung ihren Niederschlag bei den Fenstern, die „Die Sieben Schmerzen Mariens" zeigen. Auf den Altären sind Geheimnisse des Rosenkranzes abgebildet.

Die erste schriftliche Erwähnung einer Kirche ist um 1330. Dieser Bau ist 1744–1745 einem Neubau gewichen. Der heutige neugotische Neubau der Kirche im Ortskern erfolgte in den Jahren 1902–1905. Turm und Chor der früheren Kirche von 1745 wurden in den Neubau mit einbezogen. Gleichzeitig wurde der Turm erhöht und mit rundbogigen Schallöffnungen sowie einem achtseitigen barocken Helm ausgestattet.

Der Sakramentsschrein und der Kredenzstein aus dem Jahre 1540 im Chor waren früher im Chor der Vorgängerkirche (heute Gnadenkapelle) aufgestellt. Weiter befindet sich in einer Kapelle links neben der Kirche eine fast lebensgroße Kreuzigungsgruppe (Tuffstein) aus der ersten Hälfte des 18. Jh., die aus dem Kloster Tönisstein stammen soll. Von der Ausstattung ist noch die Holzfigur der „Anna selbdritt" auf dem linken vorderen Seitenaltar zu erwähnen.

Pilgerwege

In *Bad Bodendorf* brechen ca. 40 Personen mit der St.-Sebastianus-Bruderschaft 1681 Bad Bodendorf e.V. am ersten Sonntag im Juli um 5 Uhr am Pfarrheim auf und gehen in einer halbtägigen Prozession zu Fuß nach Kell. Interessierte Mitpilger sind willkommen. Die Fußwallfahrer kehren per Bus zurück und sind gegen 11.30 Uhr wieder an der St. Sebastianskapelle in *Bad Bodendorf*. Von dort geht die Prozession zur Kirche mit Tedeum und Segen.

Streckentelegramm: Bad Bodendorf – Sinzig (ehem. „Gaststätte Westend" um ca. 5.30 Uhr) – Restaurant „Vieux Sinzig" um ca. 5.40 Uhr – ehem. THW um ca. 5.50 Uhr – „Rasthof B 9" um ca. 6.10 Uhr – Niederbreisig, „ALDI" um ca. 6.45 Uhr – Römerbad um ca. 7 Uhr – Breisig zwischen Bahnhof und Tennisplätzen um ca. 7.10 Uhr – Parallel zur B 9 nach Brohl, Kirche um ca. 7.45 Uhr – am Brohlbach entlang über

← Die Pfarrkirche von Kell

↑ Die Burg von Brohl liegt am Weg.

Brohltalbahn hinweg weiter auf Str., bis links die Str. zum Tönissteiner Sprudel abzweigt. Auf dem Wanderweg durch das Pönterbachtal nach Kell.

Pilger aus *Eich* gehen schon Ende März alljährlich nach Kell. Die Fußpilger treffen sich um 13 Uhr am Beuner Kreuz. In Kell beginnt um 14.30 Uhr die hl. Messe. Vom Nachbarort *Weibern* findet Mitte September eine Fußwallfahrt statt. Abmarsch ist um 7.30 Uhr ab der Mariensäule.

Bezeichnung der Wallfahrt: *Wallfahrt zur Schmerzhaften Muttergottes*
Ort: *St. Lubentius, Kell*
Festtag: *Pfingstmontag*
Informationen: *Kell: St. Johannes d. Täufer, Kirchstr. 18, 56659 Burgbrohl, Tel.: 02636-2216, E-Mail: kath-pfarramt.burg-brohl@vr-web. Pfarrkirche St. Lubentius, Maria – Königin der Märtyrer, Tel.: 02632-47699 oder -30313, E-Mail: maria-himmelfahrt@t-online.de. Tourist-Information Brohltal: Rathaus, 56651 Niederzissen, Tel.: 02636-19433, Fax: 02636-80 146, E-Mail: tourist@brohltal.de. Der Haltepunkt Bad Tönisstein an der Brohltalbahn von Brohl nach Engeln wird in den Sommermonaten regelmäßig vom Vulkanexpress, einer Museumsschmalspurbahn, angefahren.*

17 HAIN

Im Oberen Brohltal liegt am Fuße der Burgruine Olbrück der hübsche Ort Hain. Die Menschen wohnen gerne hier im sog. Zissener Ländchen, denn für sie ist der weite Blick über das Brohltal bis hinüber in den Hohen Westerwald ein kostbares Geschenk. Nach einer alten Tradition werden hier an der St.-Wendelinus-Kapelle an den Pfingsttagen die Pferde gesegnet. Weil aber vielerorts die Pferdekraft durch Traktoren ersetzt wurde, hat man Letztere gleich mit dazugenommen. In Hain ist derweil das ganze Dorf auf den Beinen, um zu schauen, was passiert, denn von nah und fern sind die Menschen mit ihren geschmückten Pferdefuhrwerken und Traktoren zur Hainer Kapelle gekommen. An der Hauptstraße stehen Pferde und Traktoren in Reih und Glied einträchtig beieinander und ihre Beitzer warten geduldig auf die Segnung. Auch so mancher neuzeitliche Jakobspilger kommt heute auf dem Weg zu seinem nächsten Etappenziel, dem Kloster Maria Laach, an dieser Kapelle vorbei.

⇓ Landschaft bei Hain

St. Wendelin

Wendelin (auch Wendalin) soll wie Jodokus aus einem Königsgeschlecht hervorgegangen sein. Nach der Rückkehr von einer Romreise kam er in die Gegend von Trier und beschloss aufgrund eines Erlebnisses, das er dort hatte, ein einfaches, zurückgezogenes Leben als Diener Gottes zu führen. Als er unterwegs an der Tür eines reichen Edelmannes anklopfte und um ein Stück Brot bettelte, meinte der Reiche zu ihm: „Ein junger und kräftiger Bursche soll sich sein Brot nicht erbetteln, sondern dafür arbeiten." Dann beauftragte er Wendelin, seine Schweine zu hüten, und dieser fügte sich und tat, wie ihm geheißen wurde. Bald hütete er auch das andere Herdenvieh und er erkannte darin eine Prüfung Gottes. Die fromme und demütige Haltung beeindruckte den Edelmann so sehr, dass er Wendelin bei einem Mönchskloster eine Zelle bauen ließ, damit dieser dort ein gottgefälliges Leben führen konnte. Nach einer Legende hat Wendelin im 6. Jh. im Bistum Trier missioniert. Sein Grab befindet sich in der Wendalinusbasilika in der saarländischen Stadt St. Wendel.

Wendelin ist der Schutzpatron der Hirten, Bauern und Landarbeiter. Oft wird er als Hirte mit Hirtenstab und Tasche oder wie im benachbarten Koisdorf als Jakobspilger dargestellt, weil er, wie der hl. Jodokus, als Königssohn auf die Krone verzichtete und als Pilger umherzog, bis er schließlich bis nach Rom gelangte. Der Name Wendelin bedeutet im Althochdeutschen so viel wie „Wanderer" oder „Pilger".

St.-Wendelinus-Kapelle

Die heutige Kapelle wurde im Jahr 1938 erbaut, aber an dem Platz, an dem sie steht, gab es schon einen Vorgängerbau. Laut der Inschrift an der rundbogigen Westtür wurde dieser im Jahre 1730 erbaut und war ein einfacher Bruchsteinbau mit dreiseitigem Chorabschluss. Das Altarbild in Öl vom früheren Barockaltar mit dem hl. Wendelin als Abt blieb erhalten. Der mit Hilfe von gespendeten Naturalien der örtlichen Landwirte angeschaffte neue Altar ist aus Tuffstein und steht auf einem Steinsockel. Im

> **Bezeichnung der Wallfahrt:** Pferde- und Trakorenwallfahrt zum St. Wendelin in Hain
> **Ort:** St. Wendelin, Hain
> **Festtage:** Pfingsmontag
> **Informationen:** Kirchengemeinde Niederzissen: Tel.: 02636-6166, E-Mail: Kirchengemeinde-niederzissen@t-online.de. Tourist-Information Brohltal: Rathaus, 56651 Niederzissen, Tel.: 02636-19433, Fax: 02636-80-146, E-Mail: tourist@brohltal.de

→ Glasfenster mit dem hl. Wendelin

HL·WENDELIN BITTE FVR VNS

↑ Eifellandschaft bei Hain

Altarraum steht eine Pietà aus dem 16. Jh. Die Holzstatue, die den hl. Wendelin mit einem Schaf auf dem Rücken zeigt, wurde von einem Hobby-Künstler geschnitzt und gestiftet. Im Januar 2011 wurde die Kapelle innen renoviert. Die Einwohner unterstützten die Renovierung mit Eigenleistungen und Spenden.

In der Nähe steht in *Koisdorf* eine weitere St.-Wendelinus-Kapelle, die ebenfalls ein

← Wendelinkapelle in Hain

lokaler Wallfahrtsort war. Am Straßenrand zwischen Hain und Oberzissen steht ein altes Segenskreuz aus Basalt, im Hintergrund links sieht man den Bausenberg.

Pferdewallfahrt

Eine alte Bauernregel sagt: „Sankt Wendelin, verlass uns nie, schirm unseren Stall, schütz unser Vieh." Zur der Kapelle des Volksheiligen kamen daher von alters her

↑ Pferdesegnung in Hain

fromme Bauern, um für eine gute Ernte oder als Helfer bei Tierkrankheiten zu beten. An Pfingsten findet alljährlich in Hain an der St.-Wendelinus-Kapelle eine Pferde- und Traktorenwallfahrt mit Segnung statt. Von Oberzissen geht um 10 Uhr eine Prozession nach Hain ab. Jahr für Jahr kommen die Menschen von nah und fern angereist, um vor der Kapelle unter freiem Himmel einen Gottesdienst zu feiern. Aus dem Mayen-Koblenzer Raum, Remagen, Sinzig, Breisig, Franken und Bonn und Umgebung kommen Reiter und Land-

wirte, um um die Gesunderhaltung der Pferde, des Viehs, um gute Witterungsbedingungen und eine gute Ernte zu bitten, aber auch um das Funktionieren ihrer Traktoren, die sie anstelle der Pferde als Arbeitsgeräte zur Verrichtung ihrer landwirtschaftlichen Tätigkeiten benötigen. Auch für die Sicherheit ihrer Fahrer möchten sie um den Segen und die Fürbitte ihres Schutzpatrons, des hl. Wendelin, bitten. An die 100 Pferde hat man schon gezählt, die sich auf der Hauptstraße zum Burgberg hinauf aufreihen. Überall sieht

↑ Eifellandschaft bei Hain

man Traktoren, landwirtschaftliche Gerätschaften, Planwagen und Pferdehänger. Auch Fußpilger gibt es, die an der blumengeschmückten Kapelle warten.

Eigentlich war die Pferdewallfahrt nach dem Zweiten Weltkrieg schon fast zum Erliegen gekommen, denn nach dem Kriegsende gab es nur wenige Pferde. Daher wurden damals nur noch Traktoren gesegnet. Bis ein Pferdefreund auf die Idee kam, den alten Brauch der Pferdesegnung wieder aufleben zu lassen. 1952 wurde von dem damaligen Pastor Scholtes die erste Pfingstseg-

nung ausgerichtet. Im Laufe der Jahre kamen immer mehr Reiter mit ihren Pferden am St.-Wendelin-Tag nach Hain und die Wallfahrt bekam einen neuen Aufschwung. 2012 fragte der Pfarrer die Teilnehmer, ob jemand schon vor 61 Jahren beim ersten Mal dabei gewesen sei, und siehe da, zahlreiche Zurufe bestätigten dies. Am gleichen Tag findet in Hain ein großes Volksfest statt, wo sich die Wallfahrer mit leckeren Speisen stärken und ihren Durst löschen können. Der Tag ist inzwischen zu einem beliebten Volksfest geworden.

18 KLOSTER KALVARIENBERG, AHRWEILER

Pest, Zauber, Hexerei – es gab vieles, das die Menschen im Mittelalter bedrohte. Als die große Pestepidemie von 1669 hereinbrach, gab es keine Schutzmaßnahmen und keine wirksame Therapie. In ihrer Verzweiflung suchten die Menschen Schutz im Glauben und begaben sich wie in Rheinbach und Umgebung auf Wallfahrten zum Kalvarienberg in Ahrweiler. Auch Viehseuchen konnten der Anlass zu einem solchen Pilgergang sein. So pilgern seit dem Jahre 1763 Bornheimer Pfarrmitglieder aufgrund eines damaligen Gelübdes nach einer Viehseuche noch immer alljährlich in einer Gruppe von 50 Personen zum Kalvarienberg nach Ahrweiler. Doch schon viel früher – seit etwa 500 Jahren – ist der Berg als Wallfahrtsort belegt. Bereits um die Mitte des 15. Jh.

stand an der Stelle der heutigen Klosterkirche nur ein schlichtes Kreuz auf dem Hügel, der bis dahin Richtstätte war, wo Verurteilte ihr Leben ausgehaucht hatten. Das Kreuz gab dem Berg seinen heutigen Namen. Später kam eine kleine Kapelle hinzu. Der Ahrweiler Kalvarienberg, der zu den ältesten Anlagen seiner Art in Deutschland gezählt wird, hat mit anderen Gründungen aus dieser Zeit eines gemein: Der Abstand zwischen dem Ort und der Bergkuppe stimmt mit der Entfernung zwischen dem Prätorium des Pilatus in Jerusalem und dem Berg Golgota überein. Der Kalvarienberg in Ahrweiler darf sich immerhin rühmen, 1996 in den „Atlas der europäischen Heiligen Berge, Kreuzwege und Andachtsstätten" aufgenommen worden zu sein.

Ein zurückkehrender Ritter erkennt Ähnlichkeiten mit Jerusalem

Am Anfang der Geschichte der Wallfahrt steht die Heimkehr eines angesehenen Ritters aus Palästina, der im Jerusalemer Heilandskloster den Orden des Heiligen Grabes empfangen hatte. Als er im Jahre 1440 zur Stadt Ahrweiler zurückkehrte, hatte er noch die Bilder von der Stadt Jerusalem vor seinen Augen. Da bemerkte er auf einmal, dass die Topographie um Ahrweiler gewisse Ähnlichkeiten mit der von Jerusalem hatte. Zu seiner Überraschung stellte er beim Nachmessen der Entfernungen fest, dass es von dem Hügel bis zur St.-Laurentius-Pfarrkirche in Ahrweiler genauso weit war wie vom Kalvarien-

↑ In der Grafschaft auf dem Weg ins Ahrtal

berg in Jerusalem zu dem Prätorium des Pilatus. Eine weitere Übereinstimmung war, dass auch dieser Hügel eine Richtstätte wie in Jerusalem war. Nach Bekanntwerden seiner Entdeckung gelobte die Ahrweiler Bevölkerung, den Hügel dem gekreuzigten Heiland und seiner schmerzhaften Mutter zu weihen und von jetzt an Kalvarienberg zu nennen. Den Galgen des Hochgerichts, der bisher auf diesem Hügel „Auf dem Kop" (=

Kopf) stand, verlegte man kurzerhand an eine andere Stelle auf der gegenüberliegenden Ahrseite auf den Ellig.

Die Geschichte der Wallfahrt

Ein einfaches Kapellchen aus Fachwerk und Stein mit einer Abbildung des sieghaften Kreuzes machte 1502 den Anfang. Darin soll schon die heutige *spätgotische Kreuzigungsgruppe* gestanden haben. Man wollte hier eine Stätte schaffen, die „allen gläubigen Christen zur Ehre, zum Troste und Freude gereiche, wie das vorher auf dem ursprünglichen Calvarienberg in Jerusalem geschah", heißt es in der Chronik des Klosters.

Der Ahrweiler Kalvarienberg wurde bald ein vielbesuchtes Pilgerziel, denn schon damals gewährte man den Pilgern hier einen Ablass, den zwei Bürger auf ihrer Romfahrt erwirkt hatten. Viele Pilger kamen daraufhin am sog. Portiunculafest, das von Papst Honorius III. im Jahr 1223 auf den 2. August gelegt wurde, zum Ablass auf den Kalvarienberg. Da die Zahl der Pilger immer mehr anschwoll, ließen wohlhabende Bürger zwischen 1625 und 1627 ein größeres Gotteshaus bauen. Von dieser Kirche ist noch die Krypta unter dem Westteil der heutigen Kirche erhalten. Dort befindet sich die 14. Station des Kreuzweges (Jesusgrab), der von der Ahrbrücke zum Kalvarienberg führt.

Als bei der Errichtung der Kirche das Dach einstürzte und keiner der 14 Arbeiter verletzt wurde, sprach man von einem „Errichtungswunder". Dieses Ereignis förderte den Zustrom der Pilger noch mehr, die auch reichlich Opfergaben brachten. Daraufhin konkurrierten drei Mönchsorden (Jesuiten, Kapuziner und Franziskaner) um das Recht der Gottesdienstausübung auf dem Kalvarienberg. Im Jahre 1630 gründeten dann die Franziskaner hier ein Kloster zur Betreu-

ung der zahlreichen Pilger, die zu dem Kreuz wallfahrteten. Sie ließen auch die heutige Kirche erbauen, die 1678 geweiht wurde.

In der Pilgerchronik von 1651 werden die Verhältnisse am Osterdienstag geschildert, als so viele Pilger kamen, dass die Predigt außerhalb der Kirche verlegt wurde („*Gleich Schafen bedeckten die Wallfahrer den Berg*"). Die Menschen kamen mal mit und mal ohne Pastor aus Fritzdorf, Kirchdaun, Karweiler, Ringen, Mayschoß, Blasweiler, Heimerzheim, Leimersdorf, Dernau, Kesseling und Gelsdorf. Am 6. Mai 1652 kamen zwei Prozessionen aus Kesseling und Holzweiler, am 17. Mai dieses Jahres aus Blasweiler und Heckenbach. Weiter werden genannt Pilger aus Gelsdorf, Löhndorf, Flerzheim, Fritzdorf, Beuel und Karweiler. Am *Portiunculafest* war der Andrang gar so groß, dass „*in der Stadt das Brot ausging*". Auch aus Rheinbach, Meckenheim, Ersdorf, Fritzdorf, Bergheim, Ringen, Bengen, Eckendorf und Wormersdorf kamen Prozessionen. Im Jahre 1662 musste schließlich ein Brunnen angelegt werden, um die Wasserversorgung des Klosters und der vielen Pilger sicherzustellen. Von der Brücke über die Ahr baute man 1732 bis zum Kalvarienberg einen barocken Kreuzweg mit 14 Stationen.

Bei der Pilgermesse in der Klosterkirche wird den Pilgern eine Kreuzreliquie, das sog. Kostbare Blut Christi, zur Verehrung gezeigt.

↑ Blick vom Kalvarienberg nach Ahrweiler

Das Kloster der Ursulinen

1802 wurde das Kloster säkularisiert und die Franziskaner mussten gehen. Der Kalvarienberg war fortan verwaist und zunächst französisches Nationaleigentum, aber bereits 1806 erwarb Vikar Jakob Giesen den Kalvarienberg. Lange Zeit konnte keine Nutzung für das leere Kloster gefunden werden, bis dann 1838 die Ursulinen von Monschau die Kirche und das Kloster übernahmen und hier eine Elementar- und höhere Schule mit Pensionat für Mädchen

gründeten. 1897 wurden die Klostergebäude neu errichtet. Zum Kloster gehören noch heute ein Gymnasium für Mädchen und Jungen, eine Realschule für Mädchen, ein Internat und ein Tagesinternat.

Die Kongregation der Ursulinen praktiziert die tägliche Eucharistiefeier, die Laudes und Vesper (Morgen- und Abendlob), ferner wird das persönliche Beten und Meditieren gepflegt; die Nonnen laden auch Menschen in das Kloster zu Exerzitien, Besinnungs- oder Einkehrtagen bzw. Tagen der Stille ein. Im Kloster befindet sich das

Blandinen-Archiv. Das Kloster besitzt ein Reliquiar der 1987 seliggesprochenen Blandine Merten, Ursuline von Kalvarienberg. Viele Pilger kommen, um die selige Sr. Blandine Merten zu verehren.

Pilgerwege

Der Weg von Bornheim: Seit dem Jahre 1763 gehen *Pilger aus Bornheim* Ende Juni/Anfang Juli aufgrund eines Gelübdes nach einer Viehseuche in einer Gruppe von 50 Personen zum Kalvarienberg nach Ahrweiler. Der Pilgerweg ist mit einem Wegzeichen ausgeschildert. Auch am Karfreitag geht eine Pilgergruppe von ca. 50 Personen aus Bornheim diesen Weg. Pro Stunde werden ca. 5 km zurückgelegt, unterwegs werden nur zwei kurze Pausen in Röttgen und Fritzdorf gemacht (Selbstverpflegung, keine Begleitfahrzeuge). Man kann sich unterwegs an den genannten Punkten der Pilgergruppe anschließen. Keine Anmeldung erforderlich.

Streckentelegramm: Bornheimer Kalvarienbergpilger am Karfreitag: 6.30 Uhr Wanderparkplatz Römerhof, Ahrweilerkreuz, Pilgersegen – 7.45 Uhr Ende Breite Allee (5,2 km) – 8.05 Uhr Impekoven, Am Burggarten, Wegkreuz (6,7 km) – 8.35 Uhr Witterschlick, ev. Kirche (8,8 km) – 9.20 Uhr Röttgen (12 km, Pfarrkirche, Pfarrzentrum, Pause) – 10.25 Uhr Kottenforst, Ahrweiler Kreuz – Kreuzung Villiper Allee im Wald (15 km) – 10.40 Uhr Forsthaus Schönwald, Ende Villiper Allee (16,2 km) – 11.10 Uhr Gudenauer Burg (17,9 km) – 12.30 Uhr Fritzdorfer Mühle, Pause (24 km) – 13.35 Uhr Ringen Kreissparkasse (26 km) – 14 Uhr Wegkreuz oberhalb Elligstr. (28,5 km) – 14.15 Uhr Ahrweiler Elliger Kapelle (29,3 km) – 14.40 Uhr Ahrweiler Klosterkirche Kalvarienberg (31 km) – 15 Uhr Karfreitagsliturgie, gestaltet von den Schwestern des Klosters. Ende der Wallfahrt. Rückweg in Eigenorganisation. Es handelt sich nur um ungefähre Angaben.

Bornheimer Kalvarienbergpilger Ende Juni: Freitag: Am Vorabend findet um 19 Uhr in St. Servatius eine *Pilgermesse* für die Lebenden und Verstorbenen der Ahrweiler Pilger statt. Samstag: 7 Uhr Treffpunkt Wanderparkplatz Römerhof, Ahrweiler-

↑ Wegzeichen des Pilgerweges zum Kloster Kalvarienberg

→ Das Kloster Kalvarienberg

↑ Landschaft in der Grafschaft bei Birresdorf

kreuz, Pilgersegen. Kreuzweg von der Ahrbrücke zum Kalvarienberg, 14. Station: Gra-
beskammer mit Höhle (Grab Jesu). Anschließend Pilgermesse in der Klosterkirche
mit Verehrung des kostbaren Blutes. Rückweg: <u>Sonntag</u>: 8 Uhr Treffpunkt in Ahrweiler am Ehrenmal (Ahrtor). 16 Uhr Ankunft
in Bornheim und Schlusssegen in der Pfarrkirche (insgesamt ca. 65 km).

Der Weg von St. Augustin-Menden: Seit mindestens 1832 gehen die *Mendener Kalvarienbergpilger* (Menden, Meindorf, Mühldorf)

am ersten Wochenende im Juni auf „Heilig-
Blut-Wallfahrt" an die Ahr. Am Samstag-
morgen um 6 Uhr versammeln sich in der
Mendener Pfarrkirche zahlreiche Gläubige
aus *Sankt Augustin, Lohmar, Hennef* und anderen Orten zu einer Pilgermesse. Danach
bricht eine Gruppe von bis zu 70 Pilgerinnen
und Pilgern zu dem 30 km langen Weg auf.
Unterwegs kommen die Kalvarienbergpilger
in *Fritzdorf* am Wegekreuz vorbei, an dem
die Wunden Christi verehrt werden und wo
sie im 2000 aus Anlass seiner 50. Fußwallfahrt eine Linde mit einer Gedenktafel ge-

↑ Am Ziel führt ein Kreuzweg zum Klosterberg.

pflanzt hatten. Am Sonntag nach dem Frühstück tritt eine kleinere Gruppe von ca. 50 Pilgern den Heimweg nach Menden an, wo sie um 15.30 Uhr ankommen. Mit einem sakramentalen Segen endet die Wallfahrt um 16 Uhr. Von manchen Pilgern weiß man, dass sie schon sehr oft mitgegangen sind, wie der inzwischen verstorbene Hajo Kaspar, der insgesamt 61 Mal nach Ahrweiler gepilgert war und 50 Jahre als Brudermeister die Pilgergruppe geleitet hatte.

Der Weg von Obermendig: Am Samstag nach dem Fest Kreuzerhöhung um den 14. September ziehen Pilger aus Obermendig von alters her in einer siebenstündigen Prozession durch die Voreifel auf den Kalvarienberg nach Ahrweiler. Über die Ursprünge dieser Wallfahrt gibt es keine Quellen mehr. Der mündlichen Überlieferung nach sollen die Wahlfahrten nach Ahrweiler aber bereits nach dem Dreißigjährigen Krieg begonnen haben. Wahrscheinlich hat auch hier ein

Pestgelöbnis den Ausschlag gegeben. In einem Visitationsprotokoll von 1882 im Bistumsarchiv wird erstmals eine Prozession nach Ahrweiler erwähnt. Ein Pilger ist schon 40 Mal in Folge mitgegangen.

Um 3 Uhr in der Früh werden die ca. 20 Obermendiger Pilger in der St.-Genoveva-Kirche mit dem Pilgersegen vom Pfarrer verabschiedet. Unterwegs stoßen immer wieder neue Pilger aus den Nachbargemeinden hinzu, sodass die Gruppe am Ende auf 50 Pilger anwächst. Durch den Ahrweiler Wald steigt man hinunter zum Kloster der Ursulinen. Nach der hl. Messe stärken sich die Wallfahrer in Ahrweiler mit Mittagessen, Kaffee, Kuchen und Wein. Früher traten dann die Pilger noch den Heimweg zu Fuß an und wurden in ihrem Heimatort von der Bevölkerung begeistert empfangen und in einer prachtvollen Prozession zur Kirche geleitet. Heute entfällt der Rückweg und die Pilger ziehen allein mit dem Pfarrer unter Glockengeläut zum feierlichen Abschluss in ihre Kirche.

Streckentelegramm: Obermendig (3 Uhr morgens) – Bell – Gänsehals – Engeln – Ramersbach (Frühstückspause) – Ahrweiler (11 Uhr, erste Kreuzwegstation).

Auch aus anderen Orten kommen noch Pilger zum Kalvarienberg wie zum Beispiel aus *Mendig, Oberkassel* bei Bonn oder aus *Langel* bei Köln-Porz. Manchmal begegnen sich die Kalvarienbergpilger aus Mendig und die Jodokuspilger aus Ahrweiler, wenn sich ihre Pilgerwege am gleichen Tag im

Wald kreuzen. Dann stimmen sie das Lied „Großer Gott, wir loben dich" an.

Früher gingen auch die Menschen aus Oberbachem (Wachtberg) nach Kalvarienberg, wenn lange Zeit kein Regen fiel. Die Leute aus Ahrweiler sagten dann immer: „Wenn die Oberbachemer und die Dreikönigsfahne kommen, gibt es Regen, ehe dass sie wieder zurück sind."

Bezeichnung der Wallfahrt: *Wallfahrt zum hl. Blut im Kloster Kalvarienberg*
Ort: *Kloster Kalvarienberg, Bad Neuenahr-Ahrweiler*
Festtag: *Sonntag am ersten Wochenende im Juli*
Informationen: *Bornheim: Auskunft Wallfahrt: Philipp Münch, Tel.: 02227-7749, ab 19 Uhr. Pfarramt St. Servatius, Servatiusweg 35, 53332 Bornheim, Tel.: 02222-2476, E-Mail: pfarrbuero@sanktservatius.de. Bad Neuenahr-Ahrweiler: Ursulinenkongregation Kalvarienberg Ahrweiler e.V., Kalvarienbergstr. 50, 53474 Bad Neuenahr-Ahrweiler, Tel.: 02641-383-0, E-Mail: info@ursulinen-calvarienberg.de, Internet: www.ursulinen-calvarienberg.de. Menden: Tel.: 02241-312682, E-Mail: e.bungartz@freenet.de*
Hinweis: *Im Kloster Kalvarienberg kann eine Übernachtungsmöglichkeit zum Preis von ca. 20 Euro pro Person reserviert werden (Tel.: 02222-2343).*

19 DÜREN

Wenn am Samstag in der letzten Juliwoche in Düren um 9 Uhr das Glockengeläut vom hohen Turm der St.-Anna-Kirche ertönt, wird die Anna-Oktav zur Verehrung der hl. Anna mit einem Hochamt eröffnet. Mit drei Böllerschüssen beginnt dann auch am gleichen Tag die Annakirmes. Über der Stadt, die im letzten Krieg am 16. November 1944 unter dem Bombenangriff so viel zu leiden hatte, liegt ein Hauch von Festtagsstimmung in der Luft. Die gotische Wallfahrtskirche wurde dabei wie die Stadt leider völlig zerstört. Der Schrein aber überlebte wie durch ein Wunder und wurde unter Lebensgefahr aus den Trümmern geborgen. Das eiserne Reliquienkästchen mit der Anna-Reliquie hatte man vorsichtshalber im Sommer 1944 in einem rechten Seitentürmchen vermauert. Nach dem Angriff suchte am 24. November der einzige überlebende Geistliche von St. Anna, Pater Jakob Schneider, mit einem Verwandten nach dem Schrein in der einsturzgefährdeten Kirchenruine. Trotz einsetzenden Artillerie-Sperrfeuers und Dunkelheit konnten sie die Reliquie aus dem schwankenden Turm bergen. Im September 1948 kam der Schrein in die erste Anna-Notkirche zurück. Feierlich zurückgeführt wurde er anlässlich der Weihe der neuen Anna-Kirche im Juli 1956 durch Bischof Pohlschneider. Noch heute kommen übers Jahr viele Menschen nach Düren zur hl. Mutter Anna, besonders in der Oktav im Sommer. Aber auch die Dürener hängen sehr an ihrer Heiligen. An ihrem Schrein brennen immer viele Kerzen und noch oft hört man die Dürener sagen: „Ich geh mal schnell zur Mutter Anna."

Wie die hl. Anna nach Düren kam

Ein „frommer" Diebstahl steht am Anfang der Dürener Wallfahrt. Man schrieb den ersten Adventssonntag des Jahres 1500, da kehrte der Steinmetz Leonhard von Mainz nach Kornelimünster zurück. Im Gepäck hatte er ein Anna-Reliquiar. Die vergoldete Silberbüste aus dem 14. Jh. hatte er aus der Mainzer Stiftskirche St. Stephan, wo er zuvor arbeitete, aus einer Wandnische entwendet. Er brachte die Reliquie zuerst nach Kornelimünster, schenkte sie dann aber auf Drängen seiner Mutter den Franziskanern in Düren.

Als der Diebstahl in Mainz entdeckt wurde, wollten die Dürener Franziskaner

↑ Nach dem verheerenden Bombenangriff blieb nur dieses Portal von der alten Wallfahrtskirche erhalten.

das Anna-Haupt zuerst wieder zurückgeben, aber die Bevölkerung bestand hartnäckig darauf, dass die Reliquie in Düren verbleiben sollte. Es kam zu einem Gerichtsverfahren und die Sache zog sich in die Länge. Schließlich setzten die Mainzer bei *Papst Alexander VI.* (1492–1503) durch, dass die Reliquie unter Androhung von Kirchenstrafen zurückerstattet werden musste. Jetzt wurden die Dürener aktiv. Der Dürener Pfarrer Hildebrand von Weworden, der in Italien unter anderem Theologie studiert hatte, reiste persönlich nach Rom zum neuen Papst *Julius II.* (1503–1513). Nach einer Untersuchung entschied die päpstliche Bulle vom 18.

↑ Der Schrein blieb nach dem Angriff wie durch ein Wunder unversehrt.

März 1506, dass das Anna-Haupt in Düren verbleiben sollte. Der „fromme Raub" wurde als „göttliche Eingebung" umgedeutet und die aufblühende Dürener Wallfahrt als Fingerzeig Gottes angesehen. Das Mainzer Stift St. Stephan aber war seither zu ewigem Stillschweigen in dieser Sache verpflichtet.

Die Verehrung der hl. Anna

Im Mittelalter beliebte Darstellungen zeigen Anna, die Mutter Mariens, und Maria als Mädchen mit dem Jesuskind (*Anna selbdritt*) oder als Anna und ihre Familie (*Heilige Sippe*), die Anna als Urmutter der Heilsgeschichte zeigen. Allerdings ist die hl.

Anna in der Bibel nicht erwähnt. Sie soll nach einer Legende die Mutter von Maria und ihrer Schwester Maria Salome, der Mutter des hl. Jakobus, gewesen sein. Auf dem *Zweiten Konzil von Trient* (1545–1563) wurde der Kult um die Marienschwestern jedoch wieder abgeschafft. Diese Legende hatte gleichwohl in der Kunst und Literatur noch weiterhin große Bedeutung.

Über die Herkunft der Reliquie gibt es die Annahme, dass sie nach dem 4. Kreuzzug aus Konstantinopel um 1204 vom Ritter *Heinrich von Ulmen* zusammen mit einem erbeuteten Reliquienschatz ins Rheinland gebracht wurde. Nach wenigen Jahren im St.-Anna-Kloster zu Alfter ist sie seit 1212 im Mainzer Stift St. Stephan bezeugt. Weil zu dieser Zeit eine große Zahl an Reliquien ins Abendland gelangte, wurde 1215 von Rom verfügt, dass neue Reliquien nur mit ausdrücklicher Genehmigung durch Rom zur Verehrung zugelassen werden durften. Dies war bei der Anna-Reliquie in Mainz nicht der Fall, weshalb sie dort eher ein Schattendasein führte.

Das Aufblühen der Dürener Anna-Wallfahrt führte dazu, dass in kurzer Zeit in vielen Stiftskirchen am Niederrhein große Anna- und Sippenaltäre errichtet wurden. Auch im Dürener Kreisgebiet war die Anna-Verehrung weit verbreitet, wie man an einigen Anna-Skulpturen (meist selbdritt) aus dem letzten Quartal des 15. Jh. ersehen kann. Ebenso nahm die Anna-Verehrung in den ländlichen armen Eifelgebieten stark zu. Martin Luther soll gesagt haben: „Sankt Anna war mein Abgott." Er rief in einem schweren Gewitter die Heilige auf seinem Weg bei Stotternheim in seiner Not an und trat aufgrund seines gegebenen Versprechens nur wenige Tage nach dem Unwetter in das Kloster der Augustiner-Eremiten in Erfurt ein. Später (1521) gab er zu, dass er aufgrund dieser bedrängten Notlage Mönch geworden sei und nicht aus „Eifer".

Die St.-Anna-Wallfahrt

Seit 500 Jahren haben die Verehrung der hl. Anna und das Anna-Fest für die Dürener Bevölkerung einen unverändert hohen Stellenwert. Der Besitz der Reliquie mit dem Haupt der hl. Anna, der Mutter von Maria, brachte Düren mit einem Mal einen der Spitzenplätze unter den Wallfahrtsorten der damaligen Zeit ein. Der Kaufmannschaft und dem Gewerbe war das recht, brachten doch die Wallfahrer für sie ein gutes Ein- und Auskommen. Der Zustrom der Pilger nahm innerhalb kurzer Zeit ungewöhnliche Ausmaße an. Wie man aus einem Reisebericht des Bürgers Philipp von Vigneulles aus Metz, der 1510 eine Wallfahrt nach Düren unternahm, entnehmen kann, haben an einem Tag bis zu 20.000 Pilger vor den Toren Dürens gelagert. Etwa 3000 Dürener mussten diese Pilgermassen versorgen. Selbst wenn diese Zahl etwas übertrieben

↑ Die Menschen weinten nach der Zerstörung ihrer Wallfahrtskirche.

sein mag, so verdeutlicht sie doch, welche Bedeutung die Wallfahrt für die Stadt Düren hatte.

Zur hl. Anna nach Düren zogen nicht nur einfache Fußpilger, auch hohe geistliche und weltliche Würdenträger beugten hier das Knie, darunter Bischöfe, Erzbischöfe, Grafen und Herzöge. Sogar *Kaiser Maximilian I.* kam 1517 hierher. Fünf Jahre später besuchte der berühmte Maler *Albrecht Dürer* die Stadt Düren. *Kaiser Karl V.* kam 1531 zum ersten Mal nach Düren, *Herzog Wilhelm IV. von Jülich* erhielt aus Düren ein

goldenes St.-Annen-Zeichen. In Düren hat es auch einfachere Pilgerzeichen aus Silber gegeben.

Reliquienbüste: Der Sockel des Reliquiars aus dem 19. Jh. ist vom sog. *Annagürtel* (aus dem Jahr 1667) umgeben. Diesen legte man im Mittelalter den Frauen mit Kinderwunsch auf die Schultern. Aus der neugotischen Zeit stammt die Krone, deren älteste emaillierte Kleinteile aus dem 16. Jh. als Reste einer damals geschenkten Krone des dänischen Königshauses gelten. Eine „gekrönte" Anna ist in der Kunstgeschichte nahezu einmalig. Das Reliquiar selbst ist eine Treibarbeit aus Silber, deren älteste Teile aus dem 14. Jh. stammen. Man spricht zwar vom Haupt der hl. Anna, jedoch ist damit nur ein handtellergroßes Hirnschalenfragment gemeint, das der hl. Anna zugesprochen wird.

St.-Annen-Oktav: Die Anna-Oktav in Düren (einschließlich der Annakirmes) beginnt immer am Samstag nach dem Fest der hl. Anna. Beim Hochamt am Beginn der St.-Annen-Oktav wird dann der Schrein feierlich eröffnet, die Anna-Büste mit der Krone seitlich im Altarraum ausgestellt und nach der Messe auf einen Sockel in der Pilgerhalle zur Verehrung gestellt. Zu jeder vollen Stunde wird die Krone abgenommen und eine Verehrung durch Handauflegen ermöglicht. Am Nachmittag gibt es eine Prozession mit dem Anna-Haupt. Jeden Tag wird die hl. Messe gelesen. Mit der Schlussandacht am Sonntag des nächsten Wochenendes wird das Anna-Haupt wieder im Schrein verschlossen und die Oktav ist beendet. 2001 jährte sich der Jahrestag der „Annaüberbringung" zum 500. Mal.

Das St. Marienkloster der Cellitinnen in Niederau bei Düren (heute Altenheim) besitzt ein Anna-Reliquiar mit einem Stück Unterarmknochen. Die Nonnen kamen 1521 aus Köln aufgrund eines Hilferufes des Dürener Bürgermeisters wegen einer grassierenden Seuche. Im Laufe der Zeit wurden die im Kranken- und Armenpflegedienst tätigen Schwestern auch zur Pilgerbetreuung eingesetzt. Auf diese Weise kam es zu einer engen Bindung der Schwestern an die Stadt Düren und zum Besitz einer eigenen Reliquie.

Die St.-Anna-Kirche

Die Wallfahrtskirche St. Anna steht auf den Grundmauern einer älteren Kapelle, die einst zu einer karolingischen Pfalz gehörte, wo Karl der Große 770 das Weihnachtsfest feierte. Es handelte sich, wie Ausgrabungen vom Anfang der 50er-Jahre im letzten Jahrhundert ergaben, um eine dreischiffige Anlage mit westlicher Quervorhalle. Nach der Zerstörung durch die Normannen 881/82 errichtete man eine neue, dem hl. Martin geweihte Kirche, die *Otto der Große* 941 dem Aachener Marienstift übereignete. Im Jahre 1333 kam es dann zum Bau einer frühgotischen Sandsteinkirche mit drei Schiffen und drei Jochen. Mit dem einsetzenden starken Zustrom der Annapilger änderte man den Namen der Kirche in St. Anna und fügte Anfang des 16. Jh. nach Westen noch weitere drei Joche hinzu. Der Anbau der Muttergotteskapelle von 1537 an das mittlere Joch diente jetzt zur Aufbe-

→ Nach dem Krieg wurde aus den Steinen der alten Wallfahrtskirche ein neues Gotteshaus moderner Prägung erbaut.

wahrung des Anna-Hauptes. 1879 baute man ihr gegenüber eine *Josefskapelle* an, die jetzt den Raumeindruck eines Querschiffs vermittelte.

In der Reformation blieb Düren ein Bollwerk des katholischen Glaubens. Mit dazu bei trugen seit 1459 hier ansässige Franziskaner und später die Jesuiten, die von 1636 bis 1774 ein Jesuitengymnasium unterhielten.

Die gotische Kirche wurde im Zweiten Weltkrieg völlig zerstört. Mehrere Tausend Pfarrangehörige und auch die Geistlichen kamen bei dem Luftangriff ums Leben. Von 1954 bis 1956 erstellte man nach Plänen von *Rudolf Schwarz* einen Kirchenneubau unter Verwendung der von der zerstörten alten Kirche geborgenen Steine. Eine Sandsteinmauer umfasst mantelförmig den Kirchenraum. Die moderne St.-Anna-Kirche beherbergt neben dem unzerstörten alten romanischen Torportal und dem St.-Annen-Schrein noch ein Chorgestühl aus dem 16. Jh. Die dunkle Atmosphäre in der modernen Kirche zeigt typische stilistische Bauelemente der 50er-Jahre und hat Oberlichter in der Stahlbetonkonstruktion. Der neue Kirchenbau ist ein eindrucksvolles Baudenkmal seiner Zeit und gilt als ein herausragender Nachkriegskirchenbau.

Der Annaplatz in Düren erhielt seinen Namen bald nach dem Eintreffen des Anna-Hauptes im Jahre 1501. 1550 heißt er „an deme platze gnat zo Sent Annen".

Annakirmes

Traditionell ging mit der Wallfahrt eine eintägige Kirmes einher. Die *Annakirmes* („auch Plutenmarkt" oder „Annamarkt") hat erstmals urkundlich am 15. September 1638 stattgefunden und wurde bis 1896 im Innenstadtbereich rund um die Anna-Kirche als Jahrmarkt abgehalten. Früher wallfahrtete die Bevölkerung aus der Eifel nach Düren und versorgte sich auf der Annakirmes mit Schuhen, Kleidung und Hausrat. Im Jahre 1818 entschied der Dürener Landrat, dass der Markt acht Tage, so lange wie die Anna-Oktav, dauern dürfe. Die heutige Annakirmes ist eines der größten Volksfeste in der Region. Die Länge der Verkaufsstände beträgt allein etwa 2,5 km auf einer Fläche von über 50.000 m². Darüber hinaus ziehen Karussells, Achterbahnen und Riesenrad rund eine Million Besucher an den langen Sommerabenden an.

Pilgerwege

Düren lag im Mittelalter am *Aachen-Frankfurter-Krönungsweg* (S. 84). In der St.-Anna-Kirche wurde von den deutschen Königen auf dem Weg von Frankfurt, dem Ort ihrer Wahl durch die sieben Kurfürsten, zur Krönungsstadt Aachen das *Haupt der hl. Anna* verehrt. Aus *Wissersheim* zogen früher die

→ Detail vom Chorgestühl in der St.-Anna-Kirche

Bauern zur hl. Anna nach Düren. Eines Tages wollten sie aber nicht mehr gehen, weil ihnen die Arbeit auf den Feldern wichtiger war. Machte sich aber dann einer doch noch auf den Weg nach Düren, schlossen sich alle anderen wieder an.

Seit den 70er-Jahren des vergangenen Jahrhunderts sind die Prozessionen fast gänzlich zurückgegangen. Von *Schlich/D'horn* findet noch am ersten Freitag im August eine Fußwallfahrt zur Mutter Anna nach Düren statt. Der Weg führt am Dürener Badesee vorbei und dann entlang der Rur. Jedes Jahr nehmen bis zu 100 Personen daran teil. Zu der dreistündigen, etwa 7 km langen Wallfahrt ist keine Anmeldung

---

Bezeichnung der Wallfahrt: *St.-Anna-Wallfahrt*
Ort: *St.-Anna-Kirche, Düren*
Festtag: *26. Juli (Oktav beginnt am Samstag danach)*
Hinweis: *Nach jeder hl. Messe findet am Morgen im Papst-Johannes-Haus ein Pilgerfrühstück statt, am Donnerstag Suppenessen, am Mittwochnachmittag Kaffee und Kuchen.*
Informationen: <u>Düren</u>*: Pfarrei St. Lukas Düren, Gemeindebüro St. Anna, Annaplatz 8, 52349 Düren, Tel.: 02421-12390, E-Mail: info@annaoktav.de oder ann@st-lukas.org.* <u>D'horn</u>*: Tel.: 02423-6465 oder 02423-90090, E-Mail: kath.pfarrgemeinde-dhorn@t-online.de*

---

erforderlich. Auch wenn heute nur noch aus wenigen Orten Fußpilger nach Düren kommen, so nehmen immerhin Tausende Gläubige von außerhalb mit dem Pkw an der Anna-Oktav teil.

Prozession zum Muttergotteshäuschen: In Düren findet außerdem noch eine „Wallfahrt" genannte Prozession statt, bei der Ende April aus der Pfarrkirche Joseph ein Ölbild in das Muttergotteshäuschen getragen wird. Ende Oktober kehrt es dann wieder in die Kirche zurück.

Aus dem Pilgertagebuch von Dr. Walter Töpner: Auf dem Jakobsweg von Bonn über Aachen und Paris nach Poitiers wollte ich mit meinem Pilgerkameraden am Abend Düren erreichen. In der Jülicher Börde hatten wir unterwegs jedoch einmal Orientierungsschwierigkeiten. Da wir uns über den Weg nicht ganz sicher waren, fragte mein Kamerad einen ortskundigen Rentner nach dem Weg. Gern gab dieser Auskunft mit den Worten: „Dann fahren Sie in diese Richtung und dort um die Ecke."– „Wir sind zu Fuß", antwortete mein Kamerad lakonisch, worauf der alte Herr einige Zeit brauchte, um sich wieder zu sammeln. Als wir den Ortsanfang von Düren erreichten, sahen wir zwei Kneipen einträchtig gegenüberstehen, die eine hieß „Junggeburt" und die andere „Muttergotteshäuschen". In welcher dieser beiden Kneipen ist man als Pilger wohl besser aufgehoben?, fragte ich mich beim Weitergehen und lenkte dann schnell meine Schritte zur Kirche St. Anna. In der Kirche hatte zufällig jemand an diesem Abend die Reliquie aus ihrem vergitterten Schränkchen hervorgeholt und zeigte sie auch uns. Das war für uns eine unerwartete Begegnung. Ein zweites Mal kamen wir auf unserem späteren Weg in Tours „in Tuchfühlung" mit der Reliquie des großen hl. Martin, als am Abend die Nonnen im Kloster St. Martin den anwesenden Pilgern ausnahmsweise die Hirnschale des Heiligen zeigten, was sonst nur einmal im Jahr geschehen durfte. Man wird demütig, wenn man sich vergegenwärtigt, welche Strapazen die vielen Menschen auf sich nahmen (und noch nehmen!), um ein solches Erlebnis zu haben.

↓ Weg beim See bei Düren

Westlich der Burgruine Nürburg liegt einer der bekanntesten Marienwallfahrtsorte in der Eifel. Nach einer alten Überlieferung liegen die Wurzeln der Wallfahrt zur Muttergottes mit der Lilie in Barweiler in der Reformationszeit. Damals kam Barweiler an die Grafen von Manderscheid-Schleiden, die zum protestantischen Glauben übergetreten waren. Normalerweise hätten die Barweiler als deren Untertanen den lutherischen Glauben annehmen müssen. Aber sie weigerten sich und blieben katholisch. Als die katholische Mutterkirche in Üxheim protestantisch wurde, wurde ein Muttergottesbildnis von dort nach Barweiler gebracht, um es vor den Bilderstürmern zu schützen. Die Muttergottesverehrung geht zurück auf das Jahr 1726, als sich hier eine wunderbare Begebenheit mit einer „blühenden Lilie" ereignete, die sich im Folgejahr wiederholte. Der Wallfahrtsort Barweiler erfreute sich seither in vielen Eifelorten so großer Beliebtheit als Wallfahrtsziel, dass manchmal zu viele Pilger zur gleichen Zeit herbeiströmten. So konnte es vorkommen, dass die Betten in Barweiler nicht ausreichten, um alle Pilger zu versorgen, und manche mit Stroh vorliebnehmen mussten. Auch heute noch kommen jährlich an den Wochenenden nach Mariä Geburt (8. September) zahlreiche Pilger in die Barweiler Wallfahrtskirche.

⇩ Der Himmel über Barweiler

Die Wallfahrt zur Muttergottes mit dem Lilienwunder

Im Jahre 1726 trug sich hier in der Pfarrkirche St. Gertrud folgende Begebenheit zu. Es war Sommerzeit, als man die Statue der Muttergottes in der Kirche wie immer mit Blumen schmückte und ihr dabei eine Lilie in die rechte Hand steckte. Diese begann im folgenden September auf wundersame Weise im verdorrten Zustand neue Knospen zu treiben. Eine Untersuchung durch die kirchlichen Behörden kam zu dem Schluss, dass das Wunder als echt anzuerkennen sei. Daraufhin zogen viele Menschen zu diesem besonderen Gnadenort, der seine Legitimation dadurch nachtäglich erhielt, dass viele Menschen dort von Krankheiten geheilt und ihr Gebete erhört wurden.

Das Aufblühen solcher Wallfahrten zu marianischen Gnadenstätten wie Barweiler wurde im 17. Jh. noch dadurch gefördert, dass die großen Fernwallfahrten des Spätmittelalters im Rückgang begriffen waren oder sogar verboten wurden. Lokale Wallfahrtsorte waren schneller erreichbar und ersparten den Gläubigen größere Landreisen, die zudem oft gefährlich und mit Lebensgefahr verbunden waren sowie eine längere Abwesenheit von zu Hause notwendig machten. Der Aufstieg der kleineren Gnadenstätten zu gleichwertigen Pilgerzielen hatte also auch einen sehr prakti-

→ Das Gnadenbild der Muttergottes mit dem Lilienwunder

schen Hintergrund und wird aus dieser Sicht verständlich.

Die Barweiler Wallfahrt gibt unterwegs Gelegenheit, mit Leuten aus dem eigenen Dorf ins Gespräch zu kommen. Andere wollen für sich bleiben oder nur ihre Seele baumeln lassen. Sportlicher Ehrgeiz, den Weg als Herausforderung zu bestehen, ist bei den wenigsten das Motiv. Neben dem Beten bleibt auch Gelegenheit zu fröhlichem und befreitem Lachen. Die Pilger machen so jedes Jahr erneut die Erfahrung, dass ein besonderer Zusammenhalt im Ort entsteht, wenn sie den Weg gemeinsam geschafft haben. Diese Erfahrung wirkt in den Alltag hinein.

Pfarrkirche St. Gertrud

Die der hl. Gertrud von Nivelles geweihte Pfarrkirche steht auf dem ehrwürdigen Platz einer schon um das Jahr 970 bestehenden Kapelle, die im Besitz der Trierer Abtei St. Maximin war, im „Liber valoris" vom Anfang des 14. Jh. erwähnt wird und vor 1466 die Pfarrkirche ist. Die heutige Kirche wurde 1825/26 errichtet. Weil sie dem Pilgerzustrom nicht mehr gewachsen war, musste sie umgebaut werden. In den 1960er-Jahren wurde die Kirche noch einmal um einen Nordflügel erweitert, der ebenso groß wie das bisherige Kirchenschiff ist.

Der einschiffige, nach Westen ausgerichtete, alte Bruchsteinbau hat mit Basaltlava-

steinen eingefasste Rundbogenfenster. Ein quadratischer Dachreiter mit Welscher Haube ziert das Dach auf der Ostseite. Im Innern ist die flache Decke mit leichten Stichbogen versehen und die Wandbemalung ist dezent gehalten. Der linke Seitenaltar ist der Muttergottes mit der Lilie gewidmet; ihre Statue befindet sich zum Schutz hinter Glas. Das Gnadenbild aus dem 17. Jh. zeigt die Muttergottes mit dem Kinde auf dem linken Arm, mit Krone und Lilie, den rechten Fuß auf der Weltkugel stehend.

Wallfahrt und Wege

Pilgerprozessionen nach Barweiler kommen ab September bis Mitte Oktober zahlreich aus der gesamten Eifel. Hier können nur einige von ihnen beispielhaft erwähnt werden. Die Wallfahrtszeit endet am 13. Oktober.

Die *Barweiler Bruderschaft Hemmerich-Kardorf* organisiert jedes Jahr eine Wallfahrt, an der ca. 50 Personen teilnehmen. Eine Viehseuche und ein Gelübde waren vor über 250 Jahren der Anlass für diesen Pilgergang. Früher gingen Teilnehmer aus fast allen Dörfern des Vorgebirges mit. Die Strecke führt am ersten Tag von *Hemmerich* nach *Altenahr* und am zweiten Tag von *Altenahr* nach *Barweiler*. Der Rückweg ebenso (insgesamt vier Tage, ca. 127 km). Der Reisebedarf wurde früher von den Pilgern selbst getragen, zu Beginn des 19. Jh. beglei-

↑ Die Wallfahrtskirche von Barweiler

↓ Landschaft bei Barweiler

tete eine von Pferden gezogene Karre den Pilgerzug, heute ist es ein Begleitfahrzeug.

Streckentelegramm: 2. Sonntag im September, 7.30 Uhr hl. Messe Pfarrkirche Hemmerich, anschließend Auszug nach Barweiler. 1. Tag: (39 km) Hemmerich – Parkplatz Dützhof – Gut Capellen – Ramershoven (13 km) – Hilberath – Altenahr. 2. Tag: (27 km) Altenahr – Dümpelfeld (Wallfahrtskirche) – Adenau-Barweiler. 3. und 4. Tag wieder zurück, Barweiler – Alterahr und Altenahr – Hemmerich.

Am längsten pilgern die Menschen aus *Krekel* nach Barweiler. 1726 machten sich die Ersten dort auf den Weg. Als die Pest umging, hatte man auch dort gelobt, jährlich nach Barweiler zu gehen, wenn man verschont würde. Ein Wegkreuz im Wald bei *Hoffeld* erinnert bis heute an dieses Gelöbnis. Die Menschen aus *Steckenborn* und Umgebung pilgern seit mehr als 250 Jahren nach Barweiler zur Gottesmutter mit der Lilie. Die Wallfahrt erfreut sich bei Jung und Alt noch immer großer Beliebtheit. Rund 130 km legen die Pilger dabei in vier Tagen bei jedem Wind und Wetter zurück. Am zweiten Pilgertag, an dem die Pilgerzahlen ansteigen, hat man 176 Personen gezählt.

Pilger aus *Wallenborn* gehen am Samstag nach Maria Geburt (6. September) in das 33 km entfernte Barweiler. Die Menschen wissen indes nicht mehr, wie lange schon in ihrem Ort diese Tradition besteht, nur so viel: Man pilgert und betet zur Gottesmutter Maria für „Anliegen in großer Not". Unterwegs wird darauf geachtet, dass die althergebrachte Reihenfolge der „Rosenkränze" und Gebete eingehalten wird.

Aus *Kirchwald, Langenfeld* und *Wanderath* pilgert man ebenfalls nach Barweiler. Die *Kreuzweingartener Pilger* schließen sich den *Arloffer Wallfahrern* an. In *Bad Münstereifel* beginnt man Anfang September um 9 Uhr mit einer Andacht in der Pfarrkirche. Danach erfolgt der Auszug der Prozession. Man kann auch nur ein kurzes Stück mitgehen und für die restliche Strecke den Pilgerbus benutzen.

Von *Schönau* findet eine Prozession „zu Ehren der Muttergottes" Mitte September statt. Nach einer Andacht in der Pfarrkirche in Schönau um 7.30 Uhr beginnt der Auszug der Prozession, 11.45 Uhr ab Wershofen. Barweiler wird gegen 17.30 Uhr erreicht. Um 19 Uhr Pilgermesse mit Schlusssegen.

Von *Blankenheim* geht man heute auf dem neuem Geh-/Fahrradweg (alte Bahntrasse) zur Forellenhof-Farm, Auel-Reetzer Mühle, Oberahreck, Abzweigung Vellerhof, Ahrhütte, Kreuz bei Hoffeld. Ab Ortseingang gemeinsamer Einzug in die Kirche. Um 16 Uhr ist Pilgermesse.

In *Rengen* und *Boverath* (bei Daun) geht man Anfang September nach Barweiler. Beginn an der Kirche in Rengen um 11.30 Uhr. Um 17.30 Uhr Pilgermesse in Barweiler. Rückkehr um 19.30 Uhr mit dem Bus. Wer nicht gut zu Fuß ist, kann an bestimmten Haltestellen den Bus benutzen.

⬆️⬇️ Pilgerzug nach Barweiler

↑ Landschaft im Wirftbachtal bei Barweiler

Bezeichnung der Wallfahrt: 1. Fußwallfahrt zur „Muttergottes mit der Lilie"; 2. Wallfahrt zur „Not Gottes" im Müllenwirft

Ort: Barweiler, Pfarrkirche St. Gertrud, Müllenwirft, Kapelle zur Not Gottes

Festtag: <u>Barweiler</u>: 2. Sonntag im September oder 8. September (Mariä Geburt). <u>Müllenwirft</u>: am 1. Sonntag im Juli 15 Uhr Andacht und an St. Johannes' Geburt

Informationen: <u>Barweiler</u>: Pfarrkirche St. Gertrud, Unsere liebe Frau mit der Lilie, Tel.: 02691-7116,
E-Mail: pfarramt-barweiler@hocheifel.de,
Internet: www.barweiler.de.
<u>Schönau</u>: Tel.: 02253-8246. <u>Kardorf</u>:
E-Mail: Sankt-Joseph.Kardorf.de.
<u>Müllenwirft</u>: siehe oben Barweiler

Unterkunft: Tourismusverein Hocheifel-Nürburgring e.V., Tel.: 02641-9271-0, Internet: www.hocheifel-nuerburgring.de

↑ Landschaft bei Adenau auf dem Weg nach Barweiler ↓ Wallfahrtskapelle Müllenwirft

Wallfahrten in der Nähe

Wallfahrtskapelle Müllenwirft (*Kapelle zur „Not Gottes"*): Kaum zu glauben, aber in dem abgelegenen und einsamen „Wirftbachtal" lag einmal im 16.–19. Jh. der bekannteste Wallfahrtsort der Hocheifel. Wahrscheinlich gab es schon vor 1500 hier eine Kapelle „zur Not Gottes", die der Johanniterorden in Adenau unterhielt. Nachdem die Kapelle nach der Säkularisierung nur noch als Stall und Scheune gedient hat-te, wurde sie schließlich im letzten Jahrhundert ganz abgerissen. Erst 1989 bauten die Nachkommen der letzten Pächterfamilie der Barweiler Mühle in der Nähe der ursprünglichen Anlage eine kleine Kapelle, damit die Wallfahrtsstätte nicht ganz in Vergessenheit geriet. Offenbar mit Erfolg, denn heute besuchen nicht nur Wanderer die Kapelle, sondern auch Menschen, die auf der Wallfahrt zur „Not Gottes" sind. Von Barweiler führt ein 2 km langer Weg zur Barweiler Mühle.

↓ Adenau ist Station der Barweiler Pilger und Ausgangspunkt des Johanniterweges.

Auf seinen Wegen durch das kulturgeschichtlich und landschaftlich interessante Ferschweiler Plateau gelangt der Wanderer an einen seltsamen Ort: In einem rauschenden Wäldchen von Felsen umschmiegt steht im Eifelkreis Bitburg-Prüm am Rande eines steilen Abhangs zum schönen Enztal die Wallfahrtskapelle Schankweiler Klause. Die Kapelle wurde nicht ohne Grund hier oben auf einem vorgeschobenen Felsplateau auf halbem Weg zwischen den Orten Schankweiler und Ferschweiler errichtet. Denn wie eine schützende Hand steht die Gnadenstätte über Tälern, Höhen und Ortschaften. Von der Kapellengründung berichtet eine alte Sage, die bis in die Kreuzfahrerzeit zurückreicht. Das heutige Kirchlein wurde im Jahre 1762 mit Unterstützung des Grundherrn, der Abtei Echternach und ihres Abtes Gregor Schouppe an der Stelle eines noch älteren Vorgängerbaus errichtet. Wie der Name schon verrät, wohnte hier einst ein Klausner, der sich um die Wallfahrt zu dem auf dem Hochaltar stehenden Gnadenbild kümmerte, das aus dem 17. Jh. stammt. Heute lebt hier den Sommer über ein Geistlicher im Ruhestand in dem angebauten Klausnerhaus. Im Sommer, vor allem im Mai, begegnet man manchmal auf den traumverlorenen Waldpfaden den Gruppen von Pilgern, die auf dem Weg zu dieser Gnadenstätte „Maria, zu dir kommen wir, o Maria, hilf" beten. Viele, die in Not sind und nach einem Ausweg suchen, kommen zur Schankweiler Klause. Darum heißt die Pilgerstätte auch „Zur Mutter vom guten Rat".

Legenden

Ein Ritter aus der Gegend geriet auf einem Kreuzzug in die Gefangenschaft der Sarazenen. Täglich betete er zur Muttergottes für seine Befreiung. Er gelobte, wenn er gesund seine Heimat und die Seinen wiedersähe, würde er zu Ehren Marias eine Kapelle an der Stelle errichten, wo er erstmals den heimatlichen Boden wieder betreten hatte. Als er auf wunderbare Weise wieder freikam, kehrte er zurück und merkte sich die Stelle, wo sein Pferd mit dem Huf den Heimatboden berührte. Dort ließ er dann eine Kapelle bauen. In der Nähe der heutigen Gnadenkapelle zeigt man den Pilgern einen *Felsen*, in den eine Vertiefung in der Form eines Pferdehufes eingehauen ist, um an diese Begebenheit zu erinnern.

↑ Landschaft bei Schankweiler

Das *Ferschweiler Plateau* steckt noch voller rätselhafter Geheimnisse. Eines davon ist das *Fraubillenkreuz* in der Nähe, das in vorchristlicher Zeit ein keltischer Menhir war. Der Volksmund erzählt, dass man im Innern die Geräusche einer alten Frau am Spinnrad hören kann. Wegen seiner bauchigen Form galt er bei den Menschen als Kultstein der Fruchtbarkeit. Da die Menschen auch nach der Christianisierung hartnäckig an dem Kult festhielten, wurde der Menhir durch Herausmeißeln einer Kreuzform in ein christliches Symbol umgewandelt. Die Schankweiler Klause ist eine von mehreren Klausen, die auf einer geheimnisvollen geraden Linie liegen (Klausenachse, S. 68).

Wallfahrt

Die Anfänge gehen in das Jahr 1648 zurück, als Johannes Seelmayer aus Haslach im Kinzigtal sich hier als Eremit niederlassen wollte und dazu die Trierer Kirchenbehörde und den Baron Wolf Heinrich von Metternich um Erlaubnis bat, was ihm auch gewährt wurde. Als Platz wählte er sich eine nahe gelegene Felskanzel aus, auf der er eine Behausung errichtete. Dieser Felsen ist heute noch über eine Holzbrücke erreichbar. Von der daneben errichteten kleinen Holzkapelle zur Unterbringung eines Gnadenbildes steht nur noch das steinerne Weihwasserbecken. Die erste Nachricht von der heutigen Kapelle und ihrer

↑ Felsen bei der Schankweiler Kapelle

Klause auf der Schankweiler Höhe stammt aus dem Besitzverzeichnis der Abtei Echternach aus dem Jahre 1688. Schon damals wohnte hier ein Klausner zur Betreuung der Wallfahrer. An der Entstehung der Wallfahrt zur späteren Schankweiler Klause war Adel mit Stiftungen beteiligt, während das einfache Volk die Wallfahrtsstätte mit Leben füllte.

Das nach dem Dreißigjährigen Krieg wieder aufblühende Wallfahrtswesen bevorzugte Wallfahrtskirchen und -kapellen, die auf aussichtsreichen Höhen oder bei Baumgruppen standen. Jetzt übten die Gnadenbilder der Muttergottes auf die Menschen eine stärkere Anziehungskraft aus, während die Bauernheiligen in den Hintergrund traten. An-

hand der Einnahmen aus den Zuwendungen der Pilger ist geschlossen worden, dass die Schankweiler Klause bereits nach hundert Jahren sehr viele Pilger aus der ganzen Eifel und dem Luxemburger Land angezogen haben muss. Am 3. Juni 2012 wurde das 250-jährige Jubiläum der Wallfahrtskirche Schankweiler Klause begangen.

Gnadenbild: Das im Hochaltar aufgestellte Gnadenbild aus Holz zeigt das Jesuskind auf der rechten Seite der Mutter sitzend, mit der rechten Hand berührt es die Wange der Muttergottes. Solche Marienbilder gehören zu den am meisten verbreiteten Darstellungen in Süddeutschland, Tirol und im Alpenraum. Das Schankweiler Bild aus

↑ Das Gnadenbild

dem 17. Jh. ist nach einem von Lucas Cranach d. Ä. gemalten Mariahilf-Bild geschnitzt worden, das dieser nach 1537 für den sächsischen Hof zu Dresden geschaffen hat. Das Original befindet sich heute im Hochaltar des Innsbrucker Doms.

Die Wallfahrtskirche Schankweiler Klause

Die heutige Kapelle wurde als einschiffiger verputzter Bruchsteinbau mit einem Zwiebelturm in einfachen Formen 1762 errichtet.

Dieses Datum steht verschlüsselt in der lateinischen Weiheinschrift über dem Portal der Kirche. Wenn man die hervorgehobenen Buchstaben als römische Zahlen zusammenzählt, ergibt sich daraus die Zahl 1762. Die Pläne hat Baumeister *Josef Dangel* aus Tirol gemacht, der am Bau der prächtigen Barockkirche von St. Paulin in Trier mitwirkte. Die Einweihung der Kirche fand am 6. September 1763 durch den Echternacher Abt Michael Hormann statt.

Der westliche Abschluss der Kirchenwand wird durch Quader, das Portal durch kräftige Hausteine eingerahmt. Während das Äußere

↑ Ein Ort der Stille: die Schankweiler Kapelle

der Kirche betont einfach wirkt, ist das Innere mit seinen künstlerisch qualitätsvollen Rokoko-Altären und der Kanzel überaus reich ausgestattet. An der Kanzelrückwand ist der hl. Willibrord von Echernach abgebildet (S. 64). Auf dem rechten Seitenaltar ist der hl. Antonius (Mönchsvater) zu sehen, auf dem linken Seitenaltar die hl. Anna, wie sie Maria unterrichtet. Die *Beichtstühle* sind mit schönen Intarsien verziert. Der ganze Innenraum

Bezeichnung der Wallfahrt:
Fußwallfahrt zur „Mutter vom guten Rat"
Festtag: *Mai bis Ende September*
Ort: *Schankweiler Klause*
Informationen: <u>*Katholisches Pfarramt*</u>:
Hauptstr. 22, 54666 Irrel,
Tel.: 06525-829, Fax: 06525-932240,

E-Mail: pfarramt@pfarrei-irrel.de,
Internet: www.pfarrei-irrel.de,
www.pfarrei-holsthum.de.
<u>*Fördergemeinschaft Schankweiler*</u>
<u>*Klause e.V.*</u>: *Tel.: 06523-406.*
Pilgerfreunde, Tel.: 06568-7042,
E-Mail: info@pilgerfreunde.de

↑ Barockaltar in der Schankweiler Kapelle

mit dem in Gold und Silber glänzenden Hochaltar muss die damaligen einfachen Menschen vom Lande tief beeindruckt haben. Der Kapellenbau und seine Ausstattung haben allerdings enorme Summen gekostet.

Pilgerwege

Am 1. Mai gibt es von *Holsthum* aus eine Eröffnungsprozession zur Wallfahrtskirche. Von *Messerich* geht man über *Dockendorf*, den *Holsthumer Berg* und *Holsthum* bis zur Schankweiler Klause (rund 15 km).

In *Nussbaum* geht man seit einigen Generationen an Christi Himmelfahrt (Vatertag), heute sind es rund 30 Pilger. Um 13.30 Uhr beginnt die Prozession und man betet den ganzen Weg bis zum Anstieg auf das Ferschweiler Plateau am Bungert. Der Weg führt zum Teil auf dem Jakobsweg über *Stockig* und die *Wikingerburg* und erreicht nach 8 km die Klause um 15.45 Uhr. Um 16 Uhr ist Andacht. Früher machten die Menschen aus Nussbaum eine Pflichtwallfahrt nach Prüm. Als die großen Wallfahrten in der Eifel verboten wurden, ging man zur nahen Schankweiler Klause. Nussbaum

↑ Am Rand des Ferschweiler Plateaus bei Schankweiler

liegt auch auf der Route der Aachener Matthiaspilger, der Echternachpilger aus Prüm (S. 71) und der Jakobspilger (S. 124).

Von *Kruchten* gehen die Pilger am zweiten Sonntag im Mai (Muttertag). Die Orte *Irrel, Holsthum, Prüm zur Lay* veranstalten einmal im Jahr im Sommer (kein fester Termin) eine Sternwallfahrt zur Schankweiler Klause. Rund 50 Pilger aus *Bollendorf, Walldorf* und *Bierdorf* treffen sich am Pfingstmontag in *Schwarzenbruck* und gehen von dort zur *Schankweiler Klause*. Im September ist die gesamte Schulgemeinschaft und -leitung in Bollendorf auf dem Pilgerweg zur Schankweiler Klause, ebenso macht sich das Gymnasium St. Josef in *Biesdorf* auf den Weg dorthin. Um Mariä Geburt findet eine Lichterprozession vom Parkplatz zur Klause statt.

Rundweg um die Schankweiler Klause: Das *Ferschweiler Plateau* im *Deutsch-Luxemburgischen Nationalpark* ist eine der bedeutendsten Sehenswürdigkeiten in der Eifel. Herrliche Wälder, Felsen, Wegekreuze, Menhire, Schluchten, Wasserfälle, prähistorische Gräber und Reste von Burgen wechseln sich ab. Ein Rundweg, der an der Klause beginnt, führt in Richtung *Ferschweiler* (Nr. 1), noch vor dem Ort rechts Richtung *Diesburger Hof*, auf Nr. 8 und Nr. 9 zum *Druidenstein* (Abstecher links), auf Nr. 9 bis zum *Fraubillenkreuz*, dort weiter Nr. 9, dann A zur *Wikingerburg*, auf A zurück zur *Schankweiler Klause*.

Die Stelle, an der die heutige Kirche von Weidingen steht, soll einst ein heidnischer Kultort gewesen sein. Bis zum Jahre 730, so sagt die Überlieferung, stand hier ein der Göttin Frena geweihter Tempel. Als der hl. Willibrord auf einer seiner Missionsreisen in die Gegend von Weidingen kam, soll er veranlasst haben, dass dieser Tempel in eine Kirche umgewandelt wird. Diese verfiel jedoch im Laufe der Jahrhunderte immer mehr, bis das in ihr aufgestellte Muttergottesbild schließlich ungeschützt, Wind und Wetter preisgegeben in einem Weidenstrauch stand.

Angeblich leitet sich von diesem Geschehen der Ortsname Weidingen ab. Eine neue Kirche entstand hier erst wieder, nachdem Graf Friedbald von Hamm durch die Fürsprache der Schmerzhaften Mutter aus türkischer Gefangenschaft freikam. Zum Dank ließ der Graf hier um das Jahr 1205 wieder eine Kirche erbauen. Jetzt strömten immer mehr Pilger zu dem Gnadenbild, bis ihre Zahl so groß wurde, dass sie das kleine Kirchlein nicht mehr fassen konnte. Bis heute ist in der Eifel die „Wallfahrt zur Trösterin der Betrübten" nicht erloschen.

↓ Weg bei Weidingen

→ Die Wallfahrtskirche von Weidingen

↑ Sandsteinrelief der starken Marschälle Gottes

Wallfahrtskirche

Die 1205/06 erbaute *Kirche Mariä Emp-fängnis*, von der heute noch Teile stehen, wurde 1396 um ein Joch verlängert. Im Jahre 1500 wurde dann die rechte Wand der alten Kirche durchbrochen, um sie durch einen Anbau weiter zu vergrößern. Im Jahre 1541 erbaute man einen hohen Turm und brach hierzu einen Teil der ersten Kirche

← Innenansicht der Wallfahrtskirche von Weidingen

ab. Durch Blitzschlag wurden Kirche und Turm insgesamt dreimal getroffen. Dabei brachen Brände aus, die große Zerstörungen anrichteten. Aber 1771 baute man die Kirche mit kürzerem Schiff und Turm unverzagt wieder auf.

Der *Hochaltar* aus Holz von 1780 trägt in der Mitte das *Gnadenbild*, ein Vesperbild von 1500. Der *Dreikönigsaltar* rechts trägt ein altes Ölgemälde mit der Anbetung der Heiligen Drei Könige. Darüber ist auf einem Holzrelief der hl. Bischof Nikolaus mit den drei Jungfrauen zu sehen. Der *Marien-*

altar auf der linken Seite trägt oben ein Holzrelief mit dem Bild des hl. Willibrord, der mit der ersten Kirchengründung in Verbindung gebracht wird. Die barocke *Kanzel* von 1750 trägt die Büsten der vier Evangelisten. In der Kirche befindet sich ein altes gotisches Missionskreuz.

In dem alten linken Kirchenteil steht ein schöner, mit Heiligenfiguren geschmückter, steinerner Barockaltar mit einer ausdrucksvollen Schmerzhaften Muttergottes, darüber der hl. Sebastian sowie weitere Figuren von Heiligen.

Auf einem gotischen *Sandsteinrelief* sicht man die seltene *Darstellung der starken Marschälle Gottes:* Hubertus, Antonius, Cornelius, Quirinus sowie der Frauenheiligen Barbara und Lucia.

Bezeichnung der Wallfahrt: *Fußwallfahrt zu „Maria-Trösterin der Betrübten"*
Ort: *Weidingen, Pfarrkirche Mariä Empfängnis*
Festtag: *Fastenzeit, März/April – an den letzten vier Fastensamstagen (nachmittags) ist Wallfahrt mit Messe, Lichterprozession und anschließend Pilgerkaffee. Anfang September am Fest Mariä Geburt*
Informationen: *Pfarramt Mettendorf:*
Im Fronhof 7, 54675 Mettendorf,
Tel.: 06522-251,
E-Mail: info@pfarrei-mettendorf.de,
Internet: www.pfarrei-mettendorf

Wallfahrten und Wege

Wallfahrtstage fanden früher an 51 Samstagen statt. Aus den Kirchenakten weiß man, dass an manchen Tagen bis zu 24 Priester im Beichtstuhl aushelfen mussten. Die Hauptwallfahrtstage liegen in der Fastenzeit an den vier Fastensamstagen.

Wallfahrten nach Weidingen werden noch praktiziert in den Pfarreiengemeinschaften *Waxweiler* bzw. *Bettingen* sowie in den Pfarrgemeinden *Ringhuscheid, Schwirzheim, Utscheid* und *Bleialf.* Wallfahrer aus *Utscheid* gehen am Freitag nach Fronleichnam nach Weidingen. Von *Ringhuscheid* geht die traditionelle Marienprozession Anfang September am Fest Mariä Geburt nach Weidingen. Die Pilger aus *Schwirzheim* bei Prüm machen ab Mitte September eine Tageswallfahrt. Früher ging man am anderen Tag wieder zu Fuß zurück.

Aus dem Pilgertagebuch von Dr. Walter Töpner: Wir sind in der Schneeeifel als Jakobspilger unterwegs. Gegen Abend dreht sich wie immer das Gespräch um das heutige Nachtquartier. Da wir heute unser Tagesziel auf unserem Pilgerweg nicht mehr erreichen werden, müssen wir wohl das Wagnis eingehen, uns bei einem Bauern einzuquartieren, oder mit einem Heuschober vorliebnehmen. Wir wandern bis zum späten Abend durch die Stille eines Heidegebietes. Beiderseits des Weges eifern Ginsterbüsche im Blühen um die Wette. Jeder Busch will noch prächtiger, noch goldener sein. Ein schwerer, geradezu betäubender Duft durchweht die Luft. Abendfrieden liegt über dem ganzen Land. Zuvor waren wir gerade an einer lärmenden Festgesellschaft vorbeigekommen und hatten tapfer einen kühlen Trunk frisch gezapften Bieres dankend abgelehnt, den man uns zur Erfrischung anbot. Unseren Füßen zuliebe, die ohnehin schon müde genug von dem vielen Laufen waren. In einem kleinen Ort gelingt es uns dann doch noch, in einer Gast-wirtschaft etwas zum Essen aufzutreiben. Die junge Wirtstochter in kurzen Shorts hinter dem Tresen macht uns etwas zu essen. Mit Heißhunger schlingen wir das trockene Schnitzel und die noch trockeneren Pommes Frites hinunter. Als wir gehen wollen, bietet uns die junge Frau ein Zimmer zur Nacht an, aber wir entscheiden uns, weiterzulaufen. Schließlich lag die erste Mutprobe auf unserem Pilgerweg vor uns: eine Übernachtung im Freien.

⇓ Landschaft bei Weidingen

Im idyllischen Tal der Kyll, einem kleinen Nebenfluss der Mosel, liegt in der Südeifel nahe der Kreisstadt Bitburg der Marienwallfahrtsort Auw. Das kleine Dorf hat überregionale Bekanntheit durch die alljährliche Marienwallfahrt am „Krautwischtag", dem 15. August, erlangt. Die Wallfahrt geht zurück auf die alte Legende von den drei Jungfrauen, die auch im unteren Wappenfeld der Gemeide Auw symbolisch in Gestalt einer silbernen Linie auftaucht, die das Symbol der Jungfräulichkeit sowie der Gottesmutter ist. Es heißt, drei Jungfrauen seien hier vor ihrem Vater, dem heidnischen König Dagobert, der sie vom christlichen Glauben abhalten wollte, verfolgt worden und in ihrer Not mit einem Esel von einem Felsen über die Kyll gesprungen. Dank der Hilfe der Jungfrau Maria hätten sie aber den waghalsigen Sprung überlebt und seien sicher ans andere Flussufer gelangt, wo heute Auw liegt. Zum Dank für ihre Errettung errichteten sie dort ein Kirchlein zu Ehren der Muttergottes. Auw ist seit über 300 Jahren ein bekannter Marienwallfahrtsort. Am Wallfahrtstag wird das Gnadenbild der Muttergottes aus der Kirche geholt und von Jungfrauen aus dem Ort in einer Prozession durch den Ort getragen. Die Gläubigen singen dazu das Auwer Wallfahrtslied:

Ein Kirchlein steht im Tale, ehrwürdig, schlicht und still
Rings hohe Berge ragen, am Fuße rauscht die Kyll
Viel Pilger heute wallen, von weit her aus dem Land
Von rauen Eifelbergen, vom schönen Moselstrand
Oh Maria, sei gegrüßet, hilf auch uns in Auw

Die drei Jungfrauen von Auw

Wer sich in der barocken Wallfahrtskirche von Auw genauer umsieht, wird bald jene merkwürdige Figur über der Sakristeitür bemerken, die drei Frauen auf einem Esel sitzend zeigt. Diese Plastik aus dem 16. Jh. stellt die Legende der drei Jungfrauen von Auw, Irmina, Adele und Chlothilde, dar, die zum uralten Sagengut im Ort zählt. Als Franken im Eifel- und Moselland herrschten, hingen trotz der Erfolge, die das Christentum in dieser Region zu verzeichnen hatte, immer noch viele Menschen, so auch

→ Bildstock mit der Schutzmantelmadonna von Auw

König Dagobert, an ihrem heidnischen Glauben. Seine drei Schwestern ließen sich jedoch vom Christentum bekehren und führten ein frommes Leben in einem Kloster, während ihr Bruder, der König, an seinem Hof in Saus und Braus lebte. Als es dem grausamen und sittenlosen König nicht gelang, die drei Frauen zur Rückkehr zu überzeugen, befahl er seinen Soldaten, sie im Kloster festzunehmen und sie zu ihm zu bringen. Die Schwestern Irmina, Adele und Chlothilde bekamen aber vorher Wind von der Sache und entwichen auf einem Lastesel. Aber die Truppen Dagoberts verfolgen sie und als sie das Kylltal erreichten, konnten sie nicht auf die andere Flussseite hinübergelangen, weil es keine Brücke gab. Von einem Felsvorsprung überblickten sie das Gelände und wussten sich keinen Rat. Sie hörten, wie der Fluss 35 m unter ihnen bedrohlich rauschte. Ein Zurück gab es nicht, denn Soldaten Dagoberts kamen immer näher. In ihrer Not beteten sie zur Jungfrau Maria, die ihnen den Rat gab, auf dem Esel sitzend über die Kyll zu springen, was sie auch taten. Dabei verband sich die mittlere Jungfrau die Augen, dann setzten sie in einem kühnen Sprung über die Kyll und sie kamen unverletzt auf der anderen Seite an, wo das heutige Auw liegt. Die Soldaten aber fielen in die Kyll hinunter und ertranken. Als Zeichen des Dankes für ihre Errettung bauten sie im Tal eine Kapelle, die sie der Gottesmutter weihten. Immer mehr Menschen kamen im Laufe der Zeit hierher, bis Auw ein Marienwallfahrtsort wurde.

Der Felsvorsprung, von dem der Esel lossprang, heißt heute Eselslay. Dort steht ein Steinkreuz, das Eselskreuz heißt und auf dessen Rückseite die Legende als Gedicht eingemeißelt ist. An der Stelle, an der der Esel angeblich aufsetzte, steht im Ort ein Kreuz, auf dem die drei Jungfrauen auf dem Esel kurz vor dem Sprung abgebildet sind. Früher stand das Kreuz am Ufer der Kyll. Auf dem neuzeitlichen Denkmal von 1965, das von dem Eifeler Bildhauer Johann Baptist Lenz aus Oberkail geschaffen wurde und unterhalb unserer Pfarrkirche steht, ist die Szene ebenfalls abgebildet.

Der Heimatdichter Bernhard Lemling aus dem Nachbarort Sülm schrieb diese Legende in dem Heimatspiel der „Drei Jungfrauen von Auw" nieder, das im Juli 1953 uraufführt wurde. Der Erlös der Aufführungen wurde zur Beseitigung von Kriegsschäden an der Kirche verwendet.

Wallfahrtskirche und Pfarrkirche Mariä Himmelfahrt

Die Kirche von Auw war aufgrund ihrer hohen Lage mitten im Ort von jeher ortsprägend. Im 12. Jh. taucht Auw unter dem Namen „ouve" auf. In einem Verzeichnis der kirchlichen Besitztümer des Erzstiftes Trier ist erwähnt, dass bereits 1330 eine Kirche in Auw bestand, deren Pfarrer vom

Grundherrn, dem Abt der Abtei St. Maximin, bestimmt wurde. Möglicherweise reichen die Wurzeln aber noch viel weiter bis in die Zeit der fränkischen Könige im 9. Jh. zurück.

1738–1746 wurde eine neue und größere Kirche von dem aus Tirol stammenden Architekten Friedrich Sieberger erbaut. Die Kirche ist ein einfacher Bruchsteinbau mit einem dreiseitig geschlossenen Chor und einem Dachreiter. Der Innenraum gilt als einer der schönsten der Landkirchen der Südeifel und ist durch drei Altäre geschmückt: den Hochaltar im Chor, den Marienaltar links und den Mutter-Anna-Altar rechts. Der um 1770 entstandene *Hochaltar* mit seinen übereck gestellten Säulen nimmt fast den Chorraum ein. In seiner Mittelnische steht eine Statue, die Mariä Himmelfahrt zeigt. Darüber sitzen vier Engel vor einem Bild der hl. Familie. Auf den seitlichen Altartüren stehen die fast lebensgroßen Figuren des hl. Josef und des hl. Nikolaus.

Der linke *Marienaltar* ist seit Jahrhunderten das Ziel der Wallfahrt zur Auwer Muttergottes. Er stammt aus der Zeit um 1700

und war der frühere Hauptaltar. In seinem Mittelteil steht die Figur der *Maria als Himmelskönigin* mit Zepter und Kind, flankiert von gedrehten, mit Trauben und Weinlaub umrankten Doppelsäulen. Darüber befindet sich die *Figur des hl. Matthias*, rechts davon die des *hl. Georg*, links die der *hl. Margareta*. In unmittelbarer Nähe befindet sich die Tür zur Sakristei, wo die Figur eines Esels mit drei Frauen steht. Der *Mutter-Anna-Altar* rechts vom Hochaltar wurde um 1750 geschaffen und zeigt die Heiligen Blasius und Borromäus. In der Mitte steht die Mutter Mariens, die hl. Anna. Auf der *Kanzel* aus dem 18. Jh. sind die vier Evangelisten mit Jesus in der Mitte dargestellt. In der Kirche steht noch eine alte Pietà (Vesperbild).

Direkt neben dem Eingang zur Kirche steht der Grabstein des Kräuterpfarrers Anton Clemens, der weithin als der „Auwer Her" bekannt war. Auf seiner Grabplatte aus Sandstein steht eine la-

→ Jungfrauen aus dem Ort tragen das Gnadenbild bei der Prozession.

← Gnadenbild in der Wallfahrtskirche von Auw

↑ Pilgerprozession in Auw

teinische Inschrift, die übersetzt lautet: „Frommer Wanderer, erschrick nicht vor meinem Gebein. Im Leben war ich wie du; was ich jetzt bin, wirst du nach dem Tode auch sein." Dem Pfarrer, der sich viel mit Natur- und Heilkunde beschäftigt hatte, wurden Kräfte bei Hexereien nachgesagt; seine Heilmittel waren noch lange bis in unsere Zeit in der Eifel als Abwehrzauber geschätzt. In einem Bericht aus dem 18. Jh. heißt es, er habe sogar Teufelsaustreibungen vorgenommen.

Das große, in unmittelbarer Nähe zur Kirche stehende *Pfarrhaus* wurde verkauft. Durch Umbau soll daraus eine Pension mit Biergarten und die ehemalige Scheune eine Gaststätte werden.

Wallfahrt

Schon seit vielen Jahrhunderten wallten die Menschen aus der ganzen Region in den Marienort. Das alte Wallfahrts-Bruderschaftsbuch berichtet, dass Auw schon von 1650 bis 1700 ein vielbesuchter Wallfahrtsort war. Wie man aus einer Eintragung im Pilgerbuch ersehen kann, unternahm selbst der *Kurfürst Karl Josef von Lothringen* 1714 eine Wallfahrt nach Auw, das er „einen wirklich heiligen und ehrfurchtgebietenden Ort" nannte. Bis zur Französischen Revolution gehörte Auw als Teil der Herrschaft Scharfbillig zum Herzogtum Luxemburg. Aus dem adeligen Kloster Ören bei Trier kamen 16 Damen mit ihrer Äbtissin Maria Anna von Beeck. In der darauffolgenden Zeit wallfahrteten noch viele Klöster geschlossen nach Auw, das man als „Zuflucht der Sünder" bezeichnete. Die im Jahre 1712 gegründete gleichnamige Wallfahrtsbruderschaft wurde von *Kaiser Josef II.* aufgehoben. Gleichzeitig wurden alle Prozessionen, die über einer Stunde dauerten, untersagt.

Nach der Besetzung der Eifel durch die Franzosen im Jahre 1794 kam die Wallfahrt zwar gänzlich zum Erliegen, später lebte sie aber wieder auf.

Seit 250 Jahren werden am ersten Sonntag nach „Krautwischtag" (Sonntag nach dem 15. August, Mariä Himmelfahrt) im Ort die historischen Prozessionen abgehalten. Anschließend findet eine Predigt im Freien statt. Zur Erinnerung an die heiligen Jungfrauen von Auw tragen heute neun Mädchen in weißen Kleidern mit blauer Schärpe geschmückt bei der Prozession die schwere Tragbahre mit dem Gnadenbild der Himmelskönigin auf ihren Schultern. Bedingung ist, dass sie nicht verheiratet sind und aus dem Ort kommen.

Der *Krautwischtag* war und ist auch der Tag, an dem die Menschen gewundene Sträuße aus Kräutern und Blumen (Kräuterwesch) in die Kirche mitbringen, damit sie dort gesegnet werden. Die Sträuße werden wieder mit nach Hause genommen und in getrocknetem Zustand in den Wohnungen bis zum nächsten Jahr aufgehängt. Sie sollen vor Blitzschlag, Krankheit und anderem Übel schützen.

Pilgerwege

Die Pilger kamen früher aus Trier, den Gegenden um *Wittlich, Bernkastel-Kues,* aus *Luxemburg*, dem *Hunsrück* und aus der *Eifel*. Die Pilger von der Mosel schmückten damals das Gnadenbild mit Trauben. Heute halten die Menschen aus umliegenden Orten, besonders aus *Idenheim* und *Sülm* oder aus dem 8 km entfernten *Dahlem*, die alte Tradition noch aufrecht.

Bezeichnung der Wallfahrt:
Gnadenbild „Maria Himmelskönigin"
Ort: Auw an der Kyll
Festtag: Sonntag nach 15. August, Mariä Himmelfahrt
Informationen: <u>Auw</u>: Pfarrkirche Mariä Himmelfahrt, Marienstr. 16, 54664 Auw a. d. Kyll, Tel.: 06562-2380, E-Mail: pfarrgemeinschaft@t-online.de
Unterkunft: Altes Pfarrhaus Auw a. d. Kyll, Marienstr. 16, 54664 Auw a. d. Kyll, Tel.: 06562- 9654090, E-Mail: info@pfarrhaus-auw.de, Internet: www.pfarrhaus-auw.de

24 KLAUSEN

Viele Menschen pilgern Jahr für Jahr nach Klausen, einem idyllisch gelegenen Ort im Herzen der Moseleifel, angezogen von der spirituellen Kraft eines Wallfahrtsziels mit einer über 500-jährigen Geschichte. Weithin sichtbar steht die Wallfahrtskirche mit dem Grab des hl. Eberhard über dem Land. In der Legende des hl. Eberhard, der 1439 in Klausen eine kleine Kapelle für ein Vesperbild und eine dazugehörige Klause errichtet hatte, wird berichtet, dass er sich sehr um die Pilger gekümmert haben soll. Dieser Hinweis lässt darauf schließen, dass diese Route von zahlreichen Pilgern begangen wurde. Der Jakobsweg von Andernach nach Trier und einige Routen von Matthiaspilgern aus dem Rheinland füh-

ren über Klausen. Die ehemalige Fremdenherberge des später hier gegründeten Augustinerklosters ist noch heute erhalten (heute Hotel Klausenhof). Das Haus wurde im 15. Jh. errichtet und gehört zu den ältesten Gebäuden Klausens. Die Treppe zu den Fremdenzimmern und die alte Eichentür im Flur stammen noch aus der Gründerzeit der Herberge. In unserer Zeit hat man eine neue Pilgerherberge eingerichtet, denn der Bedarf an Nachtquartieren ist groß: Seit 1950 besuchten jährlich ca. 100.000 Pilger und ca. 700 organisierte Prozessionen den Wallfahrtsort Klausen, der heute der größte im Bistum Trier ist. Darum nennt man Klausen auch das Kevelaer des Trierer Landes.

↓ Blick auf Klausen und hinüber zu den Vulkanbergen der Eifel

Der hl. Eberhard

Es war um das Jahr 1440, als der arme Tagelöhner Eberhard an der Stelle der heutigen Wallfahrtskirche an einem damals noch unbewohnten Ort eine Figur der „Schmerzhaften Muttergottes" zur Verehrung aufstellte. Die Figur der Muttergottes, die ihren gekreuzigten Sohn im Arm hält, stand auf einem zwölf Fuß hohen Bildstock. Immer wenn er in der Nähe war, besuchte er die Figur, bis er eines Tages eine Vision hatte und dort 1442 ein Marienhäuschen baute, zu dem bald viele Besucher kamen und Opfergaben brachten. Nachdem die Figur öfter gestohlen wurde, baute Eberhard sich zwei

Jahre später auf dem Land, das er geschenkt bekam, mit Unterstützung der Menschen neben dem Marienhäuschen eine Wohnklause und lebte dort als Klausner zur Betreuung der Wallfahrt und zum Schutz der Maria. Die sog. *Eberhardsklause* war drei Schritte lang, zwei Schritte breit, drei Schritte hoch. Eberhard hatte alles verkauft, was er besaß, und er erwarb von dem Geld eine tragbare Glocke, einen Leuchter und ein neues Marienbild, das wie das erste aussah. Hier lebte er einige Jahre als Einsiedler. Da zahlreiche Berichte über Gebetserhörungen den Ort bekannt werden ließen, kamen immer mehr Menschen hierher, sodass das Marienhäuschen des Klausners 1446 durch

⇓ Gnadenkapelle mit Eberhardsgrab

eine größere Kapelle ersetzt wurde, die in den Jahren 1447–1448 noch einmal baulich vergrößert wurde. Diese Kapelle wurde dann durch den Trierer *Erzbischof Jakob von Sierck* eingeweiht. 1451 starb Eberhard und wurde in der später neu errichteten Marienkapelle vor dem Gnadenbild begraben.

Kloster und Wallfahrt

Nach dem Tode Eberhards entwickelte sich Klausen zum wichtigsten Wallfahrtsort der Moselregion. 1456 rief der Trierer Erzbischof die Augustiner-Chorherren vom Kloster Niederwerth und vom Kloster Böddeken bei Paderborn zur Betreuung der Pilger herbei. Diese Gemeinschaft, die der Windesheimer Kongregation angehörte, wollte das kirchliche und religiöse Leben und die klösterlich-asketische Lebensweise erneuern. Eberhardsklausen nahm hier im 16. Jh. eine führende Rolle ein. Die Ordensgeistlichen wurden beauftragt, eine neue Kirche zu bauen und ein Kloster zu gründen. Bereits 1474 konnte der Chor geweiht werden und 1502 das gesamte Gotteshaus. Durch zahlreiche und große Opfer der Pilger und andere Zuwendungen verfügte das Kloster über umfangreichen Landbesitz, meist Weinberge an der Mittelmosel. Das Kloster hatte über 450 Jahre Bestand. 1766 wurde Klausen sogar zur Abtei erhoben, aber schon 1802 unter französischer Herrschaft wieder aufgehoben. Danach wurde die Wallfahrtskirche zugleich Pfarrkirche von Klausen. Um 1800 wollten die Franzosen die Wallfahrt unterbinden und man versuchte die Pilgerzüge zu behindern wie auch später in der Zeit des Kulturkampfes und des Nationalsozialismus.

Nach dem letzten Krieg wurden die Wallfahrten wieder aufgenommen. Seither pilgern seit 1950 jedes Jahr über 100.000 Menschen und ca. 700 organisierte Prozessionen nach Klausen zur Gottesmutter Maria. Die Pilger kommen zu Fuß in Gruppen, mit Bussen oder mit dem Auto angereist, um zu beten, um Hilfe zu bitten, ihr Herz zu erleichtern, zu danken oder einfach um zu meditieren. Ledige Frauen kommen gerne nach Klausen, weil eine Wallfahrt nach Klausen die Suche nach dem „Mann fürs Leben" positiv beeinflussen soll. Zu diesem Zweck ziehen ledige Mädchen heimlich an einem Seil, das an der sog. Bampelbox, dem Schlussstein, angebracht war. Dabei wünschen sie sich einen Partner, der bald in ihr Leben treten soll. Angeblich ist das schon oft passiert.

In der Turmhalle am Haupteingang befindet sich das Halbrelief auf einer Grabplatte des Ritters Philipp von Ottenesch, in dem der Volksglauben den Heiligen „Komm-hol-mich" sah. Das Grabmal wurde daher von Unverheirateten aufgesucht und berührt.

Die eigentliche Wallfahrtszeit ist in den Monaten Mai bis Oktober, der Schwer-

→ Chor in der Wallfahrtskirche

punkt liegt wegen der Marienfeste im Mai. Am 8. September 2012 jährte sich die *Birresborner Klausenwallfahrt* zum 150. Mal. Als eine ganz neue Art der Wallfahrt hat sich in Klausen seit 1997 die Motorrad-Wallfahrt eingebürgert. Im ersten Jahr kamen über 700 Motorräder, dann erhöhte sich ihre Zahl im Jahr 2003 auf ca. 4000.

Die Wallfahrtskirche Maria Heimsuchung

Dehio bezeichnet die Kirche als den bedeutendsten Bau der Spätgotik in der Südeifel und im Moseltal. Die 1439 erbaute zweischiffige Wallfahrtskirche mit ihrem länglichen dreiseitig geschlossenen Chor, den reichen Netzgewölben und feinen Maßwerkfenstern ist in ihrer baulichen Substanz nahezu unverändert erhalten. Sehenswert ist die am nördlichen Seitenschiff über einer Heilquelle errichtete *Michaelskapelle* mit reich geschnitztem Altar von 1751, ferner der rechteckige Nachbau der *Eberhardsklause.*

Antwerpener Hochaltar: Von der ursprünglichen Kirchenausstattung ist der um 1480 geschaffene, 6,20 m hohe Schreinaufsatz hervorzuheben, der Szenen aus der Passion Christi mit fast hundert Figuren in vergoldeten Reliefszenen zeigt. Die Gemälde der Altarflügel stammen von mehreren unbekannten Meistern des Mittelalters. Ferner sind zu erwähnen zwei *Gnadenbilder*, das eine von 1442 aus Holz, das andere eine vierfigurige Gruppe aus Sandstein vom Anfang des 17. Jh., und ein *Steinaltar* von 1588 mit dem Martyrium der hl. Katharina. Die barocke *Kanzel* wurde 1774 geschaffen.

Gnadenkapelle: In der Kapelle aus dem 15. Jh. im Westteil der Kirche befinden sich das *Vesperbild* und das *Grab des hl. Eberhard.* Als man 1902 die Kapelle neu gestaltete, stieß man auf die sterblichen Überreste Eberhards. Auf dem mittleren Altar sind *Gnadenbilder der „Schmerzhaften Muttergottes"* aufgestellt. Dieser von unzähligen Kerzen erleuchtete Ort wird jedes Jahr von vielen Tausend Pilgern zum Beten aufgesucht, die dort Hilfe und Kraft für ihre Anliegen suchen.

Ein besonderes Erlebnis ist eine Führung durch die *Klosterbibliothek,* die mit Wandmalereien des späten 15. Jh. sowie mit Netzgewölben ausgestattet ist, die in einer im Moselraum häufig anzutreffenden Mittelstütze auslaufen.

Die Sage vom Eberhardsfass

Als Bruder Eberhard daranging, für sein Gnadenbild eine größere Kirche bauen zu lassen, hatten die Bauarbeiter auf der Baustelle an einem heißen Sommer großen Durst. Da kam ein frommer Mann vorbei, der ein kleines Fass Wein als Opfer mitbrachte. Aber bald war es leer getrunken.

↑ Chor außen mit reichem spätgotischem Maßwerk

Daraufhin bat Bruder Eberhard die Jungfrau, einmal auch etwas für ihn zu tun und das Fässchen wieder zu füllen, was auch geschah. Der Wein floss aufs Neue und schien nicht auszugehen. Da wurde der Klausner neugierig und wollte wissen, wie lange die Spendenbereitschaft der Jungfrau noch anhalte. Er steckte einen Stock ins Spundloch, um zu sehen, wie viel Wein noch da sei. Doch da hörte der Wein auf zu fließen. Zur Erinnerung an diese Sage ist heute noch ein Fässchen auf der Kirchturmspitze angebracht.

Pilgerwege

Bei Klausen vereinigte sich der Andernacher Weg (Römerstraße) mit der aus dem Moseltal über Mahring heraufführenden Koblenzer Strecke. Die Zahl der Reisenden und Pilger, die sich auf diesen beiden Straßen fortbewegten, dürfte ab Klausen beachtliche Ausmaße angenommen haben. Einige der Routen von Matthiaspilgern aus dem Rheinland und der neue Weg der Jakobspilger von Andernach nach Trier (Eifel-Camino) führen über Klausen.

↑ Kreuzweg in Klausen

Bezeichnung der Wallfahrt:
Gnadenbild Maria Dolorosa, Grab des
St. Eberhard
Ort: Klausen
Festtag: Wallfahrtszeit ist von Mai bis
Oktober, besonders im Mai aufgrund der
Marienfeste.
Informationen: _Klausen_: Pfarr- und
Wallfahrtskirche Klausen,
Kath. Pfarramt Maria Heimsuchung,
Am Augustiner Platz, 54524 Klausen,
Tel.: 06578-218, Fax: 06578-1446,
Internet: www.pfarramt-klausen.de.
Gemeindeverwaltung Klausen,
Escher Str. 5, 54524 Klausen,
Tel.: 06578-634, Fax: 06578-1646

Der Weg von Wallenborn: Alljährlich machen die Pilger von _Wallenborn_ am Pfingstsamstag eine Fußwallfahrt in das 40 km entfernte Klausen. Man weiß noch genau, wann der erste Bittgang in den Marienwallfahrtsort stattfand. Als in der Pestzeit fast an jedem Tage ein Wallenborner an der Pest verstarb, machte sich die Dorfbevölkerung in ihrer Verzweiflung zu Fuß nach Klausen auf. Allein in einer Woche pilgerten die Dorfbewohner dreimal nach Klausen. Beim dritten Mal versicherte ihnen der Pfarrer in Klausen, jetzt müssten sie in diesem Jahr nicht mehr kommen, da die Krankheit besiegt sei und niemand mehr befürchten müsse, ein Opfer der schrecklichen Krankheit zu werden. Und es kam tatsächlich so,

↑ Pilger auf dem Weg nach Klausen

wie er es voraussagte. Aus Dankbarkeit gehen die Menschen aus Wallenborn noch heute nach Klausen. Die Beteiligung ist für den kleinen Ort hoch, 70 und mehr Pilger machen sich begleitet von der Wallenborner Musikkapelle auf den Weg und treffen am späten Samstagnachmittag in Klausen ein. Nach dem Empfang des Segens ging man früher anderntags zu Fuß wieder zurück nach Wallenborn. Heute jedoch kehren die Pilger noch am Abend mit einem Bus nach Wallenborn zurück.

Der Weg von Driesch: Jedes Jahr pilgern die Gläubigen aus *Driesch* (S. 235) am Samstag nach Christi Himmelfahrt in einer Fußprozession nach Klausen und kehren am Sonntag wieder zurück. Das hatte die Pfarrei im großen Pestjahr 1633 gelobt. Damals kamen 275 Menschen um. Das Gelübde ist bis heute eingehalten worden. Aus dieser Zeit datieren die Stiftsämter zu Ehren der Pestpatrone Sebastian und Rochus.

Der Weg von Birresborn: Seit 1863 pilgern Birresborner den 70 km langen Hin- und Rückweg zur Schmerzhaften Muttergottes nach Klausen.

Der Weg von Bettingen: An der Pfarrkirche von *Bettingen* ist Mitte September schon in aller Frühe um 4 Uhr Abmarsch. Der eintägige Weg geht über *Ingendorf* und *Messerich*. An der Kapelle an der B 50 findet die erste Frühstückspause statt. Vorbei an *Niederstedem* und durch *Oberstedem* geht der Weg durch *Scharfbillig* und an *Röhl* vorbei durch den Wald nach *Speicher*. Dort ist um 8.30 Uhr in der Pfarrkirche Morgenandacht. Frühstückspause um 9.45 Uhr, Mittagspause, eine Rast bei Sehlem. An der Wallfahrtskirche in Klausen werden um 15.15 Uhr die Pilger empfangen, um 15.30 Uhr beginnt das Pilgeramt.

Der Weg von Mehren: In dem Moselort *Mehren* beginnt die Pfarrei St. Matthias am Sonntag nach Fronleichnam die Klausen-Wallfahrt. Schriftliche Aufzeichnungen belegen, dass man seit 1761 auf Wallfahrt geht. Damals hat die „fromme und gottesfürchtige Jungfer" Maria Gertrud Kemmers für die Prozession nach Klausen Geld gespendet. Inzwischen ist man schon über 250 Mal von hier nach Klausen gepilgert. Wahrscheinlich ist der Gang nach Klausen aber noch älter und geht auf die Zeit des Dreißigjährigen Krieges zurück.

Zwar unternahm man die Wallfahrt wegen einer Viehseuche, aber aus den Aufzeichnungen weiß man, dass die Landbevölkerung auch gerne zweifelhafte Vergnügungen zur Abwechslung vom eintönigen Alltag damit verband. Aus diesem Grund wurden Prozessionen, die länger als eine Stunde dauerten, vom Generalvikariat 1782 und 1784 verboten. Aber noch um 1830 wurde darüber Klage geführt, dass die Pilger auf dem Heimweg von Klausen „in ungehörigem Maß dem Alkohol zusprächen". Und selbst der Trierer Bischof räumte in einem Brief an den Pfarrer von Mehren ein, dass die Wallfahrt zu Recht eingestellt worden sei.

Doch als die nächste Viehseuche sich ausbreitete, erneuerten die Mehrener schnell ihr altes Versprechen. Man einigte sich darauf, dass aus jedem Haus mindestens ein Mitglied an der Wallfahrt nach Klausen teilnehmen sollte. Im Jahr 1876 zählte man wieder 302 Pilger. Als aber im Jahr 1910 die Bahnstrecke von Daun nach Wittlich eröffnet wurde, machten es sich die Mehrener leichter, fuhren mit dem Zug von Schalkenmehren bis Salmrohr und gingen nur das letzte Stück zu Fuß. In den 1960er-Jahren kam die damalige Jugendgruppe auf die Idee, die ursprüngliche Fußwallfahrt über die gesamte Strecke von 40 km wieder ins Leben zu rufen. Seither ist die Fußwallfahrt lebendig geblieben. Die Fußpilger starten am Sonntag um 3 Uhr an der Kirche. Es besteht aber die Möglichkeit, sich dieser Gruppe um 8.30 Uhr in Wittlich am Krankenhaus anzuschließen.

Der Weg von Gillenfeld: Seit 375 Jahren gehen die Gläubigen von Gillenfeld unbeirrt ihren Weg nach Klausen. Das erste Mal war es im Jahr 1635, als die Pest große Not über die Menschen brachte. Damals pilgerte man zu dem 30 km entfernten Marienwallfahrtsort Klausen. Noch heute hat in Gillenfeld diese Wallfahrt einen hohen Stellenwert. Die Pilgerzahlen sind noch beträchtlich: Ab Gillenfeld 82 Pilger, ab Wittlich 113 Pilger und am zweiten Tag gingen 60 Pilger wieder zurück nach Gillenfeld. Am Samstag wird frühmorgens eine Messe in der Gillenfelder Kirche gefeiert, in Wittlich

↑ Pilgerandacht am Römerstein an der Römerstraße im Kondelwald bei Olkenbach

ist Mittagsrast und am späten Nachmittag die Ankunft in Klausen. Der zweite Wallfahrtstag beginnt mit einer Pilgermesse am Sonntagmorgen.

Jedes Jahr stehen die Menschen in Gillenfeld auf dem Platz vor der St.-Andreas-Kirche und erwarten unter Glockengeläut die Prozession der aus Klausen zurückkehrenden Pilger. Der Pastor und die Messdiener gehen ihnen an den Ortseingang entgegen und ziehen gemeinsam mit dem Pilgerzug den Kirchberg hinauf, um in der Kirche den Abschlussgottesdienst zu feiern.

Der Weg von St. Wendel: Die Fußwallfahrt der Pfarreien St. Wendelin und St. Marien in *Urweiler-Leitersweiler* findet Mitte Juni statt. In drei Tagen geht es 75 km zu Fuß zur Gottesmutter nach Klausen. In *Nonnweiler* und auf der *Bescheider Mühle* kann man übernachten oder abends mit dem Bus nach Hause fahren, um am Morgen wieder pünktlich für den nächsten Wegabschnitt zur Stelle zu sein. Die Wallfahrt beginnt mit einem Wortgottesdienst mit Pilgersegen um 7 Uhr in der Urweiler Kirche.

Streckentelegramm: <u>1. Tag</u>: (30 km) Urweiler – Güdesweiler – Neunkirchen/ Nahe – Peterberg – Nonnweiler. <u>2. Tag</u>: Nonnweiler (Morgengebet im Hochwald- dom) – Hermeskeil – Hinzert – Fischerhüt- te – Bescheider Mühle. <u>3. Tag</u>: (Sonntag): Bescheider Mühle (7.30 Uhr) – Zummethof – Trittenheim – Krames – Klausen. Um 15 Uhr werden die Wallfahrer vom Ortsgeistli- chen begrüßt, der ihnen den eucharisti- schen Segen erteilt. Gegen 17 Uhr findet die Abschlussmesse in der Wallfahrtskirche Maria Heimsuchung statt.

Sonstige Wege: Die traditionelle Fußwall- fahrt der *Zeller* nach *Klausen* findet wie in jedem Jahr am Wochenende *nach* Pfingsten statt. In *Bitburg-Moetsch* begeben sich die Pilger am ersten Wochenende im Oktober auf die 36 km lange Fußwallfahrt nach Klausen.

Aus dem Pilgertagebuch von Maria Schüßler: Ich selbst erinnere mich beson- ders an meine erste Klausenwallfahrt nach dem Krieg am 17./18.09.1947 (...). Es mel- deten sich viele, auch Ältere; für diese Stra- paze eigentlich schon zu alte Leute. Doch die Angst und Ungewissheit über das Schicksal vieler Angehöriger hatte sie zu diesem Schritt bewogen. Nun war ja so kurz nach dem Krieg eine denkbar schlech- te Zeit, was Schuhe, Kleidung, Verpflegung usw. anbelangte. Jeder musste sein Essen und Trinken mitnehmen, denn unterwegs kaufen konnte man nichts. Also waren alle beladen wie die Packesel, was am Anfang noch keine Schwierigkeiten machte, sich aber bald als überaus mühsam bemerkbar machte. Auch damals wurde in Bruch Mit- tagsrast gehalten. Meine vierzehnjährige Schwester zog die Schuhe aus.

An vielen Stellen bluteten die Füße, was bei vielen anderen wohl auch der Fall war, und Klausen war noch weit. Mancher suchte sich am Wege einen Knüppel, an dem er sich oft mit beiden Händen fest- hielt. Aber es ist wohl bei keiner Wallfahrt mit so viel Inbrunst und Andacht gerufen worden: „Maria, zu dir kommen wir, deine Hilfe erflehen wir." Es war für viele, be- sonders die Älteren, ein Kreuzweg. Nach dem Besuch in der Kirche beim Gnaden- bild der Schmerzhaften Muttergottes beka- men wir in einer Gastwirtschaft eine war- me Suppe.

Eine Treppe höher war der Tanzsaal, der mit Stroh ausgelegt und unser Schlafquar- tier war. Natürlich schliefen wir in den Kleidern. Viele von den Älteren lehnten sich mit dem Rücken an die Wand und ver- brachten so die Nacht. Sie fürchteten, nicht mehr aufstehen zu können, wenn sie sich hinlegten. Am Morgen gab es nur zum Wa- schen eine kleine Schüssel mit Wasser. Durch Kriegseinwirkung hatte Klausen kein Wasser. Es liegt ja hoch auf dem Berg. Also Not überall, sogar mit dem Wasser. Nach einem kargen Frühstück ging es zum Bahnhof Salmtal, von wo wir mit der Eisen- bahn nach Hause fuhren.

25 DRIESCH

Die Herkunft des Gnadenbildes von Driesch ist nicht bekannt. Was man weiß, ist nur das Entstehungsdatum aus der zweiten Hälfte des 15. Jh. Die Leute im Ort berichteten, das Vesperbild der Schmerzhaften Mutter habe früher an der Straße von Koblenz nach Trier in einem kleinen Heiligenhäuschen gestanden, inmitten einer unbewohnten Gegend. Die Anfänge der Wallfahrt nach Driesch fallen genau in die Zeit, als die Wallfahrt nach Eberhardsklausen begann. Auch in Driesch war ein Klausener mit dem Namen Nikolaus Helmis an der Entstehung des Wallfahrtsortes beteiligt. Und auch er wollte wie der hl. Eberhard, dass für das von ihm verehrte Gnadenbild eine besonders schöne und würdige Kirche gebaut werde. In dem Herrn Gotthard Haust von Ulmen fand er einen einflussreichen Unterstützer. Dieser machte seinen Einfluss bei der Ritterschaft des Landes geltend und warb für den Bau einer Kirche in Driesch. Es gelang tatsächlich, Geld aufzutreiben und mit dem Bau zu beginnen. Die Wappen der Stifter sind an den insgesamt 14 Schlusssteinen abgebildet. Driesch ist heute Station am Jakobsweg von Andernach nach Trier (Eifel-Camino).

↓ Landschaft bei Driesch

Wallfahrtskirche Mater Dolorosa

Im Jahre 1478 erfolgte die Weihe des Ostchors als Gnadenkapelle (Schlussstein im Chor), das zweischiffige Schiff der Hallenkirche und der Turm wurden erst 1496 fertiggestellt und der Mater Dolorosa (Schmerzensmutter) geweiht. Die große Glocke von 1496 hat sich bis heute erhalten. Die in der Spätgotik als *Einstützenkirche* erbaute Marienkirche von Driesch verkörpert einen Typus von Hallenkirche, in der die meist vier Gewölbe der beiden Schiffe von einem in der Mitte stehenden Pfeiler getragen werden. Diese Bauart ist an der Mosel und in der Eifel häufiger anzutreffen und hat ihr Vorbild in der Hospitalkirche St. Nikolaus in Kues (1450–1457), die *Kardinal Nikolaus von Kues* (1401–1464) als Einstützenkirche errichten ließ.

Hochaltar: Das *Vesperbild* aus der Zeit um 1500 hatte lange Zeit seinen Platz außen in einer vergitterten Nische an der Südwand des Chores, bis man es um 1750 in die Kirche brachte. 1672 wird nach den Zerstörungen des Dreißigjährigen Krieges ein neuer *Bitter-Leidens-Altar* aufgestellt, den der Bildhauer *Bartholomäus Hammes* aus dem Nachbardorf Alflen geschaffen hat. 1868/69 wurde der schön bemalte Altar mit grauer Farbe übermalt; erst 1942 erhielt der Altar bei seiner Instandsetzung wieder seine alte farbliche Fassung und ist heute zu einer besonderen Sehenswürdigkeit in der Ferienregion Vulkaneifel geworden. Er gilt als einer der bedeutendsten Barockaltäre im Rheinland.

Reliquienkreuz: Als Mitte des 19. Jh. die Wallfahrten in Driesch zum Erliegen kamen, wurde den vorhandenen Reliquien keine Beachtung geschenkt. Erst seit 2003 werden die Reliquien wieder in einem neuen, kreuzförmigen Behältnis in rotes Tuch gekleidet gezeigt. *Ritter Heinrich von Ulmen* hatte sich 1202 auf dem 4. Kreuzzug ins Heilige Land aufgemacht. Aber er kam nur bis Konstantinopel. Von dort brachte er zahlreiche wertvolle Reliquien mit. Einige davon gelangten zur Gnadenstätte in Driesch.

Im Dreißigjährigen Krieg kam es 1635 zu Zerstörungen und Bränden; bald darauf brannte 1687 die Kirche durch Blitzschlag ab, wurde aber schon 1691 wieder aufgebaut. Danach kam es zu einem erneuten Aufblühen der Wallfahrt. Nach der französischen Herrschaft wäre die Kirche 1811 beinahe auf Abbruch versteigert worden, aber erst 1868–1869 erfolgte eine durchgreifende Instandsetzung. 1984 wurde die Wallfahrtskirche Mater Dolorosa unter den Schutz der Haager Konvention gestellt.

Kreuzweg: Der um die Wallfahrtskirche angelegte Kreuzweg aus rotem Sandstein wurde 1755 gefertigt. Er stammt aus der Werkstatt des Steinmetzmeisters Johann Nilles aus Wittlich.

→ Wallfahrtskirche von Driesch

Die Legende um den Bitter-Leidens-Altar

Nach der mündlichen Überlieferung ist dieses Meisterwerk um 1670 von dem Bauernschreiner *Bartholomäus Hammes* aus dem nahen Alflen geschaffen worden, der diesen Auftrag durch Vermittlung seines inzwischen erblindeten Meisters Birkbach in Trier bekam. Die Kosten für den Altar, an dem er jahrelang arbeitete, trug die kurtrierische Ritterschaft. Als er den zerlegten Altar von seiner Werkstatt nach Driesch transportierte, sollen sich unterwegs auf der alten Heerstraße am „Kolwerborn" merkwürdige Dinge ereignet haben: Man sagt, plötzlich sei der Teufel in Gestalt eines Wolfes aus dem Gebüsch gesprungen und über den Weg gerannt. Darüber erschraken die Pferde so sehr, dass sie scheuten und den Wagen umwarfen. Als der Meister sah, dass alles zu Boden gefallen und zertrümmert war, weinte er bitterlich. Schließlich fuhr er mit dem zerstörten Altar wieder nach Alflen zurück. Dort begann er von Neuem mit der Arbeit, die wieder viele Jahre in Anspruch nahm. Man sagt, dieses Unglück habe den Meister sein ganzes erspartes Vermögen gekostet. Die Legende erzählt auch noch, dass Hammes angeblich ge-

← Pilger auf dem Weg nach Driesch

↑ Am Weg nach Heinzerath

lobt haben soll, nicht eher zu heiraten, als bis das fromme Werk vollendet sei. Tatsächlich heiratete er erst im Alter von 40 Jahren ein junges Mädchen aus dem Dorf, das ihm neun Kinder schenkte.

Wallfahrten früher und heute

1478 gewährte *Papst Sixtus IV.* (1414–1484) einen Ablass für die Wallfahrer, die nach Driesch kamen. Jetzt strömten noch mehr Pilger zum Bild der Schmerzensmutter von Driesch. War eine Frau in Hoffnung, so ging sie zur Muttergottes in Driesch. Für die Betreuung der Pilger und der Wallfahrtskirche wurde sogar ein Rektor eingesetzt. Als in der napoleonischen Zeit die Kirche ihren eigenen Geistlichen verlor, begann der Pilgerstrom zu versiegen und es wurde fortan immer stiller um das einst so vielbesuchte Gnadenbild. In den letzten

Jahren lebte die Wallfahrt wieder etwas auf. Wer heute nach Driesch pilgern will, kann sich im Pfarramt anmelden, um zum Beispiel eine Führung durch die Marienkirche zu organisieren.

Frau Elisabeth Kesseler schrieb zur 500-Jahres-Feier der Marienkirche:

Noch gut kann ich mich daran erinnern, dass wir als Kinder gerne die Kirche aufsuchten. In der Kirche waren sehr viele Heiligenfiguren, Krücken und sonstige Gegenstände, die von Bittstellern aus Dankbarkeit für die Heilung in der Kirche blieben. In meinen Jugendjahren kamen noch viele Wallfahrer nach Driesch. Der Haupt-

> **Bezeichnung der Wallfahrt:** *Schmerzhafte Muttergottes (Mater Dolorosa)*
> **Ort:** *Driesch*
> **Festtag:** *Patronatsfest war früher der 15. September (Fest „Schmerzen Mariens"). Die Sommerkirmes findet am 2. Juli, „Mariä Heimsuchung", statt, die Winterkirmes an Christkönig am Sonntag vor dem 1. Advent.*
> **Informationen:** *Pfarrgemeinde Lutzerath: Pfarrbüro, In der Lay 2, 56766 Ulmen, Tel.: 02676-951070, Fax: 02676-9510710, E-Mail: mail@marienkirche.lutzerath.de*

wallfahrtstag war am Fest Mariä Heimsuchung. Wenn es lange Zeit trocken war und alles auf Regen wartete, kamen Wallfahrer aus Wagenhausen, Wollmerath und Alflen, um um Regen zu bitten. Es hieß immer, wenn die Wallfahrer die Litz überquerten hätten, hätte sich auch das Wetter gedreht. Mein Vater, der 40 Jahre im Kirchenvorstand war, erzählte mir immer, vor dem Ersten Weltkrieg seien noch große Wallfahrten gewesen. Die Wallfahrer seien sogar vom Rhein hierhingekommen.

Wallfahrten in der Nähe

Heinzerath: In der Nähe von *Bausendorf* am Weg der Matthiaspilger (S. 112) steht in einem Nebental zur römischen Fernstraße Trier-Andernach die *Kapelle St. Bartholomäus*, die zusammen mit der danebenstehenden Mühle einst zu dem im 17. Jh. untergegangenen Weiler *Heinzerath* gehörte. Der Standort der Kapelle ist von einem Rätsel umgeben, denn in ihrem Innern fließt eine Wasserader vom Altarraum nach Westen unter dem Eingang hindurch in Richtung Sonnenuntergang. Auch die Kelten hatten ihre Tempel auf Wasseradern gebaut, die eine solche Fließrichtung und eine Öffnung hatten wie hier. Vielleicht steht die Kapelle auf dem Platz eines keltischen Heiligtums, das noch in römischer Zeit bestand und als alter Kultplatz in christlicher Zeit umgewidmet wurde.

Zum *hl. Bartholomäus*, dem Schutzpatron der Bauern und Winzer, dessen Bildnis am Hochaltar der Kapelle steht, wurde früher alljährlich um den 24. August aus den Nachbarpfarreien und von Greimerath bei Bernkastel-Wittlich eine Wallfahrt abgehalten, die noch bis in die 70er-Jahre des letzten Jahrhunderts gepflegt wurde. Die Gläubigen strömten früher massenweise zu dieser Kapelle, um für eine gute Ernte und die Gesundheit ihrer Tiere zu bitten. So hat man noch im Jahre 1894 über 2000 Pilger gezählt. Weil die kleine Kapelle solche Massen nicht mehr aufnehmen konnte, wurde eine Außenkanzel angebracht. Für den Untergang des Ortes Heinzerath werden das ungünstige schattige Klima im Tal und Pestepidemien verantwortlich gemacht. Auf dem schön gelegenen Friedhof bei der Kapelle ließen sich Menschen aus dem nahen Olkenbach beerdigen.

Heute begeht man um den 25. August wieder die traditionelle Wallfahrt nach Heinzerath. Die Prozession beginnt um 10 Uhr an der Pfarrkirche in Bausendorf. Anschließend ist ein Pilgeramt. Der Ort Olkenbach feiert am Todestag des Heiligen in Heinzerath seine Kirmes.

↓ Die Kapelle von Heinzerath

Martental heißt Tal der Märtyrer. Woher der Name Martental eigentlich kommt, weiß niemand genau zu sagen. Die Forschung sucht Erklärungen in Sagen und Volkserzählungen. Aber ob hier christliche Märtyrer der thebäischen Legion gemeint sind, die ihr Leben für ihren Glauben hergaben, ist ebenso unbewiesen wie die Vermutung, dass der hl. Kastor mit seinen Schülern bei der Christianisierung des Mosellandes in dieses Tal gekommen ist. In der Nähe des Klosterortes verlief allerdings auf den Höhen eine Römerstraße und bei Ausgrabungen im Bereich der alten Kirche sind römische Münzen aus dem 4. Jh. gefunden worden. Gab es vielleicht hier unten im Tal in der Zeit der Christenverfolgung ein Lager, in dem sich zum Christentum bekennende römische Soldaten und Beamte gefangen gehalten und getötet wurden? Das Kloster im Tal der Märtyrer könnte seinen Namen auch nur zur Erinnerung an das Martyrium der christlichen Soldaten der thebäischen Legion erhalten haben. Dafür spräche, dass die erste Kapelle dem hl. Achatius geweiht wurde, der als Offizier den Märtyrertod fand. Aus dieser Sicht jedenfalls wäre eine frühe Klostergründung an diesem Ort plausibel. Gesichert ist aber nur, dass es schon um 1141 das vom Augustinerchorherrenstift Springiersbach aus gegründete Kloster „Martyldal" gab. Dieses ging nach der Säkularisation unter. Als die dort verbliebene Kapelle der 10.000 Märtyrer 1817 einstürzte, wurde sie zum Ziel einer Wallfahrt, nachdem Unbekannte an den Umfassungsmauern der Kapelle ein altes Bild der Gottesmutter anbrachten. Die Pietà, die heute im Mittelpunkt der Wallfahrt steht, wird jedenfalls als „Königin der Märtyrer im Tal der Märtyrer" verehrt. Zu diesem Bild in Martental pilgert heute noch immer die gläubige Bevölkerung der Eifel.

Kloster Martenal

Das *Augustinerchorherrenstift Springiersbach* gründete in Martental ein Kloster, über dessen Existenz wir in einer Urkunde erfahren haben, in der über die Schenkung eines Weinbergs durch den Trierer *Erzbischof Arnold I.* im Jahre 1141 an die Chorherren von „Martyldal" berichtet wird. Der Besitz des Klosters Springiersbach im „valle martirum" wird von *König Konrad III. und Papst Eugen III.* bestätigt. Nachdem sich das Männerkloster aufgelöst hatte, bestand seit 1212 in Martental noch ein Augustinerin-

↑ Pilgerprozession nach Martental

nenkonvent, der anfangs zwar wohlhabend war, aber zu Beginn des 16. Jh. mit wirtschaftlicher Not zu kämpfen hatte. Auch die Zahl der Chorfrauen ging drastisch zurück; im Jahre 1515 waren nur noch zwei Nonnen im Kloster, bis 1523 Papst Clemens VII. das Kloster schließlich aufhob. Jetzt bewachten Klausner das Gnadenbild. Der Streit um den Klosterbesitz zwischen dem Erzbischof von Trier und dem Abt von Springiersbach wurde bis nach Rom getragen, wo man 1541 entschied, dass Springiersbach den Zuschlag bekommen solle mit der Auflage, dort wieder eine Propstei einzurichten und für die Lesung mehrerer Wochenmessen in Martental Sorge zu tragen.

Das Gnadenbild überstand auch die Wirren im Dreißigjährigen Krieg und ab 1720 lebten wieder Einsiedler zu dessen Betreuung in Martental. 1737 war wieder genug Geld für den Bau einer neuen Wallfahrtskirche da. Unter französischer Herrschaft

↑ Die Wallfahrtskirche in Martental von oben

wurde der Kirchenbesitz am Ende des 18. Jh. versteigert und die Wallfahrten kamen zum Erliegen. Als der letzte Eremit 1808 starb, kümmerte sich niemand mehr um die Wallfahrtsstätte und so stürzte 1817 die Kapelle ein. Um die Mitte des 19. Jh. wurden die Reste der Klosterkirche mit dem zugehörigen Gelände und der ehemalige Klostermühle an privat verkauft.

1908 ließ der Redemptoristenpater *Josef Tillmann* ein Klostergebäude mit Hauskapelle erbauen, in der das alte Gnadenbild der Pietà aufbewahrt wurde. 1927 erwarb die Priesterbruderschaft *Herz-Jesu-Priester* aus Sittard das verfallene Kloster mit der Ruine der Gnadenkapelle und dem alten Klosterhof oberhalb von Martental und erbaute 1934 mit Unterstützung der Bevölkerung eine neue Wallfahrtskirche.

Von 1942 bis 1945 war das Kloster Maria Martental von den Nationalsozialisten enteignet, die Patres und Brüder wurden vertrieben. Die Wallfahrtskirche und das Gnadenbild konnten in letzter Minute vor der Zerstörung gerettet werden, weil sie Bischof Franz-Rudolf Bornewasser von Trier

↑ Der Hof der Pilger bei der Wallfahrtskirche in Martental

kurzerhand zur Pfarr- und Vikariekirche für die Filiale Leienkaul ernannte. Das Kloster mit seinen Ökonomiegebäuden und seiner Landwirtschaft diente dann als Landdienstlehrhof der Hitlerjugend der NSDAP. Nach dem Zweiten Weltkrieg wurde der Klosterbesitz den Herz-Jesu-Priestern zurückgegeben, die das Kloster wieder aufbauten. 1960 wurde die neue Kirche geweiht. Als die großen Wallfahrten wieder aufblühten, baute man 1968 ein Pilgerheim und vergrößerte die Kirche 1973/74 noch einmal.

Wallfahrt

Das hölzerne Gnadenbild der Schmerzensmutter vom Ende des 15. Jh. wurde von einem unbekannten Künstler geschaffen. Das Bild kam mehrmals zu Schaden und musste immer wieder restauriert werden, aber es hat die schweren Zeiten des Klosters überdauert. Immer noch kommen jedes Jahr viele Pilger. Die Zahlen bleiben konstant oder nehmen sogar leicht zu. Der Höhepunkt ist heute in der Festwoche um das Fest „Schmerzen Mariens" am 15. September,

↑ Pilgerzug nach Martental

↓ Pilgerzug nach Martental

↑ Wegzeichen nach Martental

aber auch das ganze Jahr über kommen Pilgergruppen. Das *Pilgerheim* neben der Wallfahrtskirche bietet Platz für bis zu 220 Gäste.

Ein Haus mit Tagungs- und Gruppenräumen und einem großen Gebets- und Meditationsraum steht zur Verfügung. Der seelsorgliche Dienst an den Pilgern bildet einen Schwerpunkt der Ordensleute, die auch als Seelsorger in den umliegenden Pfarrgemeinden wirken und junge Menschen bei der Suche nach ihrer Berufung begleiten.

Pilgerwege

In der Wallfahrtswoche im September kommen am Montag, Dienstag und Mittwoch Pilgergruppen aus den umliegenden Orten wie zum Beispiel *Aflen, Auderath, Büchel, Illerich, Landkern, Lutzerath* und *Ulmen.* Die Pilgergruppen von bis zu 40 Teilnehmern gehen zu Fuß und legen dabei eine Entfernung von ca. 8 km zurück. Es gibt aber auch spontane, anlassbezogene Wallfahrten unter dem Jahr, die von Frauen in den Gemeinden organisiert werden, zum Beispiel wenn jemand im Ort schwer erkrankt oder ein Kind zu sterben droht. Die *Matthiaspilger aus Mayen* machen im Kloster regelmäßig Station. Eine besondere *Wallfahrt für Großeltern und Enkel* findet an Christi Himmelfahrt statt.

In früherer Zeit zogen die Gläubigen am Ostermontag von *Masburg* in einer Sakramentsprozession zum Gnadenbild nach Martental. Diesem Pilgerzug schlossen sich Gläubige aus *Müllenbach* und *Leienkaul* und noch viele andere Pilger aus umliegenden Gemeinden an.

> **Bezeichnung der Wallfahrt:** *Schmerzhafte Muttergottes*
> **Ort:** *Kloster Maria Martental*
> **Festtag:** *15. September (Fest „Schmerzen Mariens")*
> **Informationen:** <u>*Kloster Maria Martental*</u>*: Leienkaul, 56759 Kaisersesch, Tel.: 02653-9890-0, Fax: 02653-989019, E-Mail: Kloster.martental@scj.de.*
> <u>*P. Dr. Andreas Pohl SCJ, Tourist-Information Ferienland Cochem*</u>*: Endertplatz 1, 56812 Cochem, Tel.: 02671-60040, Fax: 02671-600444, E-Mail: info@ferienland-cochem.de*
> **Unterkunft:** *Pilgerheim: Öffnungszeiten Mo bis Fr 11–17 Uhr. Sa und So 11–18 Uhr*

⬇ Pilgerandacht unterwegs

27 ST. BRIGIDA

Viele Kirchen und Kapellen in der Eifel tragen den Namen der hl. Brigida und wurden jahrhundertelang von Pilgern aus der näheren und weiteren Umgebung aufgesucht. Der Name der Heiligen kommt eigentlich von der keltischen Göttin Brigid her. Diese galt als Überwinderin des Wintertodes, weil sie jedes Jahr am 1. Februar die erstarrte Erde zu neuem Leben erweckte. Trotz der legendenhaften Lebensgeschichte Brigidas ist die Meinung vorherrschend, dass es sie als Person wirklich gegeben hat. Wahrscheinlich hat die wundermächtige Äbtissin das Erbe der keltischen Göttin angetreten, wofür sie vom Volk glühend verehrt und ihr grenzenloses Vertrauen entgegengebracht wurde. Obwohl Brigida als Äbtissin über Irland hinaus hochverehrt ist, wurde sie aus dem Heiligenkalender wieder entfernt und wird in der katholischen Kirche offiziell nur noch als „Regionalheilige" verehrt. Dennoch hatte sich der Wallfahrtskult um die hl. Brigida in manchen Eifelgegenden hartnäckig behauptet, und das trotz der widrigen Wetterverhältnisse, die am St.-Brigida-Tag am 1. Februar herrschten und mit denen die Pilger zu kämpfen hatten, wenn Pilgerwege in der Eifel mit hohem Schnee und Eis bedeckt waren. Aus den Wallfahrtsorten brachten die Menschen Münzen, Gebetszettel, Heiligenpfennige und Segensbilder mit nach Hause, die Unheil abwehren sollten. Dieser und mancher anderer Haus- und Stallsegen war unter den Menschen in der Eifel hochbegehrt. Leider führt das Bauernsterben in der Eifel dazu, dass die Wallfahrten zu dieser Bauernheiligen in manchen Orten zurückgehen.

Die hl. Brigida

Die *hl. Brigida (Brigitte) von Kildare* ist die Patronin Irlands und lebte dort von 453 bis 521. Sie gründete das Kloster Kildare, dem sie als erste Äbtissin vorstand und das wegen der viele Wohltaten und der dort vollbrachten Wunder berühmt war. Mehrere später verfasste Legenden berichten, dass sie bei der Heilung von Vieh und Haustieren vielen Menschen geholfen hat. Die Verehrung der Heiligen im Volk beruht auf dem festen Glauben, dass sie bei Erkrankungen des Viehs, besonders der Pferde, Rinder und Schweine, hilft oder davor schützt. Sie wird um Schutz für Kinder und Wöchnerinnen und um Hilfe vor Unglück und Verfolgung angerufen. Ihr Todestag ist

↑ Weg bei Keldenich

der 1. Februar. Im Elsass wird Brigida als Heilige verehrt, da Teile ihrer Reliquien schon im 8. Jh. in das elsässische Kloster Honau, später dann nach Straßburg gelangten. Das Haupt der hl. Brigida kam unter Heinrich VIII. nach Lissabon.

St. Brigida wird in Ordenstracht mit Gänsen, Pferd, Kuh, Ochse, Schwein und/oder Lamm gezeigt, in der Hand einen Hirtinnenstab haltend, der wie ein Bischofsstab aussieht, und manchmal auf der Mondsichel und Schlange stehend, wie dies sonst bei Maria der Fall ist. Manchmal wird sie als Äbtissin eine Kerze in der Hand haltend oder mit einer Flamme über dem Haupt gezeigt. Die Statuen werden oft mit einem Sonnen- und Sternenkranz geschmückt.

St.-Brigida-Kult: Die Heilige wird mancherorts mit Brot und Salz in Verbindung gebracht, die beide nicht nur im Christentum einen hohen Symbolwert haben: Brot steht für Fleisch und Salz wurde mit Blut gleichgesetzt, weil dieses auch salzig schmeckt. Der

→ Statue der hl. Brigida in Keldenich

gemeinschaftliche Verzehr von Brot und Salz galt unter den Menschen wie eine Abmachung zu einem friedlichen Leben in der Gemeinschaft. Wenn Salz auf den Boden fiel, galt das als ein böses Vorzeichen für ein unnützes Blutvergießen. Am *Brigittentag am 1. Februar* oder im Mai am *Brigida-Freitag* werden Brot und Salz in *Keldenich, Blumenthal und Untermaubach* bzw. Wasser und Salz in *Eicherscheid* und *Holzem* oder Brot, Wasser und Salz in *Kronenburgerhütte* gesegnet. Das gesegnete Brot und das geweihte Wasser mischte man manchmal dem Viehfutter bei.

An Mariä Lichtmess am 2. Februar träufelte man Wachstropfen von einer geweihten Kerze auf das Fell der Tiere und formte dann aus dem Wachs ein Kreuz, das man zum Schutze der Tiere an der Stalltür befestigte. In der Westeifel war es in den Bauernfamilien üblich, nach dem Abendgebet noch ein Vaterunser zu Ehren der hl. Brigitte zu beten.

St.-Brigida-Kreuze: In vielen Häusern hängt ein Binsenkreuz der hl. Brigida, das zu ihrem Symbol wurde. Die Menschen glaubten, dass dort, wo man es aufhängt, Unglück und Hunger ferngehalten werden. In der Fastenzeit wurden diese geflochtenen Kreuze besonders verehrt. Wenn ein Binsenkreuz verloren ging, wurde sofort ein neues als Zeichen des heiligen Glaubens

← Statue der hl. Brigida in Untermaubach

→ Wallfahrtskirche hl. Brigida in Untermaubach

angebracht. Der Kult geht auf eine Legende zurück, in der berichtet wird, dass Brigidas Vater bis kurz vor seinem Tod überzeugter Heide blieb. In seiner Sterbestunde war sie bei ihm und betete. Während der langen Zeit, die sie an seinem Bett wachte, flocht sie ein Kreuz aus den Binsen, die üblicherweise auf dem Fußboden als Belag lagen. Der Vater bat sie daraufhin, ihr die Bedeutung des Kreuzes zu erklären, was sie auch tat. Da interessierte er sich für den Glauben seiner Tochter und schloss schließlich die Augen als gläubiger Christ.

In der Eifel tragen Kliniken, Kindertagesstätten, Familienzentren und Pflegeeinrichtungen oder Schützenbruderschaften wie in Keldenich ihren Namen.

Wallfahrten zu St.-Brigida-Kirchen in der Eifel

In der Eifel entwickelten sich nach der Überführung einiger Reliquien im Jahre 1587 schnell Wallfahrten und besondere Pilgermessen. In der ehemaligen Abteistadt *Prüm* wird die hl. Brigida besonders verehrt. So wird noch heute in der Basilika alljährlich am 1. Februar ein Pilgeramt für die „Viehheilige" gehalten. Beim Betreten der Prümer Basilika sieht man rechts im Hauptschiff ein Standbild der Heiligen. Ihr zu Füßen kauert eine Kuh. Auch in der Stiftskirche von *Bad Münstereifel* wurde bereits im 15. Jh. die hl. Brigida angerufen.

Eine der älteren Verehrungsstätten der St. Brigida ist die Pfarrkirche in *Keldenich* (Kall), die auch eine Reliquie der Heiligen besitzt. Hier wird die hl. Äbtissin schon seit über 200 Jahren verehrt, wie ein Brigida-Gebetsheftchen des Jahres 1782 belegt. Auf dem rechten Seitenaltar der 1786/87 erbauten Saalkirche ist eine Statue der hl. Brigida zu sehen. Während der Messe am letzten Sonntag im Januar werden Salz und Brot vom Priester gesegnet. Dann können die Gläubigen die in der Kirche aufbewahrten Reliquien der hl. Brigida verehren. Am Tag darauf findet das Fest der Schützenbruderschaft St. Brigida statt.

Die Verehrung der hl. Brigida in der Pfarrkirche in *Blumenthal* (Hellenthal) beginnt um 1648 am Ende des Dreißigjährigen Krieges. Damals war die Angst vor dem Viehsterben durch Seuchen in der Bevölkerung noch groß. Die Pfarrkirche St. Brigida entstand schon in spätgotischer Zeit zu Beginn des 16. Jh., als der Eisenerzabbau hier aufblühte. Wie populär die Heilige auch in der Neuzeit noch war, zeigt das Beispiel der St.-Brigida-Kapelle in *Kronenburgerhütte* bei Kronenburg von 1734, die erst um die Jahrhundertwende in St. Brigida umbenannt wurde. *Nonnenbach* südlich von Blankenheim besitzt eine Kapelle St. Brigida aus dem Jahre 1851. Weitere neuzeitliche St.-Brigida-Kapellen befinden sich in *Holzem* bei Effelsberg (Bad Münstereifel) und in *Eicherscheid*. Der Kult in beiden Gemeinden liegt aber schon länger zurück, als es das

Alter der heutigen Kirchen vermuten lässt. So wurden in Holzem in der viel älteren, später abgerissenen St.-Maternus-Kapelle Messen zu Ehren der hl. Brigida gelesen.

Der Weg von Nemmenich/Frauenberg: Menschen aus dem Raum *Zülpich* und *Euskirchen* pilgern noch heute zur Pfarrkirche nach *Untermaubach*, die seit 1659 eine Reliquie der hl. Brigida vorweisen kann. Gläubige aus *Frauenberg* und *Nemmenich* gehen seit 1534 alljährlich im Mai aufgrund eines Gelübdes nach dem Dreißigjährigen Krieg nach Untermaubach. Die Fußpilger starten um 6 Uhr ab dem Ehrenmal in Frauenberg. Ferner kommen in dieser Zeit auch Pilger aus *Berg, Ülpenich, Wollersheim* und *Vlatten.*

Bezeichnung der Wallfahrt: *St. Brigida*
Festtag: *1. Februar. Keldenich letzter Sonntag im Januar. Untermaubach Prozessionen im Mai*
Orte: *Keldenich, Untermaubach*
Informationen: *Keldenich: Pfarrbüro St. Dionysius, Tel.: 02441-4236, E-Mail: nikolaus.-kall@t-online.de. Untermaubach: Pfarramt St. Brigida, Auf dem Graben 2, Untermaubach, 52372 Kreuzau, Tel.: 02422-3239. Frauenberg: Tel.: 02251-57220, Kirchengemeindeverband Zülpich, Mühlenberg 9a, 53909 Zülpich, Tel.: 02252-2322, Internet: gemeinden.erzbistum-koeln.de/ seelsorgebereich_zuelpich /index.html*

⇩ Im Schutze der Burg steht die Wallfahrtskirche in Untermaubach.

In beherrschender Lage über den bewaldeten Höhen der Nordeifel steht weithin sichtbar auf dem 588 m hohen Michelsberg eine dem hl. Michael geweihte Kapelle. Einst nannte man diesen Berg „Mahlberg" nach der kleinen Dorfgemeinde zu seinen Füßen. Auf dem Gipfel dieser Basalkuppe wurde früher Recht gesprochen, denn hier tagte das Hochgericht Münstereifel, dem sieben Gemeinden angehörten. Die alte Versammlungsstätte gilt als einer der wichtigsten Plätze der Rechtsgeschichte in der Umgebung. Die Geschichte des Berges reicht aber wahrscheinlich viel weiter zurück bis in die heidnische Vergangenheit der keltischen, römischen und germanischen Zeit. Noch im Jahre 800 n. Chr. hat man hier heidnische Opferfeuer abgehalten. Nach der Christianisierung wurde der Berg dem Erzengel Michael als Beschützer der Christenheit geweiht. Der frühere Name Mahlberg ging auf den nahe gelegenen Ort Mahlberg über. Der Michelsberg wird seit Jahrhunderten von Pilgern aufgesucht. Auf einem idyllischen Kreuzweg gelangt man zu der auf dem Gipfel stehenden malerisch gelegenen Kapelle St. Michael. Das Michaelheiligtum war für Pilger gut erreichbar, denn nicht weit davon verlief die Römerstraße von Bonn nach Trier.

→ St. Michael, der Seelenwäger

↓ Blick beim Michelsberg

St. Michael

Zur Verehrung ihrer höchsten Gottheit wählten die Germanen oft bewaldete Hügel aus. Diese heiligen Weihestätten durften nur mit tiefster Ehrfurcht und mit Schweigen betreten werden, waren sie doch Mittelpunkt eines Kults, bei dem es verboten war, Blut zu vergießen. Der Michelsberg könnte durchaus ein solcher „Gottesberg" gewesen sein, denn er war von allen Seiten gut sichtbar und leicht zu erreichen.

An der Stelle der heutigen Kapelle befand sich schon im Mittelalter eine dem hl. Michael geweihte Kapelle. Wie viele der Kirchen, die auf einer Anhöhe erbaut wurden, ist auch sie dem Erzengel geweiht. Für die frühen christlichen Glaubensverkünder war es oftmals schwierig, den germanischen Gott Odin (oder Wotan) durch den neuen Christengott zu ersetzen. Im Jahre 601 forderte Papst Gregor der Große dazu auf, die heidnischen Kulte mit christlichem Geist zu durchdringen. So wurden die alten Heiligtümer vorsichtig in christliche umgewandelt und die alten Riten mit christlichen Sinngehalten verknüpft. Der volkstümliche *Michaelskult* ist vielerorts aus einer solchen Gemengelage von biblischen Grundlagen und germanischen Götter- und Heldenmythen hervorgegangen. So verwundert es nicht, wenn der hl. Michael, der Engel mit dem Flammenschwert, als Führer der himmlischen Heerscharen und Begleiter der Toten an die Stelle des germanischen Gottes Odin getreten ist, der übrigens auch ein Gott des Totenreiches war. Zudem klang das aus dem hebräischen abgeleitete Wort „Michael" den Germanen vertraut, ähnelte es doch dem Beiwort „michil", was so viel wie groß oder mächtig bedeutet. Und tatsächlich steht der Erzengel Michael als mutiger Kämpfer für den Glauben und für die konsequente Verteidigung des Guten. Er gilt als glorreicher Besieger des Bösen, der meist als Drache dargestellt ist und als mutiger Streiter für Gott. St. Michael ist auch der Schutzpatron Deutschlands.

Wallfahrt

Die Blüte der Wallfahrt auf den Michelsberg lag zwischen 1632 und 1773. Wesentlichen Anteil daran hatte der in Münstereifel neu beheimatete Jesuitenorden, dem die Kapelle anvertraut war. Die Wallfahrt zum hl. Michael nahm durch die Jesuiten sprunghaft zu, sodass im Jahre 1680 acht Priester benötigt wurden, um den Wallfahrern die Beichte abzunehmen. Es musste sogar ein eigenes Priesterhaus neben der Kapelle auf der Südseite des Turmes (1699) errichtet werden. Die Zahl der Mitglieder der Michaelsbruderschaft stieg von 1705 bis 1708 auf ca. 4000 Mitglieder an. Erst mit der zeitweiligen Aufhebung dieses Ordens 1773 ebbte die Wallfahrt wieder ab. Die

→ Die St. Michaelskapelle

↑ Die Frauen am Heiligen Grab auf dem Michelsberg

Wallfahrt hat aber bis heute Bestand. Die Michaelsoktav findet um den 29. September statt.

St. Michaelskapelle

Die Kapelle wurde 1244 erstmals erwähnt. Der heutige Bau aus dem 16. Jh. hat im Chor ein spätgotisches Netzgewölbe aus der Zeit um 1500. In einer angebauten barocken Kapelle sieht man eine Beweinung Christi. 1836 brannte die Kapelle auf dem Michelsberg ab, aber 1857–1860 wurde sie wieder aufgebaut. Vom Turm hat man eine großartige Rundsicht bis zur Hohen Acht, zum Siebengebirge und Kölner Dom.

Pilgerwege

Noch immer ziehen Menschen aus der Umgebung gemeinsam zum Michelsberg und hoffen dort auf die Fürsprache des Erzengels für den eigenen Lebensweg, für die Dorfgemeinschaft, für ein entschiedenes Eintreten für Gott und die Mitmenschen, für Frieden und Gerechtigkeit. Am 8. Mai (Michaelserscheinung) gehen die Gläubigen aus *Großbüllesheim* aufgrund eines Gelöbnisses und eine Woche später die Gläubigen aus *Satzvey, Domesch* und *Antweiler*. Um den 29. September (St. Michael, Oktav) pilgert die Pfarrgemeinde *Sistig* am Wochenende zum Michelsberg. Abgang am Samstag um 9.30 Uhr, Sonntag um 7.45 Uhr Kreuzweg, 8.30 Uhr hl. Messe in der Kapelle. Der Sistiger Pfarrer Johannes Berens hatte seine Gemeinde im Jahr der Machtergreifung der Nationalsozialisten 1933 dazu angehalten, durch die Wallfahrt auf den Michelsberg ein Zeichen zu setzen und den hl. Michael um Unterstützung auf dem Michelsberg bei der Verteidigung des christlichen Glaubens und für Menschlichkeit und Frieden zu bitten. Die Pilger aus *Kreuzweingarten* schließen sich den *Stotzheimer Wallfahrern* bei der Wallfahrt zum Michelsberg in der Michaelsoktav am 29. September an. Weitere Pilgergruppen kommen aus *Bouderath, Flamersheim, Pesch, Buir, Rupperath, Mutsch, Iversheim, Eschweiler, Bad Münstereifel, Effelsberg* und *Houverath*.

↑ Prozessionsweg am Michelsberg

Bezeichnung der Wallfahrt: *Wallfahrt auf dem Michelsberg (hl. Erzengel Michael, Festoktav)*
Ort: *Michelsberg bei Schönau*
Festtag: *29. September und am 8. Mai*
Infomationen: <u>*Michelsberg*</u>: *Tel.: 02257-1223.* <u>*Bad Münstereifel-Effelsberg*</u>: *St. Stephanus, Stephanusstr. 2, 53902 Bad Münstereifel, Tel.: 02257-1261.* <u>*Sistig*</u>: *Pilgergang Info, Tel.: 02445-1035 oder 02445-5357*
Gottesdienste: *Hochamt am So um 10 Uhr sowie Abschlussandacht, anschließend Sakramentsprozession*

29 DECKE TÖNNES

Seit vielen Jahrhunderten befindet sich einsam im Wald direkt an der Straße L 234 von Bad Münstereifel nach Effelsberg auf halbem Weg ein weißes, unscheinbares Kapellchen, in dem innen hinter Gitter und Glas gegen Diebstahl geschützt eine überlebensgroße Holzfigur steht, die den hl. Antonius von Ägypten darstellen soll. Verehrt wird hier der Eremit St. Antonius, der als Beschützer des Waldes, des Wildes und des Viehs gilt. Früher, als es die Kapelle noch nicht gab, stand die Figur im Freien auf einem hohen Sockel, den Unbilden der Witterung ausgesetzt. In der linken Hand hält sie die Bibel und den Hirtenstab mit den beiden Glöckchen. Zur Figur des hl. Antonius, die im Volksmund „Decke Tönnes" genannt wird, kommen täglich viele Menschen, Wanderer, Läufer oder Autofahrer, um an der Kapelle zu beten und Kerzen anzuzünden. Der Heilige hört geduldig allen zu, die mühselig sind und beladen zu ihm kommen, und ist Ausdruck einer noch heute gelebten Volksfrömmigkeit in der Eifel. Am Wallfahrtsort für die Einheimischen aus der Umgebung von Bad Münstereifel verlöschen deshalb die Kerzen nie. Kranke oder in Not Geratene suchen ihn ebenso auf wie frischverliebte junge Paare, die dort eine Kerze anzünden und um eine gute Zukunft bitten. Für die Menschen ist das etwas ganz Normales und gehört in bestimmten Situationen des Lebens einfach dazu. Wie es scheint, hat der Einsiedler von Ägypten in unserer Zeit eine neue Aufgabe bekommen, denn er ist auch Patron der Autofahrer, die sich ihm anvertrauen. Sogar Ausdauersportler verehren Tönnes, den Patron der Waldläufer, und benannten 2005 einen Marathonlauf nach ihm. Dass der Heilige schon vielen geholfen hat, zeigen die Dankesbezeugungen auf Zetteln oder kleinen Schildchen, auf denen „Danke, Antonius!" steht. Da hatte wohl der mächtige Heilige seine Hand im Spiel gehabt.

Die Waldkapelle

Um den Bau dieser Kapelle rankt sich eine merkwürdige Sage. Angeblich hat ein Handelsjude oder ein Bauer aus der Umgebung die Kapelle in Erfüllung eines Gelübdes erbaut. Tatsächlich entstand die Kapelle aber erst um das Jahr 1900. Die Figur in ihrem Innern, die den hl. Antonius in der Kleidung eines Antonitermönches zeigt, ist hingegen sehr alt. Anlässlich ihrer Restaurierung hat man ihr Alter neu bestimmt. Da

↑ Waldkapelle des „Decken Tönnes"

nach ist sie im späten Mittelalter (15./16. Jh.) geschaffen worden und stammt wahrscheinlich aus dem Kloster Steinfeld.

Der hl. Antonius von Ägypten

Der hl. Antonius lebte von 252 bis 356 in Ägypten und starb im Alter von 105 Jahren als Einsiedler, nachdem er in seinem Leben vielen teuflischen Anfechtungen widerstanden hatte. Daher findet man manchmal zu Füßen des Heiligen den Satan in Gestalt eines Drachen abgebildet. Im Mittelalter wurde Antonius von Ägypten als einer der Vierzehn Nothelfer gegen die sehr verbreitete Hautkrankheit, das Antoniusfeuer, angerufen und er war auch Helfer gegen andere Hautkrankheiten. Später verehrte man Antonius als Schützer der Wälder, des Wildes und des Viehs, vor allem der Schweine. Daher ist er oft als der Schweinehirt mit der Hirtenglocke und einem Schwein zu seinen Füßen dargestellt. Die zur Versorgung der Armen bestimmten sog. *Antoniusschweine* durften damals überall frei weiden und wurden auch mit öffentlichen Mitteln unterhalten. Heute ist er auch Schutzpatron des Waldes und der Autofahrer.

Die *Grablege des hl. Mönchsvaters Antonius* liegt in Frankreich in La Motte-aux-Bois. Dort ging aus einer Laienbruderschaft, die

sich im Jahr 1095 der Versorgung der gesunden und der Pflege der kranken Pilger annahm, der Antoniterorden hervor. In den nächsten zwei Jahrhunderten entstanden im Ausbreitungsgebiet der ganzen lateinischen Kirche viele Niederlassungen der *Antoniter-Chorherren,* die man auch Hospitaliter nannte. Der Antoniterorden kümmerte sich um die Opfer der Volksseuche des sog. *Antoniusfeuers,* jener gefürchteten, durch einen Getreidepilz (Mutterkorn) ausgelösten Hautkrankheit (Brand). Denn nicht nur Missernten und Hungersnöte, sondern auch Aussatz und ernährungsbedingte Krankheiten wie mutterkornverseuchtes Getreide rafften die Menschen scharenweise dahin. Die durch Mutterkorn im Roggenmehl verursachte Krankheit war gekennzeichnet durch das Zusammenziehen von Gefäßen, Pelzigkeitsgefühle und Kribbeln der Haut (daher die Namen „Kriebelkrankheit", „Antoniusfeuer") sowie Gangränbildung. In dem Bericht eines Mönches aus dem Jahr 997 heißt es: *„Es ist ein verstecktes Feuer, das eine Gliedmaße angreift, sie verzehrt und abfallen lässt. Die meisten Menschen werden innerhalb einer einzigen Nacht von diesem schrecklichen Brand verzehrt."* Ursache und Heilungsmöglichkeiten dieser Krankheit waren damals völlig unbekannt. In Gegenden mit Getreideanbau wurde der hl. Antonius daher besonders als Schutzheiliger vor dem Antoniusfeuer verehrt.

← Der hl. Antonius in der Schankweiler Klause

Viele Hospitäler am Jakobsweg in Frankreich und Spanien tragen daher noch heute seinen Namen. Im Gegensatz zu den anderen Orden galt bei diesem Bettelorden das Armutsideal nicht nur für die Mönche, sondern auch für das gesamte Kloster.

In seiner Ikonographie wird der hl. Antonius dargestellt als Mönch mit dem Tau (ägyptisches Kreuz, früher auch als Symbol des Lebens und als Amulett betrachtet). Die Antonitermönche waren deshalb mit schwarzen Umhängen gekleidet, denen ein blaues Tau (T) aufgenäht war.

Sagen

Antonius geht den Stimmen der Vögel nach

Im Kloster Steinfeld war Bernardus für seine Strenge im Amt als Abt bekannt. Ein beleibter kleiner Mönch namens Antonius erregte sein Missfallen, weil er häufig bei den Andachten fehlte und stattdessen im Garten lieber dem Gesang der Nachtigallen lauschte. Als man seine Zelle überreich mit Blumen geschmückt vorfand und an den Wänden Käfige mit den Vögeln sah, bezichtigte man den Bruder Antonius teuflischer Künste und wies ihn aus dem Kloster. Alle Vögel schwiegen, als der ausgestoßene Mönch durch die Pforte das Kloster verließ, und sogar die Blumen ließen traurig ihre Köpfchen hängen. In der Stiftskirche seiner Heimatstadt Münstereifel fand er abends Zuflucht. Im Gebet vor dem Bilde der Gottesmutter hörte er plötzlich eine Stimme, die ihm sagte, er solle, wenn der Tag anbreche, immer nur den Stimmen der Vögel nachgehen. Dann werde er ein neues Zuhause finden und ein neue Aufgabe. Am anderen Morgen folgte er den über ihm fliegenden Vögeln und ging immer weiter bergauf, bis sie auf einmal nicht mehr weiterflogen und sich setzten. An dieser Stelle baute sich der Mönch eine Laubhütte und führte das Leben eines Einsiedlers. Die Tiere des Waldes besuchten ihn und eines Tages fanden ihn hier auch die Münstereifeler Kinder beim Beerensuchen. Nun brachten sie ihm regelmäßig etwas zu essen. Als die Tage kürzer wurden und es kälter wurde, baute sich Antonius eine neue Behausung aus Stein mit einem Kamin. Er wurde ein Freund der Reisenden und Fuhrleute, weil er bei Nacht und Nebel oft ein Glöckchen läutete und den Menschen, die zwischen Ahr und Erft unterwegs waren, Zuflucht gewährte. Noch 50 Jahre verbrachte Antonius oben am Knippberg. Eines Morgens fand man ihn tot vor seiner Hütte im Schnee liegend, die Augen gen Himmel gerichtet.

Tönnes, magst du och Speck?

Wie es zum Bau der Kapelle kam, schildert eine andere Sage. Als die Figur des hl. Antonius früher auf einem Sockel frei im Walde stand, kam eines Tages ein Wanderer und setzte sich auf eine Bank zu Füßen des Heiligen, um eine Pause zu machen und sein Butterbrot zu essen, auf dem eine dicke Scheibe Speck lag. Die übrig gebliebene große Speckschwarte strich er dem Heiligen über den Mund und fragte ihn: „Tönnes, magst du och Speck?" Auf einmal stürzte die Figur herab und fiel auf den Mann, der sich nicht befreien konnte und unter der schweren Last kaum noch Luft bekam. In seiner Angst bat er den Heiligen um Verzeihung und flehte ihn um Hilfe an. Er gelobte ihm, wenn er befreit würde, an dieser Stelle ein Häuschen bauen zu lassen, damit er nicht mehr ungeschützt im Freien zu stehen brauche. Mit einem Mal richtete sich die Figur auf und stand wieder an ihrem alten Platz. Der Mann kehrte sogleich nach Münstereifel zurück, wo er über sein Erlebnis im Walde erzählte. Er hielt sein Versprechen und schon am nächsten Morgen wurde mit dem Bau der Kapelle begonnen. Als sie fertig war, stellte man eine Figur des hl. Antonius hinein, wo sie heute noch steht.

Bezeichnung der Wallfahrt:
„Decke Tönnes" (St. Antonius Eremit)
Ort: *Waldkapelle am Knippberg zwischen Bad Münstereifel und Effelsberg (in der Nähe Michelsberg)*
Festtag: *Decke Tönnes: ganzjährig*
Informationen: *Bad Münstereifel-Effelsberg: St. Stephanus, Stephanusstr. 2, 53902 Bad Münstereifel, Tel.: 02257-1261*

→ Die Kerzen beim hl. Antonius erlöschen nie.

30 KREUZWEINGARTEN

In der Ebene des fruchtbaren Tieflandes der Jülicher Börde bei Euskirchen strömen im Frühjahr die gleißend gelben Rapsfelder einen betäubenden Duft aus. Aus der Ebene tauchen in der südlichen Ferne die ersten bewaldeten Hügelzüge auf, mit denen sich die Eifel ankündigt. Es ist der Blick der Fußpilger, die von Euskirchen kommend nach Kreuzweingarten wallen. An der engsten Stelle, an der die Berge nahe zusammentreten, tritt die Erft in das freie Land heraus. Hier überspannte einst eine römische Wasserleitung nach Köln das Tal. Von ihr sind noch einige Reste auf dem Hügel oberhalb des Ortes erhalten. Im Volksmund nannte man sie Teufelsader ("Düvelsoode"). Wir sind in dem kleinen Ort Kreuzweingarten angekommen, der einer der ältesten Siedlungen im ganzen Umkreis ist. Wie schon der Name verrät, wurde hier früher in der geschützten Lage des Tales Wein angebaut. Der Hügel auf der rechten Talseite trug schon in heidnischer Zeit ein Heiligtum, heute steht dort die Wallfahrtskirche Heiliges Kreuz (Kreuzauffindung). Seit frühester Zeit wurde hier eine größere Kreuzpartikel verehrt, die von dem Kreuz stammte, das die hl. Helena in Jerusalem aufgefunden hat. Leider ist die Kreuzreliquie in den Wirren der Geschichte verloren gegangen. Die heutige Reliquie ist 1804 von Trier hierhergelangt und bildet wieder den Anlass für eine Wallfahrt.

Kreuzweingarten

Kreuzweingarten hieß früher nur "Weingarten". Schon in römischer Zeit bestand hier eine Siedlung, wo man wahrscheinlich am nördlichen Hang gegenüber der Kirche Wein angebaut hat. Eigentlich ein hübscher Name, der gut zu dem kleinen Örtchen am Rande der Eifel mit seinen schönen Fachwerkhäusern aus dem 18. und 19. Jh. passen würde. Aber die Bewohner des Ortes befanden, dass in ihrem Ortsnamen die Verehrung des Heiligen Kreuzes zum Ausdruck kommen solle. Lange Zeit waren diese deshalb hartnäckig bemüht, dies entsprechend zu ändern. 1926 wurde endlich die Genehmigung erteilt, dass sich der Ort fortan "Kreuzweingarten" nennen durfte. Zur Bekräftigung des neuen Ortsnamens wurde im folgenden Jahr auf dem Burgberg ein 8 m hohes Kreuz aus Stein errichtet. Früher stand dort ein Holzkreuz.

Römer und Kelten haben in Kreuzweingarten und Umgebung ihre Spuren hinterlas-

↑ Pilgerweg bei Kreuzweingarten

sen, wie der eisenzeitliche Ringwall auf einer Bergzunge und die Fundamente eines römischen Tempels sowie des Römerkanals als Rest der römischen Wasserleitung oberhalb des Ortes zeigen. Die aufgedeckten Reste einer ehemaligen Römervilla im Tal enthielten zwei bedeutsame Mosaikfußböden.

Wallfahrt zum Heiligen Kreuz

Die seit frühester Zeit bestehende Verehrung einer Kreuzpartikel in der Heilig-Kreuz-Kirche machte den früheren Ort „Weingarten" von alters her zu einem besonderen Wallfahrtsziel. Schon die im Turm aufgehängte *Kreuzglocke* ist sehr alt und wurde 1398 gegossen. Sie wird als ältestes Zeugnis der Wallfahrt angesehen. Eine weitere Marienglocke kam 1477 hinzu, die ebenfalls mit ihrem Geläut den Pilgern den Weg wies. Aus einem Dokument in Münstereifel von 1402 geht hervor, dass eine Bittfahrt nach Weingarten unternommen wurde.

Heilig-Kreuz-Verehrung: Seit langer Zeit bestand die Verehrung einer Kreuzpartikel, die leider verloren gegangen ist. 1724 wird

269

↑ Innenansicht der Kirche Hl. Kreuz in Kreuzweingarten

sie als „reliquia insignis" von besonderer Größe bezeichnet. Eine zweite Kreuzreliquie wurde 1749 von Rom durch die Eremiten in der Hardt mitgebracht. Auch sie ist verschwunden. Die heutigen Kreuzpartikel sind Teilchen einer größeren Reliquie, welche der Trierer Erzbischof Balduin der Kartause in Trier vermachte. Die kreuzweise übereinandergelegten Splitter kamen, verschlossen in einer silbernen Kapsel, 1804 nach Kreuzweingarten.

← Kirche Hl. Kreuz in Kreuzweingarten

Auch das große *Missionskreuz* an der rechten Kirchenwand genoss große Verehrung. Früher stand das Kreuz auf dem Obergestühl und die Pilger stiegen über eine Treppe betend dort hinauf in Anlehnung an die Verhältnisse in der Grabeskirche auf dem Hügel Golgatha. Einem Bericht von 1724 kann man entnehmen, dass die Bevölkerung bei Fiebererkrankungen die Füße des Kruzifixes abwusch und das Wasser den Kranken gab, bis dieser Brauch dann von der bischöflichen Behörde unterbunden wurde.

In der folgenden Zeit wurden die Wallfahrten nach Weingarten meist in der Fastenzeit unternommen. Die Wallfahrten scheinen der Kirche aber nicht viel eingebracht zu haben, denn sie wird 1795 zwar als die älteste, aber zugleich auch als die ärmste Kirche in der Gegend bezeichnet. Vielleicht war ein Grund dafür, dass die Wallfahrt in die Fastenzeit fiel. Aus dieser Eintragung geht auch hervor, dass die Pilger vier bis fünf Stunden dauernde Fußmärsche zurückgelegt haben müssen, um zu dieser Kreuzeskirche zu wallen. Am Fuße des Kirchberges gab es auch die üblichen Begleiterscheinungen der Wallfahrt wie Krambuden. Zwischen Pfarrhaus, Schlösserhaus, Fronhof und „Altem Brauhaus" bestanden enge Beziehungen. In der Franzosenzeit wurde die Wallfahrt abgeschafft und erreichte danach nie mehr die frühere Größe.

Pfarrkirche Hl. Kreuz

In die Mauern der Kirche, vor allem in den Turm, wurden mehrere römische Inschriftensteine vermauert. Die Schriftzüge eines Steines lassen auf einen religiösen Weihestein schließen. Wahrscheinlich befand sich in römischer Zeit auf dem Hügel bereits eine Kulturstätte.

Die Heilig-Kreuz-Kirche in Weingarten war zuerst dem Prümer Kloster unterstellt. Sie kam dann als eine von acht Mutterpfarreien Anfang des 13. Jh. an das Chorherrenstift in Münstereifel. Ein Teil der Fundamente und Mauern dürfte noch aus dieser Zeit stammen. Zum ersten Mal taucht der Ort im Jahr 893 im Prümer Urbar als „Vingarden" auf. Wahrscheinlich gab es aber schon davor eine Kirche an diesem Ort.

An den mittelalterlichen Bau, der 1260 geweiht wurde, erinnern das kreuzrippengewölbte Chor und der Turm der Kirche aus dem 14. Jh. Unter dem Geistlichen Everhard Boßhammer (1594–1672) wurde in der Pfarrkirche ein Marienaltar errichtet und die Kirche um den später nach ihm benannten *Dechantsgang* erweitert. Das flach gedeckte Langhaus stammt aus dem 17./18. Jh. In den Jahren 1922/23 wurde die Kirche umgebaut und erhielt im Innern ihr heutiges Aussehen. Von der einstigen Ausstattung wurde eine Pietà aus dem 16. Jh. in unsere Zeit hinübergerettet. Die Darstellung auf dem Antependium beim Hochaltar zeigt die *hl. Helena bei der Auffindung des hl. Kreuzes* in Jerusalem.

Außen bei der Kirche findet man acht Grabsteine im Barockstil mit dem ständig wiederkehrenden Buchstabenkürzel „N. N." (in Gott entschlafen) und „D. S. G. G." (Der Seele Gottes Gnade) oder auch „D. S. G. G. G. W." (Der Seele Gott Gnade geben wolle). Am Aufgang steht ein kreuztragender Christus des Kölner Bildhauers Aldermann.

↑ Ansicht von Kreuzweingarten

Pilgertraditionen und Wege

Die Pilgerprozessionen kamen früher an den Freitagen der Fastenzeit, aber noch im Jahre 1724 zählte man außerdem an allen Freitagen im Jahre Beichtende und Kommunizierende. Noch heute gehen am Samstag vor dem Passionssonntag die Männer aus *Euenheim, Stotzheim, Kuchenheim, Billig* und *Euskirchen, seit 2004 auch die Männer aus Flamersheim* in Bußprozessionen nach Kreuzweingarten, um in der dortigen Kirche mit einer Messe die Verehrung des hl. Kreuzes zu feiern. Die Männer aus *Kreuzweingarten* gehen abends zu einem Pilgergang nach *Maria Rast* und kehren nach einer kurzen Andacht wieder zurück zum Gottesdienst nach Kreuzweingarten.

Von *Rheder* führt ein *Stationsweg der sieben Fußfälle* zur Kreuzeskirche, der den Leidensweg Jesu nachzeichnet, beginnend mit der Todesangst Jesu im Garten Gethsemane und am Ende mit der Kreuzigung in der Kreuzeskirche. Der Weg war so lang wie der Leidensweg in der Heiligen Stadt zur Kreuzigung auf dem Kalvarienberg. Der Hügel, auf dem die Kreuweingartener Kirche steht, besitzt gewisse topographische Ähnlichkeiten mit dem Kalvarienberg in Jerusalem.

Bezeichnung der Wallfahrt:
Heilig Kreuz, Kreuzpartikel
Ort: *Euskirchen-Kreuzweingarten*
Festtag: *14. September; Männerwallfahrt am Abend vor dem Passionssonntag*
Informationen: *Euskirchen Kreuzweingarten: Heilig Kreuz, Antweiler Str. 4, 53881 Euskirchen, Tel.: 02251-61603*
Unterkunft: *Tagungszentrum Haus Hardtberg, Hubertusstr. 26, 53881 Euskirchen-Kreuzweingarten, Tel.: 02251-12909-0, E-Mail: info@haushardtberg.de, Internet: www.haushardtberg.de/. Pilger können auch im nahe gelegenen Kloster Maria Rast bei den Schönstattschwestern wegen einer Übernachtungsmöglichkeit anfragen, 53881 Euskirchen-Kreuzweingarten, Josef-Kentenich-Weg 1, Tel.: 02256-9587*

Wallfahrten in der Nähe

Waldkapelle Rheinbach: Am 20. Januar 1681 entdeckten Waldarbeiter im Rheinbacher Wald beim Spalten einer Buche die Buchstaben des Christusmonogramms IHS. Der Kölner *Erzbischof und Kurfürst Heinrich von Bayern* sah darin ein übernatürliches Christus-Zeichen und beschloss, in Bonn eine Kirche für den Jesuitenorden bauen zu lassen, wo ab 1717 das in Silber gefasste Buchenscheit aufbewahrt wurde. Erst 1781, also nach 100 Jahren, kam es wieder an die ursprüngliche Fundstelle im Wald zurück. Bereits 1683 hatte man am Standort der gefällten Buche eine Waldkapelle errichtet. Als sich die Wallfahrt zu entwickeln begann, baute man 1686 ein Kloster zu deren Betreuung. 1728 wurde eine größere Kirche gebaut, die 1745 *Kurfürst Clemens August* selbst einweihte.

Nach langer Unterbrechung wurde 2009 die alte Tradition in anderer Form als Waldkapellenfest wieder aufgenommen.

31 BERK

Umgeben von mächtigen Wäldern liegt unweit von Kronenburg der kleine Eifelort Berk. Seine größte Kostbarkeit ist ein kleines Kirchlein, in dem fromme Pilger die Vierzehn Nothelfer bis heute verehren. In Deutschland, Österreich und der Schweiz sind den Heiligen Vierzehn Nothelfern zahlreiche Kirchen, Kapellen und Altäre geweiht. Im Spätmittelalter trugen etwa 800 Kirchen ihren Namen. Die Anfänge der Wallfahrt in Berk liegen in der Mitte des 18. Jh., als in der Eifel große Armut und schwere Not herrschten. Das veranlasste den damaligen Berker Bürger Adolf Stolzen, eine Wallfahrt nach Rom zu unternehmen, wo er mit der Bruderschaft der Vierzehn Nothelfer in Berührung kam. Die dabei gemachten Erfahrungen beeindruckten ihn so sehr, dass er nach seiner Rückkehr die Erlaubnis zur Einführung der Verehrung der Vierzehn Nothelfer in Berk erwirkte, und zwar jeweils an den 14 Montagen vor Ostern. Im Jahre 1768 hatte dann Papst Clemens XIII. den Nothelfer-Altar als Wallfahrtsziel anerkannt und der damaligen Nothelfer-Bruderschaft Ablässe verliehen. Noch immer kommen von Jahr zu Jahr Pilger nach Berk und halten die alte Tradition aufrecht.

↓ Die Pfarrkirche St. Brictius in Berk

Die Vierzehn Nothelfer

Die Verehrung dieser Heiligen als Gruppe gibt es erst seit dem 14. Jh., aber die Heiligen, die in der Zeit des frühen Christentums vom 2. bis 4. Jh. lebten, wurden als Einzelpersonen schon länger verehrt. Die Verehrung der Gruppe der Vierzehn Nothelfer kam im Spätmittelalter in den Diözesen Regensburg, Bamberg und Würzburg sowie in Nürnberg um 1400 auf und hat sich von dort im ganzen deutschen Sprachraum sowie nach Schweden, Ungarn und Italien ausgebreitet. Es sind dies die Bischöfe Erasmus, Dionysius, Blasius, die Jungfrauen Margaretha, Katharina, Barbara, die ritterlichen Heiligen Eustachius, Georg, Achatius, der Diakon Cyriokus, der Arzt Pantaleon, der Knabe Vitus, der Mönch Ägidius und Christopherus als Träger des Christuskindes. Bis auf einen ließen alle ihr Leben als Märtyrer, sieben von ihnen lebten in der römischen Provinz „Asia" (Türkei).

Reliquienbehälter: Unter dem Relief der Vierzehn Nothelfer von *Prof. Eberhard Linke* aus Mainz steht ein Reliquienbehälter mit den Reliquien aller 14 Nothelfer. Ernesto Sollke aus Dockweiler, der bei den Car-

⬇ Innenansicht der Pfarrkirche St. Brictius mit dem Vierzehn-Nothelfer-Relief

meliten in Ariolo-Rom war, schenkte der Pfarrkirche in Berk ein Reise-Reliquiar, das unter anderem alle Reliquien der Heiligen Vierzehn Nothelfer enthielt. Das silberne und vergoldete Reliquiar wurde dafür 1910 angeschafft. Die Inschrift auf dem Behälter lautet: „Subvenite Saneti Die" – „Kommt zu Hilfe, ihr Heiligen Gottes". In dem älteren, wohl noch aus der Erbauungszeit der Kirche stammenden Reliquiar fehlen die Reliquien von drei Heiligen.

Altar: In den Altar der Wallfahrtskirche sind um einen zentralen Bergkristall die Symbole für die Vierzehn Nothelfer in eine Keramikplatte eingearbeitet worden. Weitere Kristalle befinden sich an dem Kreuz, welches über dem Altar hängt, sowie am Tabernakel, am Taufbecken und am Ambo. Die Kristalle hat der damalige Pfarrer Joseph Dunkel (1969–1985) aus den Dolomiten mitgebracht.

→ Der älteste Reliquienbehälter von Berk

Die Pfarrkirche St. Brictius

Das im ältesten Kirchenverzeichnis für das Eifeldekanat schon 1308 erwähnte Gotteshaus ist dem *hl. Brictius* geweiht, der Nachfolger des hl. Martin von Tours wurde und als Bischof um 430 die erste Martinskirche in Tours errichten ließ. Der heutige Bau in Berk stammt in Teilen aus der zweiten Hälfte des 12. Jh. An den ursprünglichen Saalbau wurden um 1516 ein Chor und eine Sakristei angebaut. 1954 erweiterte man das Langhaus um das Doppelte, errichtete Wände aus Bruchstein und ein Holzdach mit Schiefer. Am 12. Januar 1971 brannte die Kirche fast vollständig ab, doch bereits im Herbst 1973 konnte die neue Kirche eingeweiht werden. Das neue Gotteshaus wurde mit neuen Bildwerken, unter anderem dem großen Relief der Vierzehn Nothelfer, geschmückt. Der Turm mit der ältesten Glocke aus dem Jahre 1401 und der Chor blieben erhalten.

Wallfahrten nach Berk in der Fastenzeit von Hellenthal

Die Fußwallfahrten zu den Vierzehn Nothelfern nach Berk werden traditionell an jedem Montag in der Fastenzeit von verschiedenen Orten aus nach Berk unternommen. In *Dahlem* und *Schmidtheim* beginnt man um 8 Uhr bei Maria Frieden, in *Reifferscheid* an der Kapelle in Wiesen um 6.30 Uhr. Bis *Sieberath* können noch weitere Pilger dazustoßen. In *Rescheid* treffen sich die Pilger um 8 Uhr an der Bäckerei, in *Udenbreth* an der Gaststätte um 8 Uhr, in *Losheim* an der Kirche um 8 Uhr, in *Wolfert* am Matthiaskreuz um 8 Uhr. Um 10 Uhr findet die Pilgermesse in Berk statt, an der auch zahlreiche Autopilger teilnehmen. Anschließend gibt es im dortigen Pfarrheim ein Frühstück.

> **Bezeichnung der Wallfahrt:**
> *Vierzehn Nothelfer*
> **Ort:** *Berk, Pfarrkirche St. Brictius*
> **Festtag:** *jeden Montag in der Fastenzeit (Nothelfer Monage)*
> **Informationen:**
> <u>Dahlem</u>: *St. Hieronymus, Tel.: 02447-422, E-Mail: gdg.dahlem@t-online.de*

ORTS- UND STICHWORTVERZEICHNIS

Aachen

Vennvorland

Korbelimünster
Untermaubach

Düren

Euskirchen

Bonn

Abtei
Mariawald

Heimbach

Rheinbach

Mechernich

Kreuz-
weingarten

Monschau

Gemünd

Rur-/Nordeifel

Bad
Münstereifel

Kloster
Kalvarienberg

Sinzig

Schleiden

Keldenich

Ahrweiler

Hain

Kell

Kloster
Steinfeld

Michelsberg

Ahreifel

Kloster
Maria Laach

Hohes
Venn

Blankenheim

Berk

Barweiler

Adenau

Fraukirch

Andernach

Osteifel

Koblenz

Langenfold

Mayen

Karmelenberg

Westeifel

Hillesheim

Hocheifel

Monreal

Gerolstein

Prüm

Daun

Kloster
Maria Martental

Waxweiler

Vulkaneifel

Driesch

Cochem

Mosel

Manderscheid

Oberkail

Heinzerather
Kapelle

Weidingen

Bitburg

Abtei
Himmerod

Hunsrück

Südeifel

Auw

Moseleifel

Klausen

Schankweiler

Echternach

Pilgerorte in der Eifel

Trier

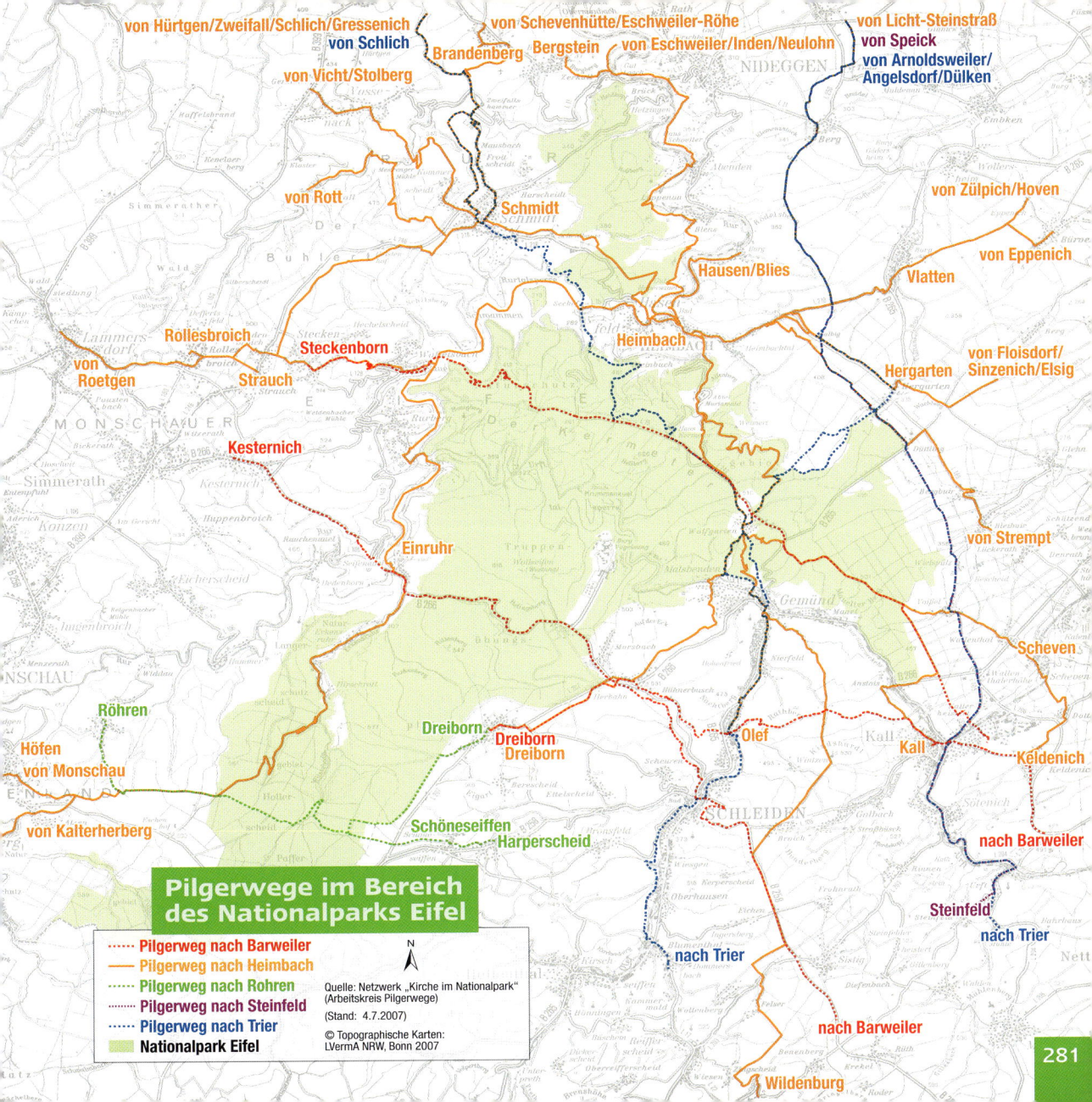

Pilgerwege im Bereich des Nationalparks Eifel

von Hürtgen/Zweifall/Schlich/Gressenich
von Schlich
Brandenberg
von Scheveuhütte/Eschweiler-Röhe
Bergstein
von Eschweiler/Inden/Neulohn
NIDEGGEN
von Licht-Steinstraß
von Speick
von Arnoldsweiler/Angelsdorf/Dülken
von Vicht/Stolberg
von Rott
von Zülpich/Hoven
von Eppenich
Schmidt
Hausen/Blies
Vlatten
Rollesbroich
Steckenborn
Strauch
Heimbach
Hergarten
von Floisdorf/Sinzenich/Elsig
von Roetgen
Kesternich
von Strempt
Einruhr
Scheven
Röhren
Dreiborn
Dreiborn
Dreiborn
Olef
Kall
Keldenich
Höfen
von Monschau
Schöneseiffen
Harperscheid
nach Barweiler
von Kalterherberg
SCHLEIDEN
Steinfeld
nach Trier
nach Barweiler
nach Trier
Wildenburg

Pilgerwege im Bereich des Nationalparks Eifel

· · · · Pilgerweg nach Barweiler
——— Pilgerweg nach Heimbach
· · · · Pilgerweg nach Rohren
· · · · Pilgerweg nach Steinfeld
· · · · Pilgerweg nach Trier
▢ Nationalpark Eifel

N

Quelle: Netzwerk „Kirche im Nationalpark"
(Arbeitskreis Pilgerwege)

(Stand: 4.7.2007)

© Topographische Karten:
LVermA NRW, Bonn 2007

281

LITERATUR

Aachen: de.wikipedia.org/
wiki/Aachener_Dom

Aachen: de.wikipedia.org/
wiki/Karlsschrein

Aachen: Neukirchen, Anton,
Die Aachen-Frankfurter
Heerstraße als Pilgerstraße.
Die Betreuung der Ungarn-
pilger am Frauenpütz in
Eckendorf, www.via-
regia.org/bibliothek/pdf/
AFH.als.Pilgerweg.pdf

Aachen: Sterzel, Des Königs
Vermächtnis an Europa. Die
politische Meinung Nr. 370,
September 2000,
www.kas.de/wf/doc/
kas_5962-544-1-
30.pdf?050124140509

Arndt, Ernst Moritz im Kloster
Laach, Eifel Kalender 1931,
www.dilibri.de/ubtr/
periodical/ pageview/201625

Arnoldsweiler:
de.wikipedia.org/wiki/
Arnold_von_Arnoldsweiler

Arnoldsweiler:
www.duereninfo.de/stelen/
arno.html

Arnoldsweiler:
www.wisoveg.de/wisoveg/dz/
dz1950-02buergewald.html

Auw: de.wikipedia.org/wiki/
Auw_an_der_Kyll

Auw: paulinus.de/archiv/
archiv/0733/report.htm

Auw: www.auw-an-der-kyll.de/
jungfrauen.html

Bad Münstereifel:
de.wikipedia.org/wiki/
St._Chrysanthus_und_
Daria_%28Bad_M%C3%
BCnstereifel%29

Bad Münstereifel: Die Stiftskir-
che Sankt Chrysanthus und
Daria, Kirchenführer, Kath.
Kirchengemeinde

Bad Münstereifel: Sankt Chrysanthus und Daria, Stifts-,
Pfarr- und Stadtpatrone,
Münstereifel, Bonn-Berlin,
1994

Barweiler: Berners, Sarah Maria,
Barweiler-Wallfahrt: Alte
Tradition bald in einem
neuen Gewand?,
www.aachener-zeitung.de/
artikel/1079971

Barweiler: de.wikipedia.org/
wiki/St._Gertrud_%28
Barweiler%29

Barweiler: de.wikipedia.org/
wiki/Barweiler

Barweiler: Durch den Staatsforst
zur Barweiler Mühle, Wan-
dern zwischen Ahrtal, Rhein
& Eifel, Eifelverein Bezirks-
gruppe Ahrweiler, Zweck-
verband Schienenpersonen-
nahverkehr Rheinland-Pfalz,
Koblenz, 2011

Barweiler: wiki.de/index.php/
Wallfahrt_zur_Muttergottes_
mit_den_bl%C3%BChenden
Lilien%28 Barweiler%29

Barweiler: www.barweiler.de/
Geschichte.htm

Barweiler: www.gdg-
steinfeld.de/de/wallfahrten/
wallfahrtsorte/pilgergang-
zur-hl-maria-in-barweiler/

Barweiler: Zimmer,
Matthias,Wallfahrten nach
Klausen und Barweiler, 1988

Beissel, Stephan, Geschichte der
Trierer Kirchen, ihrer Reli-
quien und Kunstschätze,
Trier, 1887

Berk: de.wikipedia.org/wiki/
Berk_(Dahlem)

Berk: www.esh-webdesign.de/
Eifelkirchen/Berk/Berk.htm

Brigida: de.wikipedia.org/wiki/
Brigida_von_Kildare

Brigida: Nositschka, Gudrun,
Brigida und das liebe Vieh.
Die Verehrung einer irischen
Heiligen und ihre Wurzeln,
www.wisoveg.de/wisoveg/
heimatkalender-eu/
2004b/98brigida.html

Brigida: Schröder, Joachim, Die
Prümer „Viehheilige". In der
Abteistadt gibt es bis heute
eine besondere Heiligenver-
ehrung: Sankt Brigida,
www.brauchtumsseiten.de/
a-z/b/brigida/home.html

Kalvarienberg: gemeinden.
erzbistum-koeln.de/export/
sites/gemeinden/
st_joseph_kardorf/
Kalvarienberg_an_
Karfreitag_/
Wegbeschreibung.pdf

Kalvarienberg: Kinkel, Gottfried, Die Ahr, Wittlich

Kalvarienberg: Müller, Josef, Das Franziskanerkloster auf dem Kalvarienberg war eine viel besuchte Pilgerstätte, www.kreis.aw-online.de/kvar/VT/hjb1989/hjb1989.15.htm

Kalvarienberg: ursulinenkongregation.de/?page_id = 2

Kalvarienberg: www.sankt servatius.de/aktivitaeten/ahrweiler.html +

Kalvarienberg: www.pfarreien gemeinschaft-mendig.de/html/body_mendig-_st__genovefa.html

Decke Tönnes: eifel-impressio nen@nordeifel.de« >

Decke Tönnes: Renker, Armin, Vom „Dicken Tönnes". Ein Heiligenlegendchen, in: Heimatkalender Kreis Euskirchen 1954, S. 35–43

Decke Tönnes: Röhrig, Wilhelm, Heimatsagen, Nr. 6, Manuskript von ca. 1955, Archiv J. M. Ohlert

Decke Tönnes: www.mahlberg.info/speck.htm

Decke Tönnes: www.decke-toennes.de/go.php?page = geschichte

Dehio, Georg, Handbuch der Deutschen Kunstdenkmäler, Rheinland, Deutscher Kunstverlag, 1966

Dehio, Georg, Handbuch der Deutschen Kunstdenkmäler, Rheinland-Pfalz, Saarland, Deutscher Kunstverlag, 1972

Dohms, Peter, Eberhardsklausen – Kloster, Kirche, Wallfahrt, Paulinus-Verlag, Trier, 1985

Dohms, Peter, Klausener Pilgerbuch, Paulinus-Verlag, Trier

Donatusverehrung: www.wingarden.de/woeng/artikel/donatus.html

Driesch: Kessler, Elisabeth: marienkirche.lutzerath.de/kirche/wallfahrt.php. Text: Waltraud Jung, Lutzerath, Kerstin Gebauer, Driesch

Driesch: marienkirche.lutze rath.de/kirche/wallfahrt.php

Düren: Gatz, Erwin, 500 Jahre St. Anna in Düren, 2001

Düren: www.dueren.de/kultur-freizeit/veranstaltungen/dueren-stadt-der-maerkte/annakirmes/

Düren: www.kirchenmusik-dueren.de/phpkit/include.php?path = php/km/kirchen.php&id = 18

Echternach: Reuter, Joseph, Sankt Willibrord, Luxemburg 1958

Echternachwallfahrt: www.springprozession.com/mainframes/eifel.htm

Eifelführer, Eifelverein, 34. Auflage, Düren

Fraukirch: de.wikipedia.org/wiki/Fraukirch

Fraukirch: Hermes, Friedrich: www.lava-dome.de/magazin/drucken.php?artikel = 10&type =

Fraukirch: www.pfarreienge meinschaft-mendig.de/html/fraukirch.html

Fraukirch: www.suehnekreuz.de/rhein/mendig.htm

Führer zu den vor- und frühgeschichtlichen Denkmälern. Nordöstliches Eifelvorland: Euskirchen, Zülpich, Bad Münstereifel, Blankenheim. Teil II Exkursionen, Mainz, 1974

Hain: Schnitker, Friedhelm, Segensteine und Wegkreuze im Brohltal, www.kreis-ahr weiler.de/kvar/VT/hjb1972/hjb1972.7.htm

Hain: Stötzel, Heinrich, Die Sagen des Ahrtals, Bonn, 1938

Hain: www.aw-wiki.de/index.php/St._Wendelinus-Kapelle_Hain

Hain: www.kreis-ahrweiler.de/kvar/VT/hjb1992/hjb1992.28.htm

Hain: www.aw-wiki.de/index.php/Pferdesegnung_Hain

Hau, Johannes, Die Heiligen von St. Matthias in ihrer Verehrung, Gebweiler, 1938

Heiliger Rock: de.wikipedia.org/wiki/Heiliger_Rock

Heilig-Rock-Wege: www.heilig-rock-wallfahrt.de/dabei-sein/pilgerwege/sieben-routenvorschlaege.html

Heimbach: de.wikipedia.org/wiki/Heimbach_ % 28 Eifel % 29

Heimbach: www.heimbach-eifel.de/go/tourismus-sehenswuerdigkeiten-details/18_pfarrkirche_st_clemens.html

Heinzerath: www.feuerwehr olkenbach.de/Unsere_ Heimat/Heinzerath/ heinzerath.html

Heinzerath: www.roscheid erhof.de/kulturdb/client/ einObjekt.php?id = 6251

Helenenberg: Zur Geschichte Helenenbergs, Trierische Heimat (1925) Nr. 12, S. 163

Hermann Josef, www.heiligen lexikon.de/BiographienH/ Hermann_Josef_von_ Steinfeld.html

Himmerod: de.wikipedia.org/ wiki/Albero_von_Montreuil

Himmerod: St. David: www.heiligenlexikon.de/ BiographienD/David_von_ Himmerod.html

Himmerod: www.abteihimme rod.de/abtei-kloster-himme rod-eifel-mosel_cms-de/ ?page_id = 34

Jakobsweg: www.jakobsweg-in-deutschland.de/index.php/ auf-dem-eifel-camino/48-von-namedy-nach-mendig-24-august-2009.html

Jakobsweg: www.eifelcamino.de/

Jakobsweg: www.eifel.de/go/ sehenswertes-detail/ eifel_camino.html

Jakobuskult: Plötz, Robert, Rü-ckert, Peter (Hrsg.), Jakobus-kult im Rheinland, Tübin-gen, 2004

Jodokuswallfahrt: Langenfeld: www.laurentius-aw.de/ 48-Langenfeld.htm

Jodokuswallfahrt: www.kirche-daun.de/7_aktuel/down loads/pfarrbrief1136.pdf

Jodokuswallfahrt: www.osteifel-aktiv.de/40848/41019.html, pfarrei-mayschoss.de/html/ langenfeldpilger.html

Jodokuswallfahrt: www.aw-wiki.de/index.php/Langen felder_Bruderschaft_%22 St._Peter%22_Sinzig

Kallmuth: www.gdg-steinfeld.de/ de/wallfahrten/wallfahrtsor te/wallfahrt-nach-kallmuth/

Karlsfest: de.wikipedia.org/ wiki/Karlsfest

Karmelenberg: de.wikipedia.org/wiki/ St._Marien_%28 Bassenheim%29

Karmelenberg: www.bassen heim.de/web/index.php? option = com_content Karmelenberg: www.osteifel-aktiv.de/40839/60601.html

Karmelenberg: www.hic-sunt-dracones.de/CCC2/maria_ karmelen.php#

Keldenich: www.gdg-steinfeld.de/de/wallfahrten/ wallfahrtsorte/hl-brigida-zu-keldenich/

Keldenich: www.gdg-steinfeld. de/de/wallfahrten/wallfahrts orte/tanzbergprozession-in-keldenich/

Kell: de.wikipedia.org/wiki/ Kell_(Andernach)

Kell: www.sv-kell.de/heimat/ lubentius.htm

Kell: www.andernach.de/de/ leben_in_andernach/inf_ stadtteile.html

Kell: www.sv-kell.de/heimat/ index.htm

Kell: www.kath-kirche-sinzig. org/Kell-Wallfahrt%20 Bodendorf.pdf

Klausen: Christoffel, Karl, Die Sage vom Eberhardsfass, www.klausen.de/index.php? id = 51&type = 98

Klausen: paulinus.de/archiv/ archiv/1027/bistuma4.html

Klausen: Schüßler, Maria, Das gesegnete Fußballbild, 140 Jahre Klausenwallfahrt in Birresborn, www.jahrbuch-vulkaneifel.de/VT/hjb2008/ hjb2008.35.htm

Klausen: www.wallenborn-eifel. de/index.php?option = com_ content&view = article&id = 33:wallfahrten-nach-klausen-und-barweiler& catid = 19&Itemid = 39

Klausen: www.klausen.de/ index.php?id = 10

Klausen: www.klosterlexikon-rlp.de/eifel-ahr/klausen-au gustinerchorherrenstift.html

Klausen: www.baustert.de/ index.php?option = com_ content&task = view&id = 282&Itemid = 1

Klausen: www.volksfreund.de/ nachrichten/region/daun/ aktuell/Heute-in-der-Dauner-Zeitung-Vom-Wandel-einer-Wallfahrt; art751,2818995 aus unserem Archiv vom 17. Juni 2011

Klausen: www.saarbruecker-zeitung.de/sz-berichte/ stwendel/St-Wendel-Urweiler-Wallfahrt-Glauben; art2799,3805643#. UI-8BsWD_qc

Klosterführer, Stätten der Besinnung in Deutschland, Österreich und der Schweiz, Mainz, 1984

Koelle, Heinz, Abtei Mariawald auf dem Kermeter in Heimbach, Rheinische Kunststätten Heft 415, Köln, 1994

Koldewey, Bernd, Maria Laach, www.via-jakobsweg.de/maria-laach.html

Kornelimünster: de.wikipedia.org/wiki/Reichsabtei_Kornelim%C3%BCnster

Kornelimünster: de.wikipedia.org/wiki/Heiligtumsfahrt_Kornelim%C3%BCnster

Kornelimünster: Heid, Siegbert, Ein Weg durch Europa. Mit Rucksack und Jakobsmuschel von Wachtberg nach Santiago de Compostela (2004, unveröffentlicht)

Kornelimünster: www.aachener-geschichtsverein.de/Online-Beitraege/kornelimuenster-einmal-rechts geschichtlich-gesehen

Kornelimünster: www.st-kornelius-aachen.de/

Kornelimünster: www.abtei-kornelimuenster.de/Spituelles/Nachtherbergen.htm

Kreuzweingarten: de.wikipedia.org/wiki/Kreuzweingarten

Kreuzweingarten: Pfarrkirche Heilig Kreuz (Kreuzauffindung), Faltblatt 1986

Kreuzweingarten: www.nikolaus-reinartz.de/kwg/festschrift/hlkreuz.html

Lexikon für Theologie und Kirchengeschichte, Herder, Freiburg i. Br., 1931

Linden, Bernd, Kapellen, Bildstöcke und Wegekreuze in der Gemeinde Greimerath, 2002

Lüftelberg: Schneider, Rüdiger, www.jakobus-wege.de/html/lueftelberg.html

Mariawald: www.eifel.de/go/sehenswertes-detail/kloster_mariawald.html

Mariawald: www.kloster-mariawald.de/view.php?nid = 65

Martental: www.osteifel-aktiv.de/40848/454901.html

Matthiasweg: Auf dem Matthiasweg von Mayen nach Trier, Pilgerführer, St. Matthiasbruderschaft Mayen (Hrsg.), 2007

Matthiasweg: Schmellenkamp, Dieter, Auf den Spuren der Pilger zum Grab des Heiligen Matthias, Trier, 2002

Matthiasweg: Trier: de.wikipedia.org/wiki/Matthias_(Apostel)

Meisterjahn, Bernward, Kloster Steinfeld (Kunstführer Nr. 1440), 5. Aufl., Regensburg, 1999

Michelsberg: www.gdg-steinfeld.de/de/wallfahrten/wallfahrtsorte/pilgergang-zum-michelsberg/

Müller-Bauer, Karin, Neue Wege –Alte Pfade: Spiritueller Pilgerführer zum Heiligen Rock, Trier, 2012

Neuss, Wilhelm, Die Anfänge des Christentum im Rheinlande, in: Rheinische Neujahrsblätter Heft II, Bonn, 1933

Oberkail: www.pfarrei.oberkail.de/frohnert.html

Prüm: Pilgerströme für Prüm?, Volksfreund vom 30. Juli 2012

Prüm: Robert Lürzener, Pfr. i. R., Prüm und seine Wallfahrtstradition, Die Wallfahrt zur Echternacher Springprozession (unveröffentlicht)

Prüm: springprozession.com/

Pilgern: www.katholische-militaerseelsorge.de

Rausch, P., Besinnliches zur Wallfahrt nach Langenfeld und St. Jost, Heimat Jahrbuch Kreis-Ahrweiler 1976, S. 75, www.kreis-ahrweiler.de/kvar/VT/hjb1967/hjb1967.23.htm

Rengen: www.kirche-daun.de/7_aktuel/downloads/pfarrbrief.pdf

Schankweiler: de.wikipedia.org/wiki/Schankweiler_Klause

Schankweiler: Kalender 2013 Pfarreigemeinschaft Irrel-Nollendorf-Wolsfeld

Schankweiler: www.eifel.de/go/sehenswertes-detail/schankweiler_klause.html

Schankweiler: www.region-trier.de/cgi-bin/cms?_SID

= CRAWLER&_sprache = de&_bereich = artikel &_ aktion = detail&idartikel = 105579

Schankweiler: www.doppel adler.eu/index.php/artikel-kommentare/61-die-schank weiler-klause-als-ausdruck-barocker-froemmigkeit-

Schankweiler: www.irrel.de/ tourismus/index.htm www.irrel.de/tourismus/ index.htm

Schankweiler: www.roscheider hof.de/kulturdb/client/ einObjekt.php?id = 13747

Schankweiler: www.sjgy.de/ news19-09-12_Schank weiler.htm

Schmitz, Hans, Die Kapelle St. Wendelinus in Hain, Pfarr-brief Kirchengemeinde Nie-derzissen 09/2012

Schneider, Bernhard, Wallfahr-ten im frühneuzeitlichen Erzbistum Trier, in: Kurtrie-risches Jahrbuch 2007, Hrsg.: Stadtbibliothek Trier und Verein Kurtrierisches Jahrbuch e. V.

Schrandt, Bernd P., Zur Vereh-rung der Mutter Anna an Rhein und Ahr, 500 Jahre Sankt-Anna-Wallfahrt in Düren, Heimatjahrbuch-archiv 2001 des Kreises Ahrweiler

Spang, Paul, Echternach in Ge-schichte und Gegenwart, in: Eifel-Jahrbuch 1963

Staud, Richard Maria, Reuter, Josef, Die kirchlichen Kunst-denkmäler der Stadt Echter-nach, Luxemburg, 1952

Steinfeld: Schnell Kunstführer Nr. 1440, München und Zürich 1984; ders.

Steinfeld: www.gdg-steinfeld.de/de/steinfeld/ geschichte/

Steinfeld: www.rheinische-ge-schichte.lvr.de/persoenlich-keiten/H/Seiten/Hermann-Josef.aspx

Sternwallfahrt: www.national park-eifel.de/data/aktuelles/ Flyer_Sternwallfahrt_2012-04-12_133672 1059.pdf

Töpner, Walter, Wege der Ja-kobspilger (Band 2) – Rhein-land – Eifel –Lothringen – Burgund, Paulinus-Verlag, Trier, 2005

Trier: de.wikipedia.org/ wiki/Heiliger_Rock

Untermaubach: gemeinden.erz bistum-koeln.de/seelsorge bereich_zuelpich/religioese_ angebote_ gottes dienste/ Wallfahrten/nemmenich_ untermaubauch.html

Waldorf: Geuer, Franz-Josef, St. Matthias-Bruderschaft Wal-dorf, 2010

Waldorf: Geuer, Franz-Josef, Be-sondere Ereignisse in den Jahren 1998–2010

Wallenborn: Matthias Zimmer (1988)

Wallenborn: www.wallenborn-eifel.de/index.php?option = com_content&view = article&id = 33: wallfahrten-nach-klausen-und-barweiler &catid = 19&Itemid = 39

Weidingen: www.pfarrei-metten dorf.de/weidingen.html

Welter, Wolfgang, 26 Pilgerwege mit Karten unter www.gpsies.com/mapUser. do? username = HeiligRock

Willibrord: www.willibrord.lu/ 1/st-willibrord/St-Willibrord-Die-Biographie

Willibrordkulturweg: Willibrord-kulturweg, Kath. Pfarramt St. Hubertus (Hrsg.), Wols-feld, 2008

Wynands, Dieter, Geschichte der Wallfahrten im Bistum Aa-chen, Einhard-Verlag, 1986

BILDNACHWEIS

⬇ Alte Steinkreuze in Kreuzweingarten